緬甸

Burma

A
Nation
at
the
Crossroads

緬甸

Burma

A
Nation
at
the
Crossroads

緬甸
一個徬徨的國度

Burma
A Nation at the Crossroads

Benedict Rogers
班尼迪克·羅哲斯 著 譚天 譯

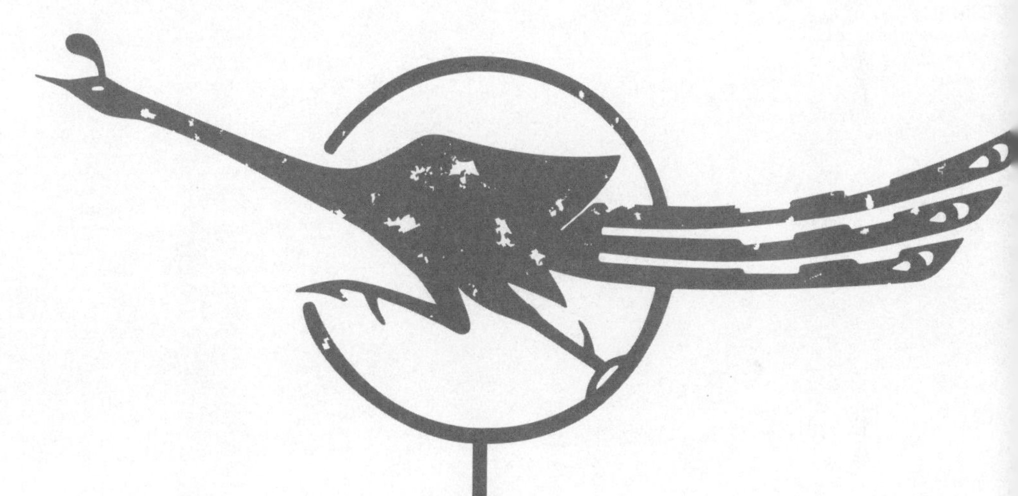

獻給緬甸人民

願他們有一天能沐浴在真自由、真和平與真民主的春風中，

透過多元共治，同慶全國一統之美。

目錄

導讀

走過十字路口的國度

林怡廷
香港端傳媒資深特派記者

二〇一五年十一月八日剛破曉。仰光蔭上金光，成群烏鴉在天際盤旋啼叫。年輕的計程車司機以九十公里車速在市區奔馳——這在平日絕難辦到。他跟著收音機播放的緬甸老歌哼唱，顯得心情相當愉悅。

「你投票了嗎？」我問。

「Yes！NLD！」司機望向後照鏡對我高聲回答，近乎歡呼。

這天是緬甸全國大選的日子，NLD（全國民主聯盟，簡稱民盟）是翁山蘇姬領導的緬甸最大反對黨。司機載我轉進茵雅湖附近一個滿是獨棟別墅的綠蔭小區，沿途問了幾個穿著籠基的體面人家，才抵達一個設立在國小的投票站。早上六點半，已擠滿了幾百名記者，包括我，來自世界各地，為的是報導翁山蘇姬投票的歷史時刻。

距離緬甸上一次的全國大選，已是一九九〇年，二十五年前。二十五，可以是新聞工作者在報導中一筆帶過的數字，但對緬甸人而言，這段歲月真正鋪展開來，卻是時刻煎熬的深淵。我所親歷的那個恬靜無奇的投票日早晨，如果沒被擺放在這個國家曲折幽微的歷史刻度上，就無法理解其平淡的難得。

回望歷史，深刻形塑當代緬甸的樣貌，大約可分為幾個時期，

一、民族解殖運動時期：

四十年代的民族解殖運動，是由翁山蘇姬的父親，緬甸國父翁山將軍帶領。二戰末期翁山選擇和日本合作抗英，並和少數民族簽訂彬龍協議確立聯邦制，卻在獨立前的一九四七年被暗殺。翁山之死不僅讓緬甸少了眾望所歸的領袖，更因為軍隊權力真空，而種下日後緬甸政局紛擾的遠因。和許多東南亞國家的民主轉型一樣，軍隊成了是否能順利和平過渡的關鍵。

二、獨立後的民選政府：

一九四八年緬甸脫離英國長達六十多年的殖民而獨立，緬甸聯邦成立，確立議會制度。獨立之初實行民主制度，但也因冷戰時緬共崛起的影響，政治派系傾軋而奄奄一息。一九六二年尼溫將軍發動軍事政變，緬甸進入漫長的軍政府時期。

三、軍政府時期：

自一九六二年尼溫將軍掌權，採取社會主義一黨專政，到二〇一一年軍政府解散，成立文人政府，長達五十年。中間無論領導班子的權力如何更替，軍隊勢力都牢牢控制緬甸，滲透到社會的各個層面。

軍政府對外鎖國，對內實行軍事獨裁專政，將主要工商業國有化，不當治理加上極度腐敗，使得天然資源豐富的緬甸，竟淪為全世界最窮的國家之一。社會動盪不安，民不聊生之下，一九八八年八月八日人民起義，是獨立後緬甸最大的抗爭運動。五十萬人湧上仰光街頭，最後遭到流血鎮壓。自英國回緬照顧母親的翁山蘇姬當時決定加入運動，從此進入人們視野，她留在緬甸成立民盟ＮＬＤ，成為緬甸民主運動領袖。而八八年的抗爭世代，在往後也開枝散葉，形成推動民主化的中堅力量。

四、民主抗爭時期：

「八八八八」人民起義後，迫使軍政府在一九九〇年舉行全國性大選，翁山蘇姬帶領ＮＬＤ，贏得八成議會席次，但被軍方宣布選舉結果無效。接下來的二十一年，翁山蘇姬多次被軟禁，許多異議人士成為政治犯，抗爭者流亡海外，成立各式運動組織，串連國際社會對軍政府以經濟制裁施壓。八八世代成立的流亡英文媒體，致力將被封鎖的人權侵害消息帶出緬甸，向國際發聲。也有些人進入邊境叢林，和少數民族一起武裝抗暴。二〇〇七年的番紅花革命，則由和尚發動。

這段長達三十年的民主抗爭時期，可清楚看到抗爭者以翁山蘇姬為中心凝聚，再輻射出綿密的內外網絡，不同崗位的人各司其職，在流血鎮壓、政治迫害的黑暗時代中，不屈不撓地推動國家前進。

五、登盛政府的民主過渡時期：

二〇〇八年丹瑞將軍為首的軍方主動提出民主藍圖，修訂新憲法，於二〇一一年解散軍政府，文官政府上路。隨後就是近年大家熟知的故事：軍方背景的登盛擔任總統，特赦包括翁山在內的政治犯、廢除新聞審查、允許流亡者回國、公開預算、會見翁山蘇姬等……這個至今世人不解的謎樣改革，成功讓西方世界解除多年的經濟制裁。二〇一二年國會補選，翁山帶領的NLD大勝，她也站上國會議台。二〇一四年初緬甸成為東盟的年度主席，重回國際舞台。

然而儘管二〇一二、一三年的氣氛樂觀，二〇一四年的許多跡象卻顯示改革遲緩，新聞自由及人權保障倒退，讓所有觀察者審慎保留，翁山蘇姬等民主派向國際社會大聲疾呼，要求監督。直到二〇一五年大選，翁山蘇姬與NLD拿下九成選票，在軍方仍有百分之二十五保障席次的議會裡拿到七成席次，確定組閣。而後軍方及執政黨「團結一統開發黨」皆表示接受選舉結果，眾人擔心一九九〇年軍方宣告選舉無效的歷史確定不再重演，登盛退位，政黨和平輪替，緬甸才算是翻過了民主轉型的重要一頁，進入下一個時代。

《緬甸：一個徬徨的國度》便是在新時代開啟前，對舊時代做一個徹底的梳理之作。作者班尼迪克。羅哲斯作為長期關注亞洲問題的人權運動者。從二〇〇〇年開始，直到二〇一五年大選前，走訪緬甸四十多次，以紮實的地毯式採訪，深入核心的探究，親歷並記錄了十五年來緬甸徘徊在十字路口的處境。

書中的篇章，從回溯一九八八年那場驚心動魄的人民起義開始，帶出往後三十年緬甸人在追求民主道途上的起伏轉折。作者更有意識的建構一個全知視角，因此在書中，我們不只看到翁山蘇姬及民運人士，更有過去較少進入視野的軍方及少數民族觀點，使得本書成了入門者探索緬甸不可或缺的背景知識。如此才有助於我們洞穿緬甸錯綜複雜的表象，也為大選後的政治局勢，提供重要的理解線索。

我也是在這個十字路口的轉折點前後來到緬甸。

二〇一四年中我來到泰國北邊的清邁，拜訪八八世代的知名流亡者、著名新聞媒體《伊洛瓦底》的總編輯昂索。昂索在二十幾年的流亡歲月中，抱著將軍方迫害緬甸人權的情況向國際發聲的想法，用極有限的資源經營一個英文媒體，從Ａ４影印的原始出版發展到一個媒體集團，最後在二〇一二年政改開放後回緬甸發行，雖然每日還是在生存邊緣掙扎，但《伊洛瓦底》已成了國際了解緬甸時事的重要管道。

十一月，我首次到了仰光，當時東協高峰會正準備在緬甸首都內比都召開，歐巴馬也將第二次來訪。整個城市充滿活力。販夫走卒都在熱烈討論政治，很難想像幾年前人們還是掩著口說話，不敢隨意跟外國人交談。

如同羅哲斯在書裡所描述的氣氛，二〇一四年的種種跡象顯示改革倒退。我拜訪的媒體人和民運人士，無不擔憂大選可能生變，卻也願意審慎樂觀。令我印象深刻的是他們毫不犬儒，而是更積極採取行動，透過各種管道向國際社會呼籲，並集結公民社會的能量對當局施壓，以確保二〇一五年大選能夠真正公平、透明、普及。

二〇一五年大選前一個月，我到泰緬邊境城市美索，採訪一支克倫族的武裝部隊。我偷渡到對岸的妙瓦底，深入克倫族的山中村落，了解選舉普及的情況，得到不大樂觀的答案。大選最後一週，我身在仰光，感受邊陲與中心的巨大落差——人們對變天充滿期待的興奮、熱烈和焦慮，所有人都篤定地跟我說：只要軍方不要作弊，民盟一定執政。

十一月八日投票結束的傍晚，接近萬人湧入不起眼的民盟總部前迎接勝利，交通異常壅塞，和執政黨團結一統開發黨偌大總部毫無人煙的冷清成了極大反差。人們熱情高唱民盟的競選歌曲，手舞足蹈。我們都感知到身在歷史轉捩點的民主現場，新時代可能真的可以到來。我問了現場所有民盟支持者，都接受了現實選擇，他們認為作為勝利者的民盟應該與團結一統開發黨及軍人合作。

緬甸人對民主化的務實心態令我印象深刻，我在現場也實際感受到人們對翁山蘇姬的愛戴。這些支持者也無不例外的告訴我，他們相信唯有翁山蘇姬才是真正的領導人，人們不在意翁山擴張權力，因為他們認為這個國家已經千瘡百孔，亟需有足夠權力和決斷力的領袖。

便是民心所向，讓民盟拿下九成選票，七成議席。在我看來，這些正是翁山蘇姬面對外界批評，依然自信的正當性基礎。翁山並非不可議，但如果不回到緬甸本身的脈絡，只用制式的民主理論框架來檢視，便很難真正理解一個社會的選擇和需要，指出真正核心的問題。

作者羅哲斯對緬甸了解的全面及深入，便是呈現在他有意識選擇的框架中。

不似許多蜻蜓點水的評論人，僅把視線放在翁山蘇姬身上，認為這位風采迷人的民主「偶像」才是改革的關鍵。羅哲斯以長年和少數民族的接觸，試圖告訴讀者，應該將目光放得更為寬廣。緬甸政治的不穩定，除了軍隊外，還被族群及宗教問題牽動著，其矛盾的原因深遠而複雜。

事實上我們應該以三種獨立的政治勢力來檢視緬甸政治格局的變化：軍方、翁山、少數民族。這三個力量從過去軍方獨大，到現在是互相牽制，如何能尋求最佳平衡，才是民主化成功與否的關鍵。

更難得的是，羅哲斯作為一個長年的人權運動者，卻如同受過西方傳統新聞學訓練的記者，紮實的地毯式田野採訪，冷靜敘事所呈現的細節，具有一種不需強加評論，僅僅再現真實就有的穿透力。

雖然在資訊爆炸的時代非常容易找到緬甸研究的相關資料。看完《緬甸：一個徬徨的國度》會再次印證這類敘事型的非虛構寫作的價值——精練過的抽象分析，或時下流行的速食評論，雖然有助於我們快速建立認識架構，但也容易流為膚淺、容易複製的人云亦云。唯有真實的細節，才能還原歷史的血肉，並賦權給讀者，找出自己的洞見。

我在大選過後才讀到《緬甸：一個徬徨的國度》感覺相見恨晚，如果早點知道這些故事，或許當時身在現場感受會有所不同。

我曾在位於茵雅湖畔，翁山蘇姬被軟禁多年的住所，那種滿玫瑰的庭園，和幾百位國際記者一起聽她自信滿滿地回答：我未來將在總統之上（Above the president）。但看了這本書後才知道，那個有高級法國餐廳，緬甸年輕人喜愛去野餐休憩的城中之湖，在一九八八年發生了什麼樣的血腥殺戮。再回想我的八八世代朋友們，當時他們在我面前展現對生命的熱愛和了然於胸，是多麼珍稀的品質。

而對一個持續關注緬甸民主進程的觀察者來說，此書依舊沒有過時。許多翁山政府遇到的問題，所指涉的政治深層結構，都可以在這本書找到解釋，於是會更清楚此刻的緬甸轉型處於什麼位置。

二〇一一年政改到二〇一五年大選為止，緬甸的轉型是緩慢的，如同書中所說，你可以看到不進步的地方，也可以看到進步的地方，有時不變，有時進步，有時倒退。這樣的經驗，對九〇年代轉型初期也同樣反覆的台灣並不陌生。無論軍方出於計算、被迫，或者是失誤，以結果論，二〇一一登盛啟動政改開始，緬甸著實難以回頭，成了目前東南亞區域民主化倒退的現象中，少數可喜的進步指標。

然而沒有誰相信一場選舉就能讓緬甸一步掙脫歷史軌跡，從威權一步跨越到開放、透明的民主之中。大選過後的緬甸局勢仍然晦澀難解。

有鑒於一九九〇年的教訓，翁山蘇姬選擇和軍方共生而非清算的務實策略。但也面對雖有強大民意後盾，國家機器實為軍方掌握的困境。

礙於二〇〇八憲法第五十九條「配偶或子女為外國人者不得出任總統」的限制，翁山蘇姬無法擔任總統。因此，從選前在國際記者會上宣稱自己將在總統之上，在新內閣中身兼外交部長與總統府事務部長（一度傳出四部），並在新政府創造國家顧問（state consultant）的新職，讓許多人擔心翁山為了集中權力，在現有體制疊床架屋，可能是民主威權主義者的疑慮，更凸顯不健康的憲政體制亟待解決。

而緬甸自獨立以來，一直嚴重的族群內戰問題，也未因政黨輪替而減緩。

大選後半年至今內戰沒有停歇。雖然去年十月登盛政府趕在大選前簽訂「全國停戰協議」（Nationwide Ceasefire Agreement），但今年四月，緬軍依舊在西南的若開邦燒村，也在北緬的克欽邦開戰，緬甸軍方一方面表示願意和新政府合作，一方面繼續和少數民族衝突。讓翁山蘇姬是否有能力處理緬甸的和平進程，實現翁山將軍與少數民族共享權力的聯邦理想，並將軍隊徹底國家化，才有可能真正轉型到現代民主國家，卻也是極為艱難的工程。

另外不論是國際媒體特別在意的，翁山對羅興亞人權的曖昧態度；國內持續高漲的極端佛教民族主義；百廢待舉的緬甸如何面對外資的競逐；中美地緣政治的角力下，緬甸如何取得國際關係的平衡……這些問題可說是千頭萬緒，非一蹴可幾，但幾乎所有民主運動能量都投射在七十歲的翁山蘇姬身上，卻還看不到下一個可能接班的領袖，也是漫長轉型之路的隱憂，是緬甸遲早必須面對的重要問題。

無論如何，民主沒有烏托邦，只有漫長無盡的道途。緬甸終究是在二〇一五年大選完成了政治學者杭廷頓的定義中，民主轉型最關鍵的一役：政黨輪替。羅哲斯筆下多年來徘徊在十字路口的國度，艱難的轉身過了，未來又將走向何處？

我猜想，班尼迪克。羅哲斯用此書希望徹底和緬甸的舊時代告別。而已埋下伏筆的新時代，則留待我們繼續追索。

序

屠圖大主教

近五十年來，緬甸人民一直面對兩大艱鉅的挑戰：一是全世界最兇殘的軍事獨裁政權，一是太多其他世人的冷漠與袖手。

班尼迪克．羅哲斯根據他多次親身造訪緬甸的經驗，將民主運動的故事，以及緬甸邊界沿線少數族群的悲慘命運交織在一起，全面、生動而有力地描述了緬甸人民的苦難。這是一本讓世人認識緬甸的重要文獻，也是喚醒世人起而行動的一記大警鐘。

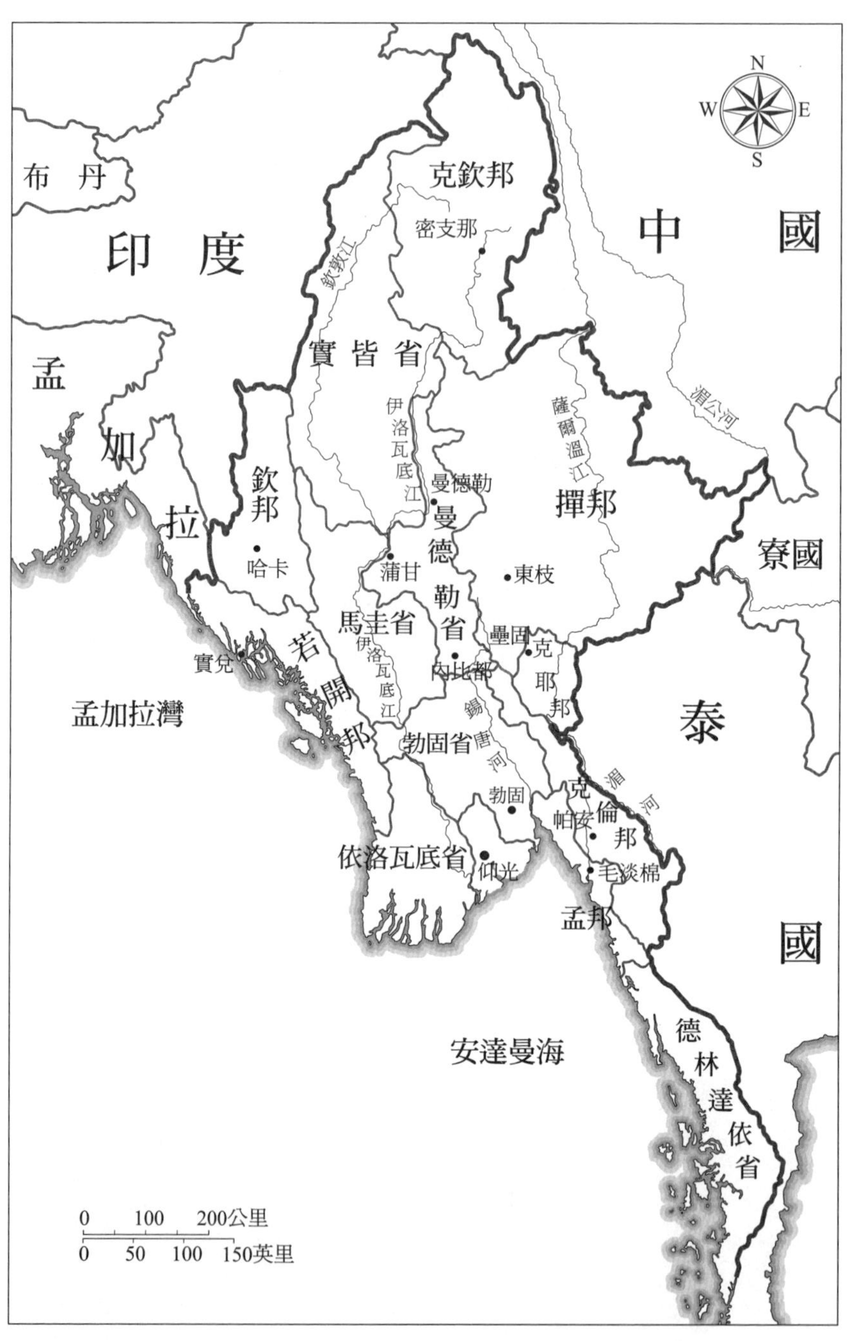

N
W
E
S
布　丹
印　度
中　國
克欽邦
密支那
欽敦江
實皆省
孟
加
拉
伊洛瓦底江
薩爾溫江
湄公河
曼德勒
欽
邦
撣邦
哈卡
蒲甘
曼
德
勒
省
東枝
寮國
馬圭省
壘固
克
耶
邦
實兌
若
開
邦
內比都
伊洛瓦底江
錫唐河
孟加拉灣
勃固省
泰
克
倫
邦
湄河
勃固
帕安
依洛瓦底省
仰光
毛淡棉
孟邦
國
安達曼海
德
林
達
依
省
0 100 200公里
0 50 100 150英里

作者註

一九八九年五月二十六日，緬甸軍政府將緬甸國名改為「緬馬」（Myanmar），不過民主運動與少數族群抵抗組織的領導人仍然繼續沿用「緬甸」，並且呼籲國際社會也這麼做。他們指出，軍政府無權更改國名。也因此，我在這本書裡，除非直接引用其他來源，否則仍然沿用「緬甸」，不用「緬馬」。

軍政府還將許多城市與地區的名字也改了。例如將「仰光」（Rangoon）改成「陽岡」（Yangon），將「伊洛瓦底省」（Irrawaddy Division）改成「艾雅瓦地」（Ayeyarwady），將「眉苗」（Maymyo）改成「彬塢倫」（Pyin Oo Lwin）。「克倫邦」（Karen State）改名為「凱因」（Kayin），「克耶」（Karenni）改名為「卡亞」（Kayah）。我為了方便國際讀者辨識，大體上仍然沿用舊名，例如用「仰光」而不用「陽岡」，用「伊洛瓦底」而不用「艾雅瓦地」，用「克倫」而不用「凱因」等等。

緬甸軍一般叫做「國防軍」（Tatmadaw），我因此在這本書裡交互使用「緬甸軍」與「國防軍」這兩個名詞。從一九八八到一九九七年間，緬甸軍政府的官方名稱是「國家法律與秩序重建委員會」，之後改名為「國家和平與發展委員會」，並沿用到二〇一〇年，我因此在書中也使用這兩個名稱。

書中所有取材自其他文獻的資料都在附錄中註明出處。如有未經註明出處的資料，一般而言都來自作者與消息來源的直接訪談，無論消息來源是否有名有姓。

前言

二〇〇八年二月十一日，我與當時擔任克倫民族同盟秘書長的曼沙共度了半日時光。克倫族是緬甸有數最大幾個少數族群之一，而克倫民族同盟是代表緬甸克倫人的主要反抗組織。我與曼沙頗有交情，每在造訪美索時，總會去拜訪他。美索是一座位於泰緬邊界的小城，駐有許多緬甸流亡民主團體。曼沙的女兒也是我的友人。

二月十一日那天，經由曼沙的安排，我與原在緬甸軍中當孩子兵、後來躲進克倫族地區、獲得曼沙庇護的孩子會面。那天從上午八點到下午一點，我一直待在曼沙家裡。在與幾名過去的孩子兵訪談過後，我與曼沙以及克倫民族同盟其他幾位資深領導人開了一次會。之後他邀我留下來與他共進午餐。那天他神清氣爽，以柔和但堅定的語氣談著克倫族的政治與人道情勢，他拿他英語能力的進步開玩笑，言語間頗以他幾個旅居海外的子女也已參與這場抗爭為榮。

三天後，情人節那天，幾名匪徒來到曼沙的家。他們穿過大門，走上曼沙坐著的遊廊——三天前，曼沙與我就坐在那裡。他們用克倫語向他問候，還為他獻上水果。然後槍殺了他。

儘管緬甸現在可能已經開始改變，但半個多世紀以來，在軍政府恐怖統治的淫威下，緬甸人民一直在自己的國家過著彷彿囚犯的生活，甚至在逃到鄰國邊界以後，他們仍然不安全。近年來儘管出現一些改革，但恐懼與猜忌之情仍然瀰漫，特別是在少數族群間，這種情緒尤其濃烈。曼沙是在光天化日之下，遭緬甸軍政府派人跨過泰國邊界暗殺的。槍殺他的匪徒據信是克倫人，甚或還與曼沙相識，但他們毫無疑問都是軍事執政團找來的打手。曼沙所以遇害，是因為他是反對軍政府最力的人。能夠在民主運動大環境中溝通種族、宗教與政治歧見的少數民族領導人寥寥無幾，曼沙是其中一人。他能整合民眾，統一口徑追求聯邦式民主與全民平等的共同目標。

一些克倫族領導人失之狹隘，只重視他們克倫族本身的鬥爭，但曼沙不一樣。他看的是整個緬甸的遠景。他一方面與以緬族為首的民主運動、與其他少數族群密切合作，同時還能對自己的克倫族人全力奉獻。他以純熟的技巧在克倫民族同盟內部派系與全民民主運動之間排難解紛，設法達成所謂「強硬派」與「和解派」之間的協議。強硬派強調武裝鬥爭、國際制裁與不妥協，而和解派則認定使用軍事手段永遠無法贏得這場鬥爭，應該運用談判追求與軍政府的政治協議。緬甸民主運動領導層主要都是基督徒，而緬甸人民基本上都是佛教徒，但身為泛靈論信徒的曼沙，卻能溝通這一切宗教上的差距。他與國際媒體、政要與非政府人權組織關係良好，是著名的克倫族喉舌。就在軍政府籌畫的新憲公民投票即將舉行之際，當局將曼沙視為對軍事執政團的威脅。緬甸軍政府會竭盡全力封殺反對派聲音，曼沙遇害事件就是例證。

五十多年來，緬甸連續受到幾個全世界最兇殘的軍事獨裁政權的統治，在其下苟延殘喘。這些殘民以逞的政權，把酷刑與強暴當成作戰武器，用奴工與人民作為掃雷工具，還全面、有系統地強徵兒童充軍。二〇一〇年上台的政府名義上雖是文人政府，但領導它的都是原先的將領。他們在二〇一〇年脫下軍裝，舉行緬甸二十年來第一次選舉，如此而已。二〇一〇年選舉根本是明目張膽的騙局；五年以後，軍政府再次舉行選舉，這一次的作法精進許多，若干類似民主的機制也開始出現。但幕後操控的首腦仍是軍方。

緬甸在一九四八年獨立以後，曾享過十年民主。之後，由於共產黨與幾個少數族群團體發動武裝暴亂，把國家鬧得四分五裂，尼溫將軍領導的軍事政權遂以重建治安為名，將文人政府趕下台，取而代之。一九六〇年，新選舉舉行，原本由吳努總理領導的文人政府重新視事。但兩年後，尼溫發動政變，軍政府自此以後一直統治緬甸，成為全世界統治時間最久的軍事政權。不過，隨著其他軍事獨裁統治的凋零，特別是阿拉伯世界幾個政權的土崩瓦解，緬甸軍事執政團也終於似乎開始走上一條新道路。緬甸問題專家伯蒂·林納在二〇〇九年指出，自一九六二年以來在全球各地奪權的軍事政權，如今只剩下兩個：緬甸與利比亞。[1]兩年以後，利比亞政權垮台，緬甸政權也似乎正在改革。只是緬甸這些改革大體上不過說得熱鬧，實質上並無建樹。沒有建制性的議會與憲法改革，緬甸不會得到真正解放，還有最重要的是，不能建立一種讓境內少數民族達成政治和解的政治進程，緬甸永遠無望和平。仇恨性言論、歧視性立法與反伊斯蘭的暴力，造就了聲勢強大的佛教徒國家主義，也威脅到剛開始萌芽、還很脆弱的自由。

根據二〇一四年一項有爭議的普查，人口約五千一百萬的緬甸是東南亞種族與宗教最複雜的國家之一。說緬甸語的緬族是緬甸多數民族，除緬族以外，緬甸還有以下七大少數族群團體：克倫族、克耶族、撣族、孟族、克欽族、欽族與若開族。其中克倫族、克耶族、撣族與孟族住在緬甸東部與南部的泰、緬邊界（不過大多數克倫族人住在伊洛瓦底江三角洲、德林達依專區與仰光）；克欽族住在緬甸北部與中國邊界沿線；欽族住在緬甸西部，散居印度與孟加拉邊界地區；若開族則住在與孟加拉接壤處。此外，緬甸還有巴歐、拉祜、傈僳與那加等無數次少數族群，以及其他更小的族群，例如佤族，說漢語的果敢，以及在所有少數族群中最受迫害的羅興亞穆斯林。自緬甸於一九四八年脫離英國殖民統治獨立以來，許多這類族群團體都曾不斷對緬族主控的中央政府發動武裝鬥爭，他們一開始爭的是分離與獨立，但時至今天，他們幾乎都在爭自治、爭平等權、爭緬甸境內聯邦式民主。許多族群團體已在一九九〇年代與軍政府簽下停火協議，但克倫族、克耶族、撣族與欽族仍在不同程度上繼續戰鬥，直到初步停火協議於二〇一一與二〇一二年之交達成為止。相形之下，克欽自一九九四年起停火，直到軍政府十七年後在二〇一一年對克欽發動狠惡的新攻勢，才又重啟戰端。促成全國性停火的進程慢得讓人傷神。

　　占緬甸人口大宗的緬人也一直在進行爭民主的抗爭，發生在一九六二、一九六七、一九七〇、一九七四、一九八八、一九九六與二〇〇七年的抗議事件就是明證。其中一九八八年那次事件，尤其引發對軍政府最有組織的一波反抗運動。領導這波反抗運動的，是緬甸獨立運動領袖翁山的女兒翁山蘇姬。軍政府於一九九〇年舉行選舉，結果翁山蘇姬領導的全國民主聯盟贏得壓倒性勝利，但軍事執政團不但沒有將權力移交給依法選出的人民代表，還毀棄遵重選舉結果的承諾，把獲得勝選的民主運動人士下獄，將權力握得更緊。一九九一年獲頒諾貝爾和平獎的翁山蘇姬，在選舉即將展開以前於一九八九年遭到軟禁，在之後二十一年中，她幾乎有十五年生活在牢獄中。她遭到的最近一次監禁從二〇〇三年持續到二〇一〇年。緬甸於二〇一〇年舉行二十年來第一次選舉，翁山蘇姬在選後立即獲釋。根據估計，過去二十年來，關在緬甸獄中的政治犯約有兩千人，不過到二〇一一年年底與二〇一二年年初，軍政府為讓世人相信它在改革，已經放了幾百人。只是這些釋放並非沒有條件；許多政治犯得到的只是假釋而不是赦免，許多人在獲釋以後，因背著不公正的罪行紀錄而找不到工作，當局也不提供任何幫他們重新生活的協助。更何況，在寫這本書的時候，仍有好幾百名政治犯關在牢裡。

許多年來，緬甸的命運一直是二十世紀後半葉最疏於報導的大悲劇。對於這個現象的改變，自一九九〇年起成為緬甸民主運動代言人的翁山蘇姬確實發揮了一些影響力。但儘管她的面孔與大名不斷出現在T恤與海報上，儘管大主教戴斯蒙·屠圖與前捷克總統哈維爾等世界級領導人，波諾與他的樂團U2、前美國第一夫人蘿拉·布希與印度經濟學家阿瑪蒂亞·森等名流顯要，前英國首相高登·布朗、前挪威總理謝爾·馬尼·邦維克與前美國國務卿希拉蕊·柯林頓等政界人士也為了替她伸張正義而熱心奔走，沒聽過她的名字、沒見過她那張臉的仍然大有人在。有人將她的故事拍成一部名叫《以愛之名》的電影，由楊紫瓊飾演翁山蘇姬，有人將她的故事製作成戲劇《緬甸之女》，寫成歌曲《緬甸來函》，有關她的傳記也有好幾本問世，但仍有許多人不知道翁山蘇姬的事。

但不了解、或至少不理會緬甸少數族群悲慘命運的人就更多了。許多年來，這些少數民族一直在迫害人類的犯行中苦苦掙扎。在有些地區，他們承受著戰爭、甚或意圖種族滅絕的罪行。從一九九六到二〇一一年間，軍方在東緬甸搗毀三千七百多個村落，造成一百多萬人流離失所，但只有關注這類議題的人知道這些事。就爭取國際認知這方面而言，克倫族做得比其他少數族群團體都好。在緬甸所有邊區中，與泰國接壤的邊區最容易進出。多年來，進入泰緬邊區走訪克倫族難民營的記者、人權運動人士、政要、名流與非政府組織也越來越多。克倫族仍然需要更多關注，只是生活在同一邊界沿線的克耶族、撣族與孟族，獲得的關注比克倫族少得多，至於少數族群在其他邊區的苦況就更加鮮為人知了。在與中國、印度以及孟加拉接壤的邊區，許多少數族群正生活在水深火熱中，只是走訪這些地區的外籍人士既寥寥無幾，他們也只能在無聲無息、毫無外援的情況下，默然承受這一切了。

在二〇〇七與二〇一〇年間，緬甸人民經歷了最嚴重的政治動亂與人道危機。二〇〇七年九月，數以千計的佛教僧侶走上街頭，國際媒體對緬甸事務漠不關心的情況就此出現劇變。人稱「番紅花革命」的這次事件，是一九八八年以來最大規模的示威。在這次事件中，僧侶與緬甸百姓走上街頭，抗議燃料漲價，並要求與軍政府對話，要求民主轉型。當時稱為國家和平與發展委員會的軍政府，一如既往、不改本性地採取行動：僧侶與緬甸百姓被捕、遭到毒打、下獄與酷刑虐待，還有人當街遭到就地槍決。二〇〇七年與一九八八年事件造成的影響所以不同，就在於二〇〇七年事件的影片與照片，在事發之後不到幾分鐘，就透過電子郵件與行動電話傳到世界媒體手中。在一九八八年，國際社會直到事件結束以後，才逐漸察覺當局鎮壓手段的兇殘；在二〇〇七年，世人能見到事件在第一時間的真況。

八個月以後，颶風納吉斯侵襲緬甸，造成重大死傷與災難，緬甸又一次成為國際矚目的焦點。在事發之初，緬甸政權驚魂未定，對沿海地區遭到的這場重災完全拿不出對策，還拒絕國際社會伸出的援手，遂使災情雪上加霜。之後，在主要由英、美、法幕後主導的強大國際壓力下，經聯合國秘書長潘基文與緬甸在東南亞國家協會的鄰國出面，緬甸政權才讓步，同意讓國際救援物資與救難人員進入緬甸。在這整個事件中，國際社會祭出協調一致的外交與政治壓力，不僅揚言動用聯合國「保護責任」（Responsibility to Protect）機制，法國、英國與美國還將海軍艦艇陳兵緬甸海岸，緬甸政權才終於屈服。但即使在這種情況下，救災人員進出災區仍然受到諸多限制，有關救災物資被盜、或遭挪作他用的傳聞也甚囂塵上。

風災才剛結束，緬甸政權立即舉行新憲公民投票：而推動這部新憲的唯一目的就是吹捧軍事統治，並將翁山蘇姬擋在政府門外。這次公民投票有關作票舞弊的傳聞不斷，幾乎所有觀察家都認定它根本是在做戲。二〇〇八年這次公民投票對緬甸日後的民主遠景自然不能帶來任何助益。

就在這些事件將世人目光引到緬甸的同時，人禍天災也在緬甸其他地區肆虐。緬甸政權加緊它對克倫邦平民的攻勢，見到婦女與兒童也當場開槍，造成成千上萬百姓流離失所。在西緬甸，竹子開花引發鼠患*，老鼠毀了欽族所有的穀物，為欽人帶來死亡與毀滅。兩百多個村落的至少十萬名欽人陷於長期無糧的困境。[2]隨後，在二〇〇九年，就在軟禁翁山蘇姬期限屆滿時，翁山蘇姬再遭審判。這整個事件過程荒誕無稽得可笑：一名名叫約翰．葉陶的美國摩門教徒與越戰退伍軍人，游過茵雅湖，

* 編註：根據傳統，這是饑荒將至的惡兆。

來到翁山蘇姬遭軟禁的住處。翁山蘇姬儘管當時曾竭力請他離開，但仍因這次事件被控違反軟禁條件而受審，被判處三年徒刑並服勞役，之後獲減刑為軟禁十八個月。葉陶也被判刑，但在美國參議員吉姆．韋伯訪問緬甸之後數天獲驅逐出境。二〇一〇年十一月七日，這一連串恐怖鬧劇更隨著一場可恥的假選舉而達於鼎沸。這次選舉意在永保緬甸軍事統治，當局在投票日到來前幾個月竟公布選舉法，排除翁山蘇姬，將她領導的全國民主聯盟打成非法組織，不得登記為政黨，當然也不可能參選。

也正因為如此，當緬甸新總統登盛於二〇一一年八月會晤翁山蘇姬，會後翁山蘇姬表態，說登盛是個可以信任的正人君子（她之後改了這個看法）時，幾乎每個人都大感意外。登盛隨即展開改革，放寬一些對媒體與政治活動的限制，釋放政治犯，展開與少數族群團體的停火談判，並且讓全國民主聯盟重新登記。不到一年，翁山蘇姬的政黨從完全遭既有體制摒棄的不法組織改頭換面，不斷角逐議會補選，在國會贏得一個又一個席位。她在二〇一二年走訪泰國、英國、挪威、愛爾蘭與瑞士日內瓦，之後又相繼訪問美國、澳洲、印度、日本與韓國。但由於許多人認為她不敢暢言緬甸的若干關鍵性挑戰，翁山蘇姬的國際形象蒙汙，緬甸內部人士對她的信賴也受到影響。單就這個理由而言，說緬甸是個陷於徬徨的國度已不為過。

從二〇〇〇年起，我多次走訪緬甸與緬甸邊區，在寫這本書的時候，我已經完成四十多次真相調查之旅。我的足跡幾乎踏遍整個緬甸邊區，我在東緬甸叢林中與「境內流亡人」（internally displaced peoples）*共處，會晤過去的政治犯、緬甸軍逃兵、曾參與番紅花革命的僧侶以及少數族群抵抗運動領導人。我在孟加拉邊區接觸到羅興亞難民絕望的眼神，他們世居緬甸，卻在緬甸得不到任何公民權益。我體驗到少數族群團體在停火狀態下必須面對的緊張，他們雖因停火而享有些許和平，但一直沒有真正的自由。

我也曾多次走訪緬甸境內各地，去過仰光、曼德勒、眉苗（過去叫蒲甘）、茵萊湖、勃固、大金石、密支那、臘戍、昔卜、哈卡，與新國都內比都，與那些勇敢的異議人士鄭而重之地磋談。我曾會見曼德勒那對以膽敢講笑話批判政府而出名的「鬍子兄弟」，與他們坐談，還一起看了一支翁山蘇姬欣賞他們演出的帶子。我曾與緬甸最著名的喜劇演員札加納多次交談，還會晤了翁山蘇姬最親密的幾位夥伴，包括她的律師年溫，與著名記者兼異議人士盧杜盛溫。緬甸第一位天主教樞機主教、仗義執言的貌波也與我談過許多次。在緬甸國內、邊區與境外邂逅的那許多無畏而奉獻的人權志士讓我感念不已。他們之中，有人一再抗拒緬甸政權，以各式各樣有創意的方式表達不滿，有人冒著攸關性命奇險，記錄違反人權實況，有人為救災機構無法企及的族人提供人道援助，在國際社會為族人發聲請命。他們都是緬甸民主鬥爭的英雄，寫這本書也正因為他們的故事可歌可泣。

二〇一一年三月，我在仰光待了一個星期。依照原定計畫，我要在啟程前最後一天會晤翁山蘇姬。臨行前一天晚上約十點點四十五分，在忙了一整天以後，我來到飯店酒吧，想聽聽現場爵士樂演奏。這次仰光之行即將結束，只剩下最後一天，在開完最重要的一次會議之後就可以大功告成，我想我應該讓自己輕鬆一下。但在坐進酒吧之後不到五分鐘，我聽到緬甸每一位民權人士最怕聽到的一句

＊ 編註：即ＩＤＰ，國際法用語，相對於流亡到國外的難民而言。

話：「羅吉斯先生，當局想跟你談談。」六名軍事情報局便衣已經守候在我的住房門外。我一言不發喝完杯中啤酒上了樓，惶惑不安地走進房間，不過竭力不露形色。

我向那六個人問候，邀他們進房。「聽說你們有話要告訴我。有什麼可以效勞之處嗎？」我邊說邊請他們坐下。其中一人立即告訴我，他們奉首都內比都的指示，要把我在隔天早上驅逐出境。他們一開始說他們不知道驅逐我的理由，不過當他們搜查我的房間與行李時，我見到其中一人翻閱他的一個檔案，那上面有一頁影印資料，是我之前寫的一本緬甸前獨裁者傳記《丹瑞：肆無忌憚的緬甸獨裁者》的封面。他們檢查我的攝影機，其中一人還叫道，「這不過都是些觀光客拍的照。」我說，「是啊，我早就對你們說了，我只是個觀光客罷了。」他們要把這些照片影印，我問為什麼。他們說，「我們必須拿些東西才能向上司交差。」他們搜查我的行李，但什麼也沒找到。他們檢查了一大堆東西，包括我準備用來送禮的、芭芭拉．戴米克寫的書《我們最幸福：北韓人民的真實生活》。一名便衣慢慢唸道：「我們最幸福……」這堆東西裡面有關於迪特利．潘霍華生平的一本書與一支影片。潘霍華是德國牧師，因仗義直言反抗希特勒而遭處決。裡面還有一張ＤＶＤ，叫做《改變世界的九天》，談的是教宗若望．保祿二世訪問波蘭、引發團結工聯運動，導致共產主義崩潰的過程。這些便衣看來不知道這些東西代表的意義。他們拍了幾張照。我提醒他們我沒有犯罪。一名便衣皮笑肉不笑地回了我一句：「你當然沒有犯罪，因為如果有，你現在應該已經關進牢裡了。」我的聖經裝在克倫族人做的一個封套裡，他們望著那本聖經問道，「那是iPad嗎？」他們好奇地檢查我的Kindle，還要我向他們示範使用方法。「這是eBook吧？」他們嘆道。是的，是eBook。

他們在午夜時分完成搜查，還要我在早上七點準備動身。他們隨後離去，但五分鐘以後，其中一個人又回轉來。他說，「我把我的筆記本忘在這裡了。」那一幕像極一場法國鬧劇，又彷彿是《巨蟒與聖杯》*中的情景。在急忙忙找了一陣以後，他在我的手提箱裡找到那本筆記。他一定是在歸還我的東西時，不小心把自己的筆記本留在那裡了。

第二天早上，兩名便衣護送我乘計程車來到機場。我又問他們為什麼驅逐我出境。「我們會在機場告訴你為什麼。」一名便衣拿出一根菸請我抽，我婉謝了。他們付了車資。

一大群人在機場等著我，有軍情局的便衣，有身著制服的移民官，還有幾名警察。我無論走到哪裡，身邊總有三、四名拿著相機的男子，對我照了總有好幾十張照片。其中有一名滿臉橫肉的小個子很是官腔官調，不斷對我與其他人發號施令，不過大多數人都還算有禮，其中一兩位還相當可親。我說想喝一杯咖啡，一個人就幫我端來一杯咖啡。

在辦完驗關手續後，兩名男子與我一起坐下來。「我現在可以告訴你把你驅逐出境的理由了。我們知道你寫過幾本有關緬馬的書，包括《丹瑞：肆無忌憚的緬甸獨裁者》。」他一本正經唸出這本書的全名。

我決定問他們幾個問題。保羅．麥卡尼的歌《自由》在我腦中迴響。我仍然禮貌，但良知不容我保持沉默。我要他們知道我的想法，但也要他們知道我怪的不是他們個人，而是這個體制。我問

* 編註：七〇年代英國著名喜劇。

道，「寫書是一種罪行嗎？」他面帶驚訝，不知怎麼作答。之後，我裝作天真無知地說，「緬馬在十一月辦了選舉，所以我想緬馬就要實行民主了。在民主國家，隨意寫書是非常正常的事，寫有關領導人的書也非常普遍。有些書的內容正面，有些書則意在批判。但你們只因為我寫了一本書就將我驅逐出境的事實，說明緬馬不是一個民主國。所以我感到困惑。緬馬到底是不是一個民主國，你能告訴我嗎？」他遲疑片刻：「緬馬有一天會成為一個民主國，但會慢慢、慢慢來。我們正在轉型。」我說，話雖如此，但轉型要變才行啊，「我也以為緬馬在變，但只因為一名外國人寫了一本書就將他驅逐出境卻顯示緬馬沒有變。所以緬馬沒有變，這才正確囉？」他用力點頭。「是的，沒有變，沒有變。」

我問他是否驅逐過許多外國人。他笑了。「是的，驅逐過許多。」我又問，依他的看法，驅逐我是否公正。他說他沒有讀過我的書，因此不能置評。「你身邊有一本你的書嗎？如果有，我倒很想拜讀。」我笑著對他說，我沒有帶在身邊，不過如果他給我地址，我可以寄一本給他。他沒有給我地址。之後他又問我，是否打算寫更多有關緬甸的書，我告訴他我剛完成又一本，還沒有發表。他拿起筆記本與筆，問我，「哦，那書叫甚麼名字？」我賣了個關子，對他說，等書出版以後他就知道了。

我對他說，他們驅逐我出境真是不智，因為只要讓我再多停留一天，我可能帶著更加正面得多的印象離開緬甸。而現在，我已別無選擇，只能告訴我的朋友，緬甸政權根本沒有變。他漠然望著我。我問他，是否喜歡為這麼欺負本國人民的政府工作，還問他是否知道緬甸少數族群尤其遭這個政權迫害。他沒有答腔。

我問他，對於發生在埃及、突尼西亞與利比亞的事件有何看法。他說，「我不喜歡這種方式的轉變。我認為這都是基地組織搞出來的。你認為它是基地組織搞出來的嗎?」我說,我不認為如此。我告訴他,極端分子趁火打劫的風險確實存在,但發生在這些國家的運動,領導人都是一些不喜歡獨裁統治的平民百姓。他說,「可是民主給了基地組織可乘之機」,我不同意。我說,「比起獨裁統治,民主、開放性社會更能挑戰極端主義與恐怖主義。」

隨後他們告訴我,可以通過門登機了。不過他們前一天晚上扣了我的護照與機票,這時還沒還我。我提醒他們,我的護照還在他們手上,他們遲疑了幾分鐘,不知道該怎麼辦。我面帶笑容打趣著說,「沒護照,我就留在緬馬好了,行嗎?」我們都爆笑失聲。

他們與我握手道別。我直視著他們,說了離開緬甸前最後幾句話:「謝謝你們對我的禮遇。我知道你們的政府對你們自己人民一點也不好,但至少你們待我很好,我很感激。我知道,如果我是緬甸人,我受到的待遇會惡劣得多。或許我連命都保不住。」

我被驅逐之後不到幾小時,消息已經在流亡海外的緬甸媒體間傳開。我不想出風頭,但自由亞洲電台、緬甸民主之聲、緬甸新聞社以及其他流亡媒體相繼找上門來。我發現無論自己是否接受訪問,媒體都會報導這件事,與其讓它們捕風捉影,把事情弄得更糟,不如挺身而出。緬甸境內人士也要我出面說明事實真相,讓世人知道緬甸其實沒有什麼改變。

四天以後,我坐在泰緬邊界一個難民營裡,看著克倫族學生從一所聖經學校畢業。他們聚在一所位於山腳下、用竹子造的教堂中,齊唱韓德爾名劇《彌賽亞》中的「哈利路亞」。沉醉在這一切實體與屬靈之美中,眼見這些人身受的苦難,想到我在幾天以前才碰上的那些秘密警察,反差之大令我難以承受。一位克倫族青年發表一篇題為〈重建我們土地〉的畢業講詞。他說，「獨裁者要讓我們的民族從世上消逝」。聖經學校校長賽門牧師也發出緬甸全民的心聲：「我們要為緬甸全民爭和平、正義與自由。我們要這個政權敬重我們，待我們如兄弟姊妹，而不是把我們視為敵人或奴隸。我們要全世界協助我們。我們要回家——請協助我們。」

我卻不想回家——我想再多待一天。但被迫離境的事實，讓我對緬甸人民的苦難更能感同身受，也讓我下定決心，支持他們爭自由的鬥爭。我遇到一個人對我說，我的處境「非常危險」。但他接著又說，「我喜歡你做的這些事。繼續做下去。這個政權像個精神病患一樣，需要電擊治療。你可以給他們電擊。」

沒想到的是，我居然還能獲得緬甸簽證——當我問那名軍情局人員，既然我寫的書有問題，為什麼還給我簽證時，他故作正經地答道，「我們也在問這個問題。」他問我，這是不是我第一次緬甸之行，當我告訴他我已經多次造訪緬甸時，他顯得相當驚訝。事實上，在之前一次訪問緬甸的過程中，我在曼谷機場還有過一場小小驚魂。我當時正準備搭機飛往仰光，撞見一位欽族友人。他不知道我即將前往緬甸，欣然從旅行袋中拿出一份紙張版《緬甸新聞報》送給我。我打開報紙一看，嚇得魂飛魄散。那份報紙的頭版刊了一篇報導，介紹我即將出版的緬甸獨裁者傳，還附了一張我的照片。我告訴那位友人，在我即將造訪的國度，把這東西帶在身邊可是自找苦吃，他點頭應是。除了這件事，我在踏進緬甸以後倒沒有碰上任何個人性的麻煩，直到二〇一一年遭驅離為止。

在遭驅逐出境後不到十個月，我決定再申請一次簽證；雖然不指望能獲准，但我想試一試反正無傷。出乎我意料之外的是，我不僅獲得簽證，還順利抵達仰光，在當地停留的八天也沒有遇上任何困難。我原以為移民官一定會拿出一份我遭到驅逐的紀錄，至少也會對我盤根問底、糾纏一番。但那移民官毫無異樣地在我的護照上蓋了章，連眉頭都沒有皺一下。在接下來八天行程中，我見到緬甸最著名、也最敏感的幾個人物，包括翁山蘇姬、她的同事丁烏與溫丁，還有郭奈、郭基、吉米、貌埃與台基偉等「八八總學運」領導人。其中台基偉兩星期以前剛從獄中獲釋。在遭到驅逐之後不到一年又能重返緬甸的這個事實，說明這個國家確實在變。

不過，在那之前的一周，我在採訪中緬邊界克欽邦時，聽到一些聞所未聞、最惡劣的迫害人權罪行。仰光的氣氛儘管樂觀，克欽邦的情勢卻如此不堪，兩相對比，不禁讓人想到查爾斯·狄更斯的《雙城記》中那句開場白：「那是最美好的時代，那是最惡劣的時代。」把仰光的情勢說成「最美好的時代」自然失之誇張，因為仰光雖較過去二十年來任何一段時間更開放、也更有希望得多，但它還有很長的路要走。而在克欽邦，軍政府卻正對少數族群百姓發動一場殘酷的戰爭。

我開始在緬甸各地奔走，也越來越相信必須將緬甸視為整體進行觀察。緬甸當然有一些可以特別專注的地方，你只要願意，當然可以將精力與資源投入一個特定少數族群團體或主題。不過，我們也有必要將所有零星湊在一起，不只看一兩個部分，還要看全貌，或者應該說，盡可能看到全貌。因為緬甸所有的民族都遭到同一政權迫害，也都在為同樣的自由、民主、正義、和平原則與基本人權而戰。緬甸政權在對付每一個團體時所採的戰術或有不同，每一個團體的經驗與看法或許未必全然一致，但就整體而言，他們面對的是一個共同敵人：一個為了保有大權，不計一切代價剝奪他們自由的、殘酷的軍事政權。更何況，這個政權最拿手的伎倆就是分化與統治。它最愛在少數族群與政治團體內部製造分裂，將對手分化、再分化。緬甸族群越能團結一致，外界觀察家越能看清緬甸全貌，緬甸人也越能爭得自由。

寫這本書的主要原因就在這裡。坊間大部分有關緬甸的著述一般只偏重一面。許多書本或只討論軍政府某一層面，或只討論翁山蘇姬，只討論緬甸都會區民主運動與生活，只討論少數族群團體。許多書為研究緬甸帶來珍貴貢獻，但站在全面性位置對緬甸進行探討的著述不多。

我於是利用有限的時間與資源，盡可能全面、整體、而且不設限的勾勒一幅全貌，訴說緬族與非緬族、所有緬甸人民的故事，談他們的民主與人權鬥爭，以及其他國際社會人士對這場鬥爭的貢獻。這本書談的是緬甸人民，以及協助他們的國際社會人士，但在很大程度上，書中內容源自我本人的經驗，也源自我有幸會見的那許多人士。當然，身為民運人士，我效忠的對象很明確，我的觀察自然也不中立。但我在之前幾本書中已經表明，我對特定少數族群、宗教或政治團體並無偏愛，我愛的是自由與人權基本價值。我根據自己的信仰與人性而有一個道德架構。這個架構告訴我，強暴、酷刑、奴工、強徵兒童當兵、以及把人當成掃雷工具是錯的，它告訴我，我們都有不必擔心遭到歧視，不必恐懼面對拘禁或死亡威脅，無拘無束、自由表達政治或宗教信念的權利。這本書行文立論的標準也正是這些價值觀。

探討緬甸的過程中有兩個關鍵性危險，我都想盡辦法避開。過於簡化是其中一個危險。要將軍政府描繪成壞人，將翁山蘇姬、民主運動與少數族群反抗團體描繪成好人非常容易。我深信軍政府這方面罪惡確實深重，他們殘酷、腐敗、沒有人性，罪孽之深冠絕全緬甸。根據我的經驗，來自各少數族群團體的那些民主與人權鬥士，展現了真正卓絕不凡的勇氣、尊嚴、犧牲精神與人性善良。他們奮力以求的是好的價值。基於這個意義，這確實是一場是與非的鬥爭。但他們都只是人，誠如亞歷山大・索忍尼辛所說，每個人心中都有善與惡的掙扎。民主與少數族群運動也犯了許多錯。他們時而不能善待自己人，讓沒有必要的分化在內部滋長，遂為軍政府帶來擴大分化的可乘之機。近年來，他們一直被控，說他們坐視極端宗教民族主義與其他嚴重的違反人權犯行，不聞不問。緬族與非緬族之間也確實存在與政權無涉的緊張情勢。克莉絲汀娜・芬克*曾說，「一些族群領導人擔心，民主政府就算建立，也不會保護少數族群的權利。」同時，一些主張民主的緬族民運人士，對於少數族群團體的自治要求也感到憂心，認為這些要求可能導致國家的分裂。近年來，許多反對團體已經發現，建立聯邦式民主對所有各造都是最好的解決辦法，但由於軍政府的分化與統治戰術作梗，他們想一起合作很難。」[3]緬甸的問題很複雜，特別也因為它有那麼多少數族群團體、政治團體與對抗、競爭。更有甚者，民主運動已經衍生各式各樣聯盟與衛星組織，這本書看下去就會知道。僅僅是學習那許多代表團體組織的縮寫，已足以說明緬甸問題不單純。

但另一方面，一些學術界與外交界人士似乎將情勢複雜性過於誇大。他們在緬甸千絲萬縷、撲朔迷離的濃霧中迷失，看不清事實真相。面對緬甸政權的犯行，我們不能以複雜為藉口而坐視不顧。如

---

* 編註：專精緬甸事務的國際問題專家。

我在前文所述，是非對錯的概念確實存在，不容我們忘卻。

也因此，我希望能透過這本書，對緬甸爭自由的鬥爭提出周詳而全面的新論述。這本書既是一本緬甸入門，供初學者參考，對於已經熟悉這類議題的讀者而言，它也可作為進一步深入探討緬甸前途問題的工具。為便於鋪陳當前情勢，書中對基本歷史背景會有簡短描述，但基本上仍以現況為重點，而且大體上以人類苦難與勇氣的故事為題材，因為這些故事正是今日緬甸的寫照。像我之前幾本著作一樣，這本書主要是民運志工的記述，而不是人類學者的研究，不過我確實也費了相當功夫，讓它就學術、就智識而言都有其可信度。這本書主要以第一手證據，或以可靠人士提供的資訊為佐證。但願這本書不是一本只能引起興趣與討論的抽象文學作品，而是一本能激勵行動——無論是支援或救助行動都好——的書。

在寫這本書的時候，耳邊不斷迴響我在二〇〇二年邂逅的一個撣族小男孩的話。他告訴我，他父親如何在稻田耕作時，就在他面前遭國防軍射殺。小男孩等到士兵都走了以後，才出來替父親收了屍，帶回去埋葬。不過兩星期以後，國防軍又打過來，這一次他們殺了大多數村民，包括小男孩的母親也在劫難逃，然後放火將整個村子燒了。士兵把小男孩抓走當挑夫，命他背負裝補給與彈藥的重擔，長途跋涉了三天，還不給他食物與飲水。在第三天將盡時，小男孩因過於疲累而不支倒地，士兵把他毒打了半個小時，直到他失去知覺。他醒轉以後，發現士兵已經開拔，於是逃了出來。之後兩星期，他穿越叢林，靠樹皮與香蕉果肉維生，終於抵達泰國邊界一處為流離失所者而建的收容所。小男孩在說這個故事的時候，兩眼凝視著我，說了幾句深深刻印在我腦海中的話：「**請告訴全世界，對這**

個軍事政權施壓，要它不再殺害它的人民。請告訴全世界，不要忘了我們。」我希望寫出這本書，至少也局部響應了他的請求。

在二〇一二年一月會晤翁山蘇姬時，我與她談到這本書。我還告訴她我把這本書原來的書名《緬甸：一個牢籠中的國度》改了。翁山蘇姬對新的書名表示贊同，還說緬甸確實已經走在徬徨的叉路，緬甸人必須甩脫他們身為囚犯的身分才行。她繼續說道，根據她的觀點，在有關緬甸前途的辯論中有三種人：第一種人對前途毫不質疑、欣喜異常，對改革過程熱衷不已；第二種人支持她與政權打交道、透過政治程序解決問題的決定，但他們主張謹慎、質疑，主張評估證據；還有第三種人姑不論本身有什麼議程，對政治程序甚至連試都不願意一試。翁山蘇姬說，她重視的是第二種人，並且表明她既不了解第一或第三種人，也抽不出時間花在他們身上。

我在二〇一二年帶著既謹慎、又同樣樂觀的感覺結束仰光之行返國。對緬甸而言，這或許是突破的一刻。這是緬甸數十年來第一次出現的真正改革之機，不過我們必須驗證，才能確定當前這股熱烘烘的改革氣氛，確能帶來一種更實質，以制度、立法與憲法改革為基礎的必要進程，把緬甸推上有進無退的真正改革之路。目前這項進程相當脆弱，成敗主要決定於兩個人，一是總統登盛，一是翁山蘇姬。此外，登盛夠不夠強——或許應該說他夠不夠有誠意——能不能鎮壓軍政府內部強硬派的抗拒阻力，能不能為他的改革在軍中爭取到更廣泛的支持，都還在未定之天。真正的和平與真正的政治改革還沒有出現，緬甸還有漫漫長路要走。但無論怎麼說，當前的改革熱是重要的第一步，中國哲人老子曾說「千里之行始於足下」，就是這個意思。現在的問題不再是緬甸會不會改革，而是它的改革能有多深、多具體、多持久，或許這還是幾十年來的頭一遭。緬甸正走在叉路口上，整個世界在看著它，看它朝哪個方向走，看它那些將領們願意在改革路上走多遠。

《緬甸：一個徬徨的國度》初版於二〇一二年問世，之後新挑戰出現。我在這本加了一個新後記的新版本中，對這些挑戰進行觀察。在緬甸展開它二十五年來僅僅第三次投票之際，我要反覆追問一個問題：它今後何去何從？

第一章

從亞洲米倉淪為失敗國家

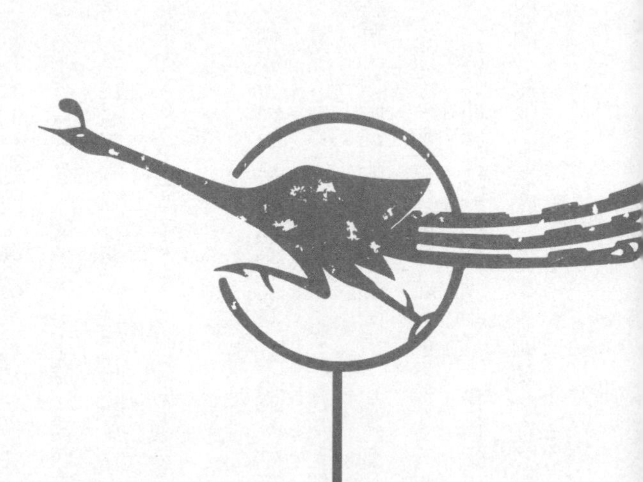

這是緬甸，它與你已知的任何地方都大不相同。

——魯雅．吉卜林，《東方來函》

一九四八年一月四日上午四點二十分，緬甸重獲獨立。在歷經一個多世紀英國殖民統治與前後幾年的日軍佔領之後，緬甸終於甩脫桎梏，贏得自由。克莉絲汀娜．芬克寫道：「這是緬甸占星專家挑選的吉時，認為在這一刻重新開國最能讓國家興旺。」[1]

在這一刻抵達前幾天，當民眾理應歡欣鼓舞、慶祝即將到來的自由時，曼德勒近郊一個受過良好教育的中產階級緬族人家庭，聚在戶外暢飲。座上一位也受過教育的客人開始大發牢騷。當時在場的一位人士事後回憶說，「他硬說獨立選錯了日子。他預測，由於選在這個日期、這個時間獨立，我們之間除了流血與戰鬥以外，什麼都沒有，而且我們還無能為力，想改也改不了。他已經做過一切星象估算，事情就這樣在劫難逃。」

就像命理學與鬼神靈魂等各種形式的迷信一樣，許多緬族人對占星也極度認真。不過，姑不論獨立日期是否真的選錯，基於若干其他因素，緬甸在脆弱的情況下獨立卻是不爭之實。一九四七年七月十九日，就在獨立前六個月，領導緬甸對抗殖民統治的將軍，連同他的半數內閣閣員一起遇刺。金亢昂在他寫的《誰殺了翁山》一書中寫道，「甚至在這個國家還沒有獨立以前，緬甸最幹練、一直準備從英國手中進行接管的一批領導人都死了。」[2]一九六〇年代初期曾經駐節仰光，二十年後又以大使身分再訪緬甸的尼古拉．范恩爵士說，翁山與他的半個內閣一起遇刺意味一件事：緬甸「在二流的十一人內閣」領導下成為獨立國。

令人嘆息的是，翁山在一九四六年會見英國總督里吉納・陶曼—史密斯爵士時，曾經預言自己不久人世。據說翁山當時問陶曼—史密斯，「民族英雄可以存活多久？」他隨即自己作答說，「在這個國家，當民族英雄的都很短命，因為他們樹敵太多。他們頂多只能活三年。我認為我自己活不過十八個月。」[3]直到今天，緬甸人仍然尊翁山為國父，為緬甸軍創辦人，而他也是今日緬甸民主運動領導人、諾貝爾和平獎得主翁山蘇姬的父親。翁山蘇姬在一九九八年為《亞洲週刊》寫了一篇談她父親的文章，說她父親最了不起的地方就是「他心胸廣大，從經驗中學習的能力非常強」。翁山蘇姬說，她父親能夠發現自己犯下的錯，並且努力匡正。她在這篇文章的結論中說，她父親對他創建的軍隊懷抱一個遠景，而這遠景與今天緬甸軍方追逐的大不相同。她在文中寫道：

> 我父親表白得非常清楚：軍隊是為了替人民服務而設的，應該謹守公正與榮譽原則，除非能贏得並保有人民的信任與尊敬，軍隊的宗旨必將敗壞。他從來就不認為軍隊可以干預政府。身為自由與民主志士的他，早從法西斯日本軍隊的作為中見到軍事獨裁的危險。[4]

儘管他在二次世界大戰期間曾站在日本人那一邊，與緬甸少數族群戰鬥，但如果緬甸能找出什麼人將境內各式各樣少數族群團結在一起，這人非翁山莫屬。一九四七年二月，翁山出席在撣邦彬龍舉行的一次會議，希望建立緬境所有少數族群盡皆平等的基礎，推動緬甸走上憲政之路。幾個月以後，他在仰光朱比利劇院發表演說，說明彬龍會議的想法：「在營造我們的新緬甸時，我們應該把它建成一個聯邦或一個單一國？依我之見，建立單一國並不可行，我們必須建立一個聯邦，以妥善規劃的法規保障少數族群的權益。」[5]

這項建國進程儘管遭到克倫人抵制，儘管若開族與孟族沒有獲邀，而且那加族、佤族與其他幾個少數族群團體還遭到排斥，但撣族、克欽、欽族與克耶族仍於一九四七年二月十二日簽署彬龍協議，保證「原則上接受邊界地區人民內政的全面自治」。[6]此外，在前殖民與殖民統治期間大體上一直獨立的撣族與克耶族，還在會中取得十年以後可以脫離聯邦的保證。克倫族地位的問題則留待獨立以後解決。

自一九四五年日本戰敗、英國重建在緬甸的殖民統治以後，緬甸獨立進程迅速展開。在彬龍協議之前不久，英國首相克里門・艾利與翁山在一九四七年一月二十七日達成協議，同意「盡快」讓緬甸獨立。[7]十九世紀期間，經過一八二四至二六、一八五二與一八八五年三次英緬之戰，緬甸逐漸遭英國占領，緬甸王錫袍也遭推翻。二十世紀初期，學生在一九〇六年成立佛教青年協會，展開抗議殖民佔領的緬甸民族主義運動。一般認為，佛教青年協會是緬甸第一個現代政治組織。一位名叫薩耶山的傳統藥師，在一九三〇年領導反抗英國的武裝叛變，兩年以後遭弭平。薩耶山原本奉緬甸協會總會（佛教青年協會後續組織）之命，對緬甸偏遠地區農民的生活情況進行調查，他隨後自立為王，並呼籲人民不向英國繳稅。兩年後在遭弭平時，他的兵力有三千人。根據緬甸著名史學家丹敏的敘述，薩耶山的軍隊「打了一場視死如歸、轟轟烈烈的起義」。[8]英國出動七個營、八千多名官兵才擊敗薩耶山，隨以叛國罪將他吊死。[9]不過緬甸民族主義運動並沒有因他的挫敗而不振，翁山於一九三八年建立的「我們緬甸人協會」也為這個運動注入活水。[10]

翁山與其他學生領導人開始紛紛自稱「德欽」（即「主人」之意），繼續鼓吹改革。一九四一年，當日本人似乎即將入侵緬甸時，翁山與其他二十九名民族運動激進分子一起走訪中國，接受日本人的軍事訓練。時人稱他們組建的為緬甸獨立軍，為日軍入侵緬甸鋪路。一九四一年十二月八日，日本對英國宣戰，在緬甸獨立軍提供重要軍事與情報支援的情況下，於三年之間佔領緬甸。

緬族與非緬族少數族群團體之間今天的緊張情勢，有一部分就是在這段期間種下的因。非緬族少數族群團體，特別是克倫、克耶、欽族、盧賓與羅興亞，不僅與英美盟軍站在一起對抗日軍，還積極投入，與盟軍並肩作戰。甚至在二次大戰爆發以前，一些這類少數族群團體已因獲得英國特殊照顧，而為緬族人視為殖民主義者的傀儡。緬甸獨立軍在攻擊他們的時候也毫不留情，犯下許多暴行，還曾幾次屠殺克倫人。這些少數族群團體多非佛教徒的事實，更讓緬族人認定他們是叛徒。特別是許多克倫基督教會眾尤其淪為緬族人仇恨的對象。

日本人同意緬甸在翁山的獨立軍統治下獨立，但事實很快證明這不過是一句口惠而已。到一九四四年，翁山既認為在日本庇蔭下解放的指望落空，同時也因為發現戰局逆轉、盟軍已經開始步步進逼，於是決定換邊。他把部下軍隊從位於彬馬那（別名內比都，六〇年以後成為國家和平與發展委員會選定的新國都）的基地撤出，建立反法西斯人民自由聯盟，並且向盟軍指揮官威廉．史利與「醋罈子」喬．史迪威兩名將領傳話，表示他願意協助盟軍將日軍逐出緬甸。史利於是會晤翁山，還指責翁山因為見到盟軍占了上風才決定倒向英國人。但翁山立即反駁說，盟軍如果戰敗，就算找上他也沒什麼好處，這話讓史利感到回味無窮。史利後來寫道：「翁山讓我印象深刻。他不是我原本想像的那種野心勃勃、寡廉鮮恥的游擊隊頭子。他當然很有野心……但根據我的判斷，他是一位真正的愛國者，一位不偏不倚的實事求是派……他給我留下最深刻的印象是誠實……我認為，他如果同意做什麼，一定言出必行。我可以與翁山打交道。」[11]史利發現，能與翁山以及他的軍隊站在同一陣線，對盟軍很有價值。他回憶說，「如果他們不與我們站在一起，除了對付日本人以外，我們最後免不了還得與他們交戰。我於是建議我們應該以武器與補給支援翁山，設法對他的部隊取得一些戰術性控制權，讓他們成為整體計畫的一環。」[12]一九四五年三月二十七日，翁山所部起而反叛日本，七個月以後，日本正式投降。

但翁山所以與英國聯手，為的當然不是迎接英國人重返緬甸。東南亞戰區盟軍最高統帥蒙巴頓爵士，在決定接受翁山的援助、一起對抗日軍時，已經知道這樣的援助並非沒有條件。根據史學家馬丁．史密斯的說法，蒙巴頓「認清亞洲民族主義浪潮崛起，獨立勢所難免……他知道英國必須放棄，這只是時間遲早的問題而已」。[13]果不其然，大戰剛結束，翁山立即明確表示他要獨立，而且揚言如果獨立一事遲遲無法進展，他會發動罷工與武裝叛亂。可巧就在這一刻，溫斯頓．邱吉爾在一九四五年英國大選中吞敗，克里門．艾利領導的工黨上台。工黨新政府主政以後忙著撤出殖民地，將英帝國解體。

翁山於一九四七年女兒翁山蘇姬只有兩歲時遇刺，享年僅僅三十二歲。他本人不但因此無緣眼見獨立之夢成真，他的祖國也因此失去一位極度幹練而有智慧的年輕領導人。一九四八年，吳努取代他的位置，宣誓就任緬甸第一任總理，在位十年略多一點。從一九五三到一九五六年間擔任英國駐緬大使的高爾—布斯爵士回憶說，吳努「比他的閣員似乎都要年長，而且篤信佛教，這使他看起來像個不苟言笑的人物。但事實絕非如此。他有一種獨特的笑容，給人一種慈祥可親、如沐春風之感；他的政治手段也相當高明，這使他能在日常政務處理上得心應手，在那段期間，他是緬甸不容置疑的領導人」。[14]

「不容置疑」這個詞或許用得過強，因為緬甸在獨立頭十年的代議制民主政局事實上動盪不安，十分脆弱。在戰爭造成的瘡疤猶新的獨立前夕，內戰在好幾處戰線爆發，而且持續打了幾十年。共產黨人崛起，而幾乎就在同時，幾世紀以來一直遭緬族人壓迫的克倫人也起而反叛。保證推動多種族聯邦式民主的彬龍精神，也因此幾至崩潰邊緣。儘管新成立的聯邦由一位名叫蘇瑞泰的撣族人擔任總統，並由一位名叫史密斯．鄧的克倫族將領擔任軍方領導人，種族間的緊張衝突依然爆發。一九四九年一月三十一日，當時叫做克倫民族防衛組織的克倫民族同盟，派出武裝民兵佔領位於仰光郊區的永盛，以保護當地克倫社區，免遭進一步攻擊。國防軍裡面的克倫裔士兵也集體反叛，加入民兵。史密斯．鄧儘管效忠聯邦政府，仍遭尼溫取代。[15] 據曾在尼溫政權服務的尼溫親信表示，罷黜史密斯．鄧是尼溫一手策劃的，所以這麼做，一方面因為克倫人造反，同時也因為私人恩怨。很顯然，尼溫早先曾想加入一個共濟會，但因遭共濟會會長、一位名叫加度的克倫族將軍排擠而未果。尼溫成為軍方領導人以後，緬甸持續數十年的夢魘也於焉展開。

在之後九年，由於共產黨、克倫人與其他武裝叛軍割據大片國土，尼古拉．范恩所謂緬甸「效率低得可愛的議會式民主」已經蹣跚走在崩潰邊緣。前英國駐緬大使高爾—布斯的遺孀派翠西亞回憶說，當時駐緬甸的外交人員日子雖過得很優閒，經常參加「無拘無束、輕鬆自在又迷人有趣的雞尾酒會」，但她注意到，他們不能開車出城，因為城郊都是叛軍。她說，尼溫雖然打高爾夫、賭博、每周末還上馬場賭馬，但他顯然過去「非常嫉妒翁山」。

儘管各種證據顯示，翁山的主要政治對手之一的宇蘇是暗殺翁山的主謀，而且之後宇蘇也確實被判有罪，但尼溫是否參與其間一直是個揮之不去的疑問。調查人員在宇蘇住處後面的湖裡發現一處大型武器庫，而宇蘇顯然覬覦總理大位。金亢昂指出，「宇蘇與他的手下擁有足夠軍事物資，能在仰光發動革命——或許這正是他們的計畫。宇蘇與他的人究竟想幹什麼？」金亢昂的父親東拉昂少將、岳父童盛法官，都在將翁山案刺客繩之以法的過程中扮演關鍵性角色。[16]但克倫民族同盟在一九八六年發表一項公報，上面載了一篇文章問到宇蘇是否遭到陷害：「一直以來的傳言都說，尼溫將軍、吳努總理，還有其他一些人都介入其間，這說法真實嗎？」[17]

翁山與尼溫不睦不是秘密。根據馬丁．史密斯的說法，「三十同志」之一的覺梭曾說，翁山一度認真考慮把尼溫解職，因為尼溫在日本人底下的行徑讓他們相信他有「法西斯傾向」。覺梭指尼溫是個「雙面人」，是個「瘋狂追逐權力的魔王」，全靠「狡猾」才保住一命。[18]翁山與尼溫經常爭執，翁山最不滿尼溫的地方是他的「操守……他是個賭徒，而且好色，為嚴守道德標準的翁山以及我們其他人所不齒」。[19]

讓人回味的是，根據金兀昂的說法，仰光總督辦公室在發給倫敦的第一封有關這次暗殺事件的詳細電文中指出，殺人槍手是尼溫所率第四緬甸步槍團的成員。[20]另有一件值得注意的事：在翁山遇刺十個月以前，宇蘇也遭企圖暗殺未果。金兀昂說，有人認為，「尼溫以一種賭馬的心態設謀，對宇蘇進行一次暗殺，但不要真正殺了宇蘇。讓宇蘇因此對翁山採取報復。那天坐在車裡行刺的兩名槍手，穿的都是翁山『親軍』的制服，讓人認定翁山是這次事件的幕後主謀。」[21]

不論他是否涉入刺翁案，尼溫對緬甸這位遇刺領導人的嫉妒，在他於一九五八年奪權時達於頂點。儘管吳努說，他為了重建秩序而邀請軍方以看守政府的形式主政，拜事後之明之賜，我們認定吳努當時其實也別無選擇。[22]許多人相信，當時緬甸境內四處動盪不安，尼溫的第一個政府確有重建秩序之功，算是一種相對良性的獨裁。曾在一九五七至一九六〇年間任職仰光英國大使館、並與尼溫打過網球的馬丁．摩蘭說，尼溫解除吳努對牛肉的禁令（吳努基於宗教理由禁止人民吃牛肉），還處理了「野狗」肆虐的問題，這兩項政策都「讓外國使節滿意」。高爾―布斯說，尼溫「時而衝勁十足，時而打著高爾夫，玩賽馬，過家庭生活，在緬甸社交界是個莫測高深的人物」。[23]

不過，就算他重建秩序有功，他的統治真相這時已經開始現形。芬克寫道，「看守政府不容忍批判，無數記者就因為膽敢批判它的行動而入獄。此外，戰場指揮官開始進入政府，或取代政府官員、或與政府官員一起工作，也讓公務員很惱火。」[24]雖說看守政府原本只說執政六個月，但尼溫兩度延長限期，不過之後「舉行選舉、恢復民主的壓力不斷增加」。[25]尼溫不得已，在一九六〇年二月重開選舉。他原以為可以影響投票，為自己的繼續統治爭得民意授權，但結果是緬甸人民以壓倒性多數重新選出吳努。

高爾—布斯寫道，「緬甸直到許多年以後，才又有這樣一次民主契機。可悲的是，他們沒有把握住這次機會。」吳努無意其他政務，只關心佛教信仰，政治亂象於是不斷升溫。「吳努不但沒能正確觀察過去的經驗，從中學得教訓，而採取一種以安定為首的政策，反而為實現他的良知之夢，要將佛教定為緬甸國教。但在緬甸這個國家，佛教除了官式名義以外，早已是舉國大多數人民奉行的宗教，定為國教之舉根本沒有必要，徒然帶來更多動亂與不安而已。」[26]部分也為了抗議以佛教為國教之舉，主要信奉基督教的克欽人隨即發動武裝叛亂。

吳努新政府主政兩年後，尼溫發動軍事政變，緬甸就此走上軍事統治之路，一直持續到今天。在發動政變前一天晚上，尼溫還出席觀賞一場芭蕾舞劇，向演出舞星致賀，一切看來沒有異狀。但在一九六二年三月二日上午八點五十分，他在電台上宣布軍方已經接管政府。[27]

尼古拉·范恩的妻子蘇珊·范恩，是最先發現政變的外國人之一。當時她剛生產完，在療養院休養。三月二日凌晨三點，她在醒來餵孩子時聽到一陣低吼聲從開啟的窗外傳來。她望向窗外，見到門廊下停著一輛軍用吉普車，樹叢裡還有許多槍影晃動。門鈴響起，當她與護士應門的時候，發現「十幾支步槍從安全柵欄伸進來」。這些士兵來這裡逮捕一名名叫紹沙隆的病人，紹沙隆人稱「矮子」，是景棟撣族的「蘇巴」(即土司王)。蘇珊·范恩回憶道，「我靈機一動，把手中嬰兒交給那些軍人。他們立即都把槍放下來疊靠在牆邊，圍著那笑咪咪的嬰兒。劍拔弩張的緊張就這樣化解了一陣子，但士兵奉有必須執行的命令，『矮子』隨後坐在轎子上，被人從樓上抬下來。我問他有什麼可以效勞之處，他很有王者風範地揮了揮手說，『不用了，謝謝妳，這不過是例行公事罷了。』」紹沙隆的身影就這樣消失在夜色裡。到上午九點，他的家人來到療養院替他清償帳單。他被關了七年。

當遭切斷的電話線重新接通時，蘇珊．范恩打電話給她先生。她記得，「他還在睡，但當他望向窗外，見到戰車時，他開始抖擻精神。他打電話給大使，就這樣，英國大使館成了仰光第一個報告這場政變的大使館。」

吳努當時準備在一九六二年三月二日與少數族群領導人舉行會議，討論聯邦主義與少數族群權益問題。這項會議遂成為尼溫發動政變的藉口。范恩說，「尼溫擔心會議會帶來讓他害怕的結果，他要設法阻止，於是決定先下手為強。尼溫認為吳努想分裂國家，還說除非『踏在我屍首上』，否則吳努別想做到這件事。」此外，對吳努政權的缺乏效率，尼溫也顯然忍無可忍。根據引述，尼溫在政變那天早上說，「聯邦主義不可能行得通，它會毀了這個國家。」尼溫的首席發言人也表示，發動政變的主要原因就在於封殺聯邦主義。[28]吳努、吳努的許多閣員，與包括緬甸第一任總統蘇瑞泰在內的許多少數族群領導人被捕下獄。蘇瑞泰的一個兒子被殺，蘇瑞泰本人也在八個月以後死在獄中。

緬甸史學家昂索戊認定，尼溫計畫發動政變已有很長一段時間。昂索戊說，尼溫曾在一九五六年召集高級將領，告訴他們軍方總有一天要統治這個國家。兩年以後，這番話成為事實，但在一九六〇年選戰失利之後，他的權力慾無法滿足，他要更多。

總統蘇瑞泰的么兒艾永貴憶起政變當晚情景，猶然歷歷在目。當年他十四歲。「我記憶中第一件事，就是槍彈到處亂飛。士兵包圍了大屋開火。槍戰持續很長一段時間。我們大屋的圍牆有十八英寸厚。樓上是木造房，樓下是磚砌的。子彈沒有打到我們。」

艾永貴當時與他十七歲的哥哥共住一間房，他哥哥被打死了。他說，「我哥哥在聽到槍聲響起時從床上一躍而下。他發現大門開著，於是去關門。之後我們怎麼也找不到他。軍方說我們抗拒。但我想來想去，唯一想到的可能是哥哥有一支矛，他一定是帶著那支矛進了花園，他們就在那裡槍殺了他，子彈擊中他的頭部與腿。我們不知道他為什麼遭槍殺。一名軍官下令部下蒐集所有留在現場的空彈殼帶走，但到第二天上午，現場至少還散落著一百個空彈殼。」

「士兵於是高聲叫道，『撣族女孩出來。』大屋裡住的只有我們家人與我們的幾個僕傭，但我們有幾個過去的保鑣住在大院裡。他們都被捕了。士兵隨後又叫道，『我們是軍隊。』他們搜查大屋，以為我們藏有槍械。父親與兩個哥哥走出來，他們把父親帶走。士兵用槍比著我們，命令我們舉起雙手，要我們排成一直線坐在前院草地上。」

艾永貴說，對全家人，特別是對十四歲的他而言，這一切「令人哀慟欲絕。在那以前，你是天子驕子。然後，別人對你大喊大叫，拿槍比著你，你根本不是個東西。政變過後，大家都怕與我們交往」。今天，蘇瑞泰一家在茵萊湖良瑞的大屋成了博物館。它在二〇一〇年封閉，大門深鎖，棄置、破敗。而且就連把它當成博物館，也是緬甸政權為政治目的進行操控的結果：大屋建立之初，強調的是撣族文化之美，緬甸政權卻把它改成一所與少數族群文化扯不上關係的佛教博物館。

蘇瑞泰是緬甸多元共治精神的代表人物，下獄以後，他由於不肯放棄對聯邦制的支持而遭到單獨禁錮。艾永貴說，「我父親是彬龍協議簽字人。大家都尊敬他。他不是一般撣人，而且也努力做好那個角色。他在二次世界大戰期間領導撣族，戰後他與克欽以及其他族群共建山區人民團結最高會議。他的保鑣裡面有一名緬族人，他的機要秘書也是一名緬族人。」

艾永貴的母親於一九六〇年當選國會議員，在政治上也很活躍，軍方也想逮捕她。所幸當政變發生時她身在英國，逃過一劫。艾永貴說她「非常撣化，緬甸軍方對她痛恨不已」。政變過後一年，趁著尼溫呼籲與撣族和談之際，艾永貴舉家逃到泰國，一直流亡到今天。他說，「撣邦獨立軍派我的哥哥與軍政府進行這項談判，我們因為不願淪為人質，都逃了。」

蘇亞盛一家是因這次政變而破碎的另一個家庭。蘇亞盛是昔卜的撣族土司王，他娶了早年在美國念書時結識的同學、奧地利人英吉．艾伯哈特。蘇亞盛在政變前一天在仰光出席國會，隨飛往東枝，看望他一個臨終病危的姊妹。離開東枝以後，他準備飛回昔卜，不知道仰光已經出事，結果就在一處軍方設立的路障被攔了下來，遭武裝軍人帶走，從此下落不明。他的妻子英吉遭到軟禁，她的保鑣與司機在遭槍托一頓毒打之後帶走。現在是英吉．沙金的她，在所著《緬甸的黃昏：我身為撣邦王妃的一生》一書中，談到她當年如何想方設法見到尼溫，希望求得丈夫的音訊，如何最後逃離緬甸。儘管她是奧地利公民，卻仍需要離境許可才能離開緬甸。鑑於她是撣邦著名領導人與政治犯的妻子，想取得離境許可並不容易。雪上加霜的是，她的孩子都在緬甸出生，根據緬甸法律都是緬甸公民。除非她能說服奧地利當局給他們公民身分，否則他們不能離開緬甸。經過一番艱苦奮鬥，她終於取得一切必要文件、離開緬甸。在離境以前，一名與緬甸高層有淵源的人士告訴她，她丈夫在被捕之後沒多久就遭處決。[29]幾近半個世紀後的今天，住在美國科羅拉多州的她，繼續為支援緬甸人民而奔走。二〇〇八年，她滿腔熱血地談著她的慈善組織「緬甸生命線」，以及她在緬甸救濟中心的工作。二〇一四年，我第一次造訪了蘇亞盛夫婦當年在昔卜的家。

尼溫的統治有一大特色，就是對外國人以及對非緬族少數族群根深柢固的仇視。不過他的種族觀很矛盾。他本人是半個華人，但卻極度仇華。為自圓其說，他自稱有皇室血統。同樣矛盾的是，他經常出國旅行，有時一次就在國外停留好幾個月。他曾經前往美國、澳洲、日本、中國、蘇聯以及其他國家進行官式訪問。他幾次前往瑞士看心理醫生，前往英國觀賞皇家艾斯科賽馬，與女王一起飲茶等等，都成為人們茶餘飯後的助談。但高爾—布斯說，尼溫欠缺翁山那種「自信」，「天生對外國人疑心病重」。[30]

尼溫經常走訪英國，不過這類行程總免不了帶上幾分民族主義色彩。他會撇開正常外交規矩，直截了當告訴英國大使館，說他即將到訪，而且如果英方表示願意提供什麼援助，一定會遭尼溫一口回絕。尼古拉・范恩爵士還記得，尼溫有一次在政變一年過後訪英，與英國外相派崔克・高登・華克會晤。華克在會中將英國人於一八八五年奪取的幾件緬甸皇家禮服交還給尼溫。范恩當時已經離開仰光，擔任華克的助理機要秘書，負責處理這些皇家禮服的交還事宜。華克外相當時將一把珠光寶氣的短刀送給尼溫，還開了香檳慶祝，尼溫 會後喜上眉梢地離開會場。范恩說，「在他的心目中，這些都是他的皇家禮服，他以勝利者之姿將它們帶回仰光。」

緬甸內部對外國人以及對非緬族少數族群的敵意非常明顯。不過根據范恩的說法，尼溫是個「矛盾的怪人」，儘管仇外，對非緬族女性的追逐卻從不間斷。他的幾個妻子中有一位名叫瓊・蘿絲・貝勒米，是澳洲書商與緬甸王達雅瓦底後裔結婚生下的女兒。據說，尼溫曾經追過前緬甸小姐、影星路薏莎・班森，路薏莎是克倫人，她的父親是葡萄牙人。總之，一位不能透露姓名、但她父親熟識尼溫的緬族婦女，在回憶政變過後緊接著的那段時間時說，「氣氛糟透了。我們家是我們這個地區唯一接納外國訪客的家庭。如果有個外國人訪問了你，你就必須提出報告，說明你與這外國人談了些什麼……我們生活在謠言中，不知道誰已經失蹤。」

沒隔多久，尼溫的仇外症出現新政策轉向。外國商人、記者與傳教士，連同福特、福爾布萊特與亞洲基金會這類教育組織都遭驅逐出境，教會學校與醫院被國有化，英語教學也受到限制。范恩說，「那是一種要趕走外國人與外國事物的心態。」

特別是印度人尤其成為箭靶。有一個在緬甸長大、現住美國的印度男子，回憶當時他的裁縫生意遭軍方沒收的情景說，軍方最先令他繼續工作，但不可以像過去一樣每天回家用午餐，還要他把賺的錢都繳出來。不久以後，他被迫離開緬甸。范恩證實，「印度人被虐待得最慘。他們到機場以後必須脫下戒指，有人因戒指脫不下來，連手指都被剁了。場面的殘忍血腥令人髮指。這些人有不少生在緬甸，緬甸是他們的家，有些人一輩子沒到過印度，那簡直就是荒唐。」高爾─布斯說，「謙和有禮、受人敬重的印度醫生蘇維博士經營的一所醫學院在夜間遭接管，醫學院負責人也立刻被架進一架飛往印度的飛機。」[31] 像高登・魯斯這樣獻身大半輩子、從事緬甸問題研究與寫作的學者，也遭到當局騷擾。高爾─布斯指出，「外國人在緬甸什麼也做不了。高登・魯斯夫婦在緬甸的日子根本過不下去，只好離開緬甸：要讓兩位這麼有智慧、有耐心的人在緬甸住不下去，還真只有天才辦得到。」仇外政策對緬甸造成大破壞，「緬甸經濟迅速下挫，只經過短短一段期間，原本以稻米自給自足自詡的緬甸開始出現米荒。」[32]范恩也有同感：「緬甸原本可以是亞洲最富裕的國家，結果卻成為全世界最窮的國家。這是只有天才才能辦到的事，而尼溫就是這個讓緬甸屈膝的天才。」

尼溫設了一個革命委員會，負責將全國所有銀行、產業與大商店收歸國有，並且廢除五十元與一百元面額的緬甸幣。儘管既未受過教育、也不具備商業管理經驗，軍方仍然接管商務。軍人取代了約兩千名公務員，熟練專業人士在沒有機會的情況下只有移民海外，於是造成一直持續到今天的人才荒。

至於他個人，根據范恩的說法，尼溫「狡猾、精幹，還有些小聰明」，同時也「妄自尊大，近年來對國事完全不予理會」。尼溫脾氣暴躁，幕僚沒有一個膽敢出言頂撞，或將壞消息告訴他。范恩憶道，他那「一觸即發的火爆脾氣」在一九七五年聖誕夜嶄露無遺。那天晚上，尼溫從他位於仰光茵雅湖邊的華夏，怒氣沖天地衝進湖對岸茵雅湖飯店，因為飯店音樂聲太大，吵得他無法睡覺。有關這次事件的說法有幾種版本，不過有人說他一把奪下樂隊鼓手的鼓棒，對著鼓一陣亂踢，還將幾名樂師打了一頓，宣布晚會結束。

政變四個月後，仰光大學學生開始抗議尼溫政權。一九六二年七月七日，他們在學生會大樓舉行大會，還在大樓外發動示威。軍人與鎮暴警察於是衝進校園，佔領學生會大樓，還對學生開火。昂索戌見證了這一幕血腥：「我聽見機槍開火聲響，見到混身血汙的學生。」儘管根據政府事後正式宣布，學生死亡總數為十五人，但一般相信這次事件有一百多名學生死難。[33]史學家丹敏說，「緬甸受過教育的青年與軍警之間持之數十年的鬥爭，就此揭開序幕。」[34]第二天一早，軍方採取激烈行動。丹敏寫道，「一支爆破隊開到學生會大樓邊，將這棟翁山、吳努與宇譚曾經發表過演說、自一九二〇年代以來一直是反殖民象徵的洗白石建築物炸成碎片。雖說之後多的是比這更血腥的衝突，但這次事件造成的創傷，持續很長一段時間難以癒合。」[35]昂索戊認定，學生會大樓在遭炸毀時，還有學生在裡面。

前後十年，緬甸就在軍方這個革命委員會直接統治之下。當局還透過一份既怪異、又帶有幾分歐威爾主義色彩，叫做〈人與環境的相互關係系統〉的文件，宣示一套稱為「緬甸的社會主義之路」的意識形態指導方針。尼溫就以這套集馬克思主義、極端民族主義、極權主義與佛教教義於一身、稀奇古怪的意識形態為基礎，造了一個史學家馬丁·史密斯所謂「全世界最孤立、最與世隔絕的一個國家」。史密斯說，往訪緬甸的外國人寥寥無幾，觀光客也只能獲得七天的簽證。[36]

一九七二年，尼溫為鞏固統治，並且讓統治合法化，帶著其他十九名高級軍官一起辭去軍職，建立一個文人政府。但這不過是一次表象改變罷了。當權的幾乎仍是原班人馬，唯一的不同是他們都脫下軍服，換上西裝。他們成立緬甸社會主義綱領黨，起草新憲法，確立單一國家與一黨統治政體。一九七三年十二月，緬甸舉行新憲公民投票。進入投票所投票的選民，不是把選票投入一個箱子，而是在兩個票箱中選一個投票——白票箱是「贊成」票，黑票箱是「反對」票——讓每個人都能看清楚誰投了什麼票。官員就在票箱一旁全程盯著，如果有人想把票投進黑票箱，官員就會要這人再考慮考慮，「要投對地方才行」。[37]就這樣，根據緬甸政權的說法，這次新憲公民投票的投票率高達百分之九十五，贊成票高達百分之九十，自然也不足為奇。緬甸政權在二〇〇八年舉行又一次新憲公民投票，結果歷史重演，投票結果大同小異。

公民投票結束六個月後，大規模抗議爆發。一九七四年五月與六月，在政權將配給減半之後，國營工廠工人開始罷工。曾經當過政治犯的坤盛說，一千多名工人佔領造船廠。坤盛在一九七四年還是醫科學生的時候開始參與抗議活動。政權像過去一樣，以殘暴行動進行反制。坤盛回憶說，「中槍倒地的人太多了。有的在工廠園區內被殺，有的死在街上。海軍的快艇奪回造船廠，打死許多人。他們並沒有挑戰政府，他們只是要求政府降低物價，為他們調漲工資而已。但尼溫不能容忍這種事。許多屍體下落不明。我本來不喜歡政治，但從那以後我開始考慮政治問題。」當時唸牙醫系三年級的昂索戊也證實坤盛所言不虛。昂索戊當時幫著把受傷工人抬進大學醫院，見證許多人死亡。他說，「根據官方說法，只有六十四人死亡，但事實上，死亡人數遠遠超過六十四。」

緬甸動盪不安的政治史，在一九七四年十二月因宇譚之死而出現另一重大轉折。宇譚是緬甸外交官，從一九六一年起，就在尼溫發動政變前不久出任聯合國秘書長，做了十年，是尼溫仇恨的眼中釘。宇譚的孫兒丹敏說，在吳努於一九六九年在聯合國舉行記者會之後，尼溫認定宇譚與吳努「串通」起來對付他。根據丹敏的說法，吳努當時「對仰光政權發動很尖刻的攻擊，呼籲人民起來革命。像這樣從聯合國內部發起運動、要求推翻一個聯合國會員國的事，還是史上頭一遭」。儘管宇譚後來指斥吳努，尼溫仍然宣布時任聯合國秘書長的宇譚是緬甸國家公敵。[38]

就因為尼溫痛恨宇譚，宇譚去世後在正常情況下應有的國葬安排遭到全盤否定。身為緬甸人而能成為聯合國秘書長，死後哀榮自然可期，但由於尼溫下令政府官員不得接機迎棺，而且要像處理尋常百姓一樣處理宇譚的喪葬事宜，宇譚的遺體在飛回緬甸時場面冷清，沒有任何儀式。丹敏指出，當時擔任教育部副部長、曾經是宇譚學生的昂丁，因不理會尼溫的禁令到機場迎棺。但卻「立即被解職」，引起緬甸群情激憤。[39]

坤盛回憶說，「我們認為宇譚是一位世界級領袖，也以他為榮。我們認為政府也應該尊敬他。但就像翁山一樣，這背後還有尼溫的一段個人恩怨作祟。當宇譚的遺體飛返國門時，政府什麼表示也沒有。學生於是起而抗議。我們問，『為什麼沒有高級官員在場迎棺，為什麼不舉行追悼儀式？』政府打算將他的遺體火化，但我們認為應該為他建碑紀念他。」

宇譚的遺體停在柴卡桑路一處舊跑馬場，幾乎立即就有成千上萬人民湧入，獻花致敬。尼溫越來越怒，還揚言要以未經許可擅自帶回遺體為由，對宇譚的家人採取法律行動。[40]

最後尼溫政權終於同意，准許宇譚的家屬在十二月五日舉行一場小型私家喪禮。不過這次喪禮一點也不「私家」。群眾把附近幾條街道擠得水洩不通，而且就在遺體即將火化前不久，憤怒的學生把事情攬到他們自己身上。坤盛回憶說，「學生包圍這個地區。他們不接受火化安排。他們奪下棺木，把它抬進大學校園。整條街擠滿成千上萬學生。」棺木就擺在學校大禮堂的講台上。

示威就這樣持續了七天，有人發表反政府演說，學生則護著宇譚的棺木。為宇譚修築陵墓的工作也展開了，地點選在學生會大樓舊址。學生、宇譚家屬與政府之間的談判展開，尼溫政權表示願在仰光大金寺南區找一處適當位置進行安葬。坤盛說，「學生不接受這種作法，於是不理會政府的意見，將宇譚遺體葬在學生會大樓舊址。」兩天以後，軍隊在夜間包圍校園，把遺體挖出來，埋在大金寺腳下。

一九七四年十二月十一日凌晨，軍隊攻進仰光大學。或許有一百名學生遇害，幾近三千人被捕。[41]不過坤盛說，可能有六千人被捕。坤盛自示威行動展開以來每天晚上都睡在大學裡面，但在出事那天晚上他回了家，因此逃過一劫。坤盛說，「算我走運。」

群眾之後在一九七五年也發動多次示威，紀念一九七四年的工人罷工周年。坤盛參加了一次在大金寺的示威，軍隊在那次事件中包圍學生，抓了至少兩百人。緬甸全境各大學都關門停課。

但想讓學生屈服也沒那麼容易。他們在一九七六年三月再次示威，這一次是全國性示威。這一波抗議行動為紀念德欽哥德邁百周年冥誕。德欽哥德邁是緬甸著名作家，曾在一九六三年倡導尼溫政權與武裝抵抗團體間的和談。尼溫當年拒絕這項倡議。坤盛說，「尼溫痛恨德欽哥德邁，我們要為他建紀念碑，於是我們從仰光大學遊行到他的墓地。好幾千人參加這次行動。而且我們是在宵禁期間展開行動的。我組織了醫科學生，還散發傳單。」也因為這件事，坤盛在一九七六年四月底被捕。他在一處軍營關了八天，之後移送到惡名昭彰的永盛監獄。

坤盛說，「我在一九七六年七月受審。那次有七十幾個學生受審，過程只有一天。庭上宣讀罪名，但沒有訊問。隨即宣判：七年徒刑。」在那次事件中，單在仰光就有一百多名學生被捕，判刑五到十五年。著名欽族學生領袖丁貌烏被判絞刑。

坤盛服了兩年刑，就在一九七八年提前獲釋，「因為獄中人滿為患」。在這兩年期間，他三次絕食，抗議苦工勞役以及獄中的生活條件。第二次與第三次絕食都持續了十一天。在他開始絕食的時候，當局為示報復，還不給他喝水。有時一些學生會把裝了水的塑膠袋丟進他的牢房，但在第三次絕食時，他有七天滴水未進。坤盛描述當時情形說，「我的嘴完全乾了，連唾液都沒有。我的牙齦在流血，體溫不斷升高，我感到虛弱不堪，頭腦發暈。我的血液裡沒有血糖，陷於一種精神錯亂狀態。當時外面下著雨，所以我撕下我的籠基*拋到牢房外，讓它沾濕，然後把它扯回來，吸吮上面的雨水。我一再這麼做，還把水藏進便盆裡，以便飲用。」

之後十年，在尼溫牢牢掌控一切的情勢下，緬甸繼續走向與世隔絕與經濟崩潰之路。聯合國在一九八七年認定緬甸是全球「最低度開發國家」。這個一度人稱亞洲「米倉」的國家，這時竟已淪為世界一級窮國，與幾個非洲國家比爛。尼古拉．范恩爵士在一九八二年以大使身分重返緬甸時發現，「二十年來完全無能的軍事統治，已經使這個國家一貧如洗，絕望到極點。」不過，不滿之聲迄未沸騰，引人矚目的大規模抗議事件並不多見。政權內部雖也曾有人企圖造反，但事跡敗露，尼溫似乎仍能穩坐江山。只是一九八八年發生的大事改變了這一切。

---

* 編註：緬甸傳統服裝，男女都穿的一種長裙。

第二章

自由的呼聲

只用一些言語就要將大塊東西移除，在一開始真是何其困難。但如果一切物質力量都不站在你這一邊，你也別無其他選擇，只能這麼做了。有時在群山環抱中大叫一聲也能引起雪崩。

——亞歷山大·索忍尼辛

金奧瑪回憶道，「就在茵雅湖前面，軍隊已經擋住我們的去路。我們進退兩難。警方的卡車朝我們隆隆駛近。我們抱在一起，互相說『不要跑，不要跑。』接著催淚瓦斯彈射過來，鎮暴警察開始用棍子打我們。我們當然都跑了。」

金奧瑪是仰光藝術與科學大學學生，在一九八八年三月中旬學運爆發幾天之後，她也加入抗議行動。引發這場暴動的近因，是學生在仰光三達溫茶食館與附近年輕人的一場口角，但真正造成暴動的，卻是比這口角嚴重得多的問題。在之前一年，由於占星專家說「九」是尼溫的幸運數字，尼溫決定將幾種「十」進位的緬甸錢幣作廢，並發行「九」進位的錢幣取而代之，將人民的積蓄在一夜之間一掃而空。當時還是學生的欽族青年維克多·巴良說，「老百姓的錢完全沒了。我連買一餐飯的錢都沒有。在政府做這項宣布的時候，我正在考試。有些學生還有一些可以用的錢，就拿出來大家一起用，讓我們能買一些吃的。」一九八八年暴動就是這樣展開的，因為人民對政府已經信心盡失。學生的怒火一發不可收拾。

三達溫茶館這場口角，是社會主義綱領黨一名官員的兒子為了聽音樂的事與學生衝突引發的，但警察在來到現場時卻對這名惹起事端的青年不採取任何行動。群情於是激憤，在警局前發動抗議，但遭到鎮暴警察蠻力鎮壓，一位名叫馮貌的學生遇害。[1]其他學生暴怒，導火線就此點燃。

抗議持續數天，終於在三月十六日爆發所謂「紅橋」事件。事件發生地點在茵雅湖附近，原本稱為「白橋」事件，但因為場面血腥，人們改口稱它為「紅橋」。根據伯蒂・林納*的報導，警方追逐逃跑的學生，把學生逼進茵雅湖，然後把他們的頭按進湖水中，直到他們溺死為止。「警棍亂舞，被打得筋斷骨折的學生倒在地上，流著血哀號慘叫。驚惶的學生想逃……結果一堆堆跌在地上……大約一個小時以後，這場腥風血雨終於過去。躺在血泊中的屍體佈滿整條街。」[2]

金奧瑪對這次事件的描述，證明林納所言絲毫不假。學生在逃到橋邊時見到軍隊，知道他們被困，因為警方的卡車已經從後面逼近。警方隨即開始向學生進逼，見人就打。金奧瑪回憶說，當時有些學生逃進街邊小巷，有些學生往湖邊跑，「我跑向路邊一棟房子，爬牆翻過大門而入。童年時代我喜歡爬樹，儘管媽媽一再告訴我不能這麼做，因為她說女孩子是不能爬樹的。我們進了院子，靠這棟房子保護。我們眼見發生在街上與湖邊的一切。」

金奧瑪就這樣躲在院牆後面，見證了讓她簡直無法置信的暴行：「許多人逃到湖邊，遭到毒打，有些人被踢進湖中。到處都是血。有人跳進湖裡逃生，有人被踢進湖裡。我見到一個穿著白、綠兩色校服、大概只有十一、二歲的小男孩，或許是因為碰巧路過，也遭到一頓毒打，還被拖進一輛卡車。我不斷嘶喊，那情景根本是人間地獄。」

* 編註：瑞典記者，亞洲問題專家。

但她的嘶喊也招來軍人的注意。「士兵見到我們，朝我們跑過來抓人。我跑向房子後面，但屋內的人非常害怕，擔心（庇護我們會為他們）惹禍。那後面還有一棟房子，屋主只給我們一條路，讓我們進屋。那是一棟外交官的住宅，一名印度裔緬人管家給我們一架小梯子，讓我們爬上梯子進屋。我們躲在裡面直到天色漸黑，大約六點三十分左右。」

金奧瑪與幾個學生天黑以後仍然躲著，隨即聽到警察說「搜索這些房子」。她躲在那裡不敢出聲。「我們聽到有人被打，聽到有人尖叫，之後聽到卡車一輛輛駛離。然後是一片死寂。」等她相信警察真的全撤走了以後，那位管家開車把她與另幾個學生送到茵雅路與大學道轉角處，她下車從那裡跑回家中。但她在那一天耳聞目睹的慘狀已經成為她終生揮之不去的夢魘。「我全身發抖——而那不過是（加入抗議的）第一天罷了。回到家以後，我上了床，但無法成眠。我告訴自己，『拚了吧。』就在那一天，我認定我們遭到的是殘酷無情、毫無理由的暴行。我覺得自己上了戰場。」

那些當天沒有被殺，或像金奧瑪一樣僥倖逃過一劫的學生，之後都被捕，送進監獄。馬丁・史密斯說，女監「強暴事件傳聞甚囂塵上」。史密斯說，尼溫政權對抗議的反應「驚人嚴厲」，有例為證：警方用一輛只能載不到六十人的囚車載了一百二十名學生，這輛囚車還「故意在城裡繞了兩個小時，結果有四十一名學生因窒息而死」。[3]

之後六個月，大大小小的示威抗議不斷出現，都遭到蠻橫鎮壓。三月十八日起，大學被迫停課，但學生與其他民眾繼續行動。在秘密走訪仰光總醫院看望受傷學生以後，更加下定奮戰到底的決心。她說，「兩個友人與我喬裝成醫科學生，我們見到幾個被關在仰光總醫院拘留中心的學生。其中有一個名叫叔奈的學生，他與馮貌一起中槍，但醫生沒辦法動手術，因為子彈卡在他的肺裡。他個子很小，但兩腿卻遭人用鐵鍊綑在床上。」在陳述這段經過時，金奧瑪露出既困惑又憤怒的表情：「他還能跑到哪裡去？我氣得發抖。他做錯了什麼？」叔奈在兩天以後不治。

大學在五月三十日復課，抗議活動持續進行。學生提出四個要求：釋放所有三月間被捕的學生，公布所有在拘留期間死亡的死者名單，讓遭退學的學生復學，讓學生建立學生會。[4]金奧瑪回憶說，「為表示哀戚，我們穿上黑白兩色的衣服。我的友人與我參加了這第一波抗議，並悄悄動員其他人。到六月十六日，運動規模開始變得真的很大。學生聚在學生餐廳與活動中心，大聲叫道，『我們的同學關在牢裡，我們在這裡幹什麼？我們採取行動吧。』」已經對政府離心離德、怨聲載道的學生，於是群情激憤，像火山一樣爆發了。

金奧瑪領著一支抗議隊伍，從學生活動中心走向大禮堂路。她應邀在會中發表演說，猛烈抨擊緬甸教育系統的缺失。「演說結束後，我對在場學生說，『讓我們一起努力，幫我們在獄中的兄弟姊妹獲釋吧。』我們來到教室，對教師說，『你們在幹什麼？教書？教什麼書？別教了吧——那一點用也沒有。學生們，出來，跟著我們走。』」金奧瑪露出一抹笑容，又說，「我當時非常叛逆的。」

金奧瑪的叛逆沒有逃過政府耳目。她的哥哥是政府官員，軍情局人員拿了一張她發表演說的照片找上她哥哥，拋下一句警告。金奧瑪說，「他們告訴他，『你讓你妹妹住手，否則我們該怎麼做就會怎麼做。』我回到家，沖了個澡，然後哥哥回來了。他把一切都告訴媽媽，把媽媽嚇昏了。」

七月七日，為化解緊張情勢，尼溫政權放了所有被捕的學生。但學生把握這個機會，強化抗議運動。當時已經成為學生領導人的郭奈發表一篇聲明，呼籲學生繼續抗爭。[5]之後，他還邀請幾個專業協會，請他們反映他們在尼溫壓迫下受到的苦難。郭奈這麼做，顯然為擴大運動規模，讓它超越學生示威的範疇。

緬甸在這段期間陸續出現幾個反對尼溫政權的全國性政治人物。一九六〇年代初期曾是尼溫親密盟友的前准將翁基，已經在之前一年發表公開信，對尼溫政權經濟政策引發的嚴重後果提出警告。翁基在二十五年來第一次出國訪問期間，眼見緬甸與泰國這類鄰國竟有如此天壤之別而震驚不已。他在一九八八年又寫了兩封公開信，還寫了一份四十頁的分析，說明尼溫政權如何為緬甸帶來經濟毀滅。在其中一封一九八八年五月十二日發表的公開信中，翁基寫道，「在奪權二十六年之後，國家每下愈況，這一點只要不是生活在傻人天堂的人，無論是誰都看得清清楚楚……國家在政治、經濟與社會上都已經沉淪到谷底。而最令人悲痛的是道德的敗壞。」為示妥協與敬意，翁基表示自己也曾忝為政權一分子，也該負起一部分罪責，還刻意指責尼溫身邊那些顧問，意圖替尼溫開脫。他在信中寫道：「我們每個人，包括你與我，都必須為現在這種狀況負責……無論這裡發生了什麼，國內外有些人動不動就把大將軍（緬甸人用「大將軍」指兩個人，一是翁山，一是尼溫，這裡指尼溫）的名字抬出來，[6]認為大將軍要負責，這不公平……許多官員把真相對大將軍隱瞞，只說『奉大將軍之命行事』，這種情況令人無法忍受。」[7]

儘管這封信的措辭頗具巧思，可以解讀為具有建設性，但像這樣公然批判尼溫政權仍然令人震驚。不過當時緬甸民怨已經沸騰，而這樣的批判正與民意呼應。那一年七月，緬甸全國已經陷入無政府狀態。許多群眾把怒氣宣洩在可疑的政權爪牙上，而且報復場面極盡恐怖。根據《亞洲週刊》的報導，一群約兩百個學生在仰光醫學院外發現一名軍情局官員。「憤怒的學生衝到他面前，把他打翻在地。幾分鐘以後，兩輛滿載鎮暴警察的警車馳援現場，學生於是轉移攻擊目標。其中一輛車逃逸，但學生用石塊以及任何可以撿來的東西擲向第二輛警車。隨後他們把車推向仰光總醫院，並放火燒車，將仍在裡面的鎮暴警察活活燒死。」在另一次事件中，警察想從示威群眾手中奪取抗議旗幟，「盛怒的學生遂用棍棒、刀子，以及從水泥路面敲下來的石塊向警察衝鋒。」在明義岡區，警車輾死三個孩子，群眾暴怒，包圍肇事的警察亂打，「在這幾名警察早已送命以後，他們還在屍體上踐踏，終將屍體踏為肉泥。」在仰光東北八十公里的勃固，據報導，示威群眾放火燒了十幾棟房子，還洗劫了貿易部大樓。[8]

有人散播謠言說，向示威群眾開火的國防軍士兵是欽族人，一波反欽怒潮於是湧起。仰光欽族罷工委員會秘書長、欽族民族同盟創始人沙空回憶說，「當時貼出許多海報，指控欽族士兵殺害學生，要求將所有欽人都抓起來殺掉。一個周日早晨，我上教會教成人主日班的課，發現教室裡一個學生都沒有。我們事後才知道，欽族人嚇得都不敢外出。牧師、我，還有兩三個友人於是決定發動反宣傳。所以有這樣的謠傳，是因為一些鎮壓示威的部隊來自欽族山地營。緬甸在獨立以後，幾個不同少數族群的營併入國防軍，士兵混在一起，但仍然沿用原本的部隊番號。也因此，欽族山地營部署在仰光雖是事實，但那些向示威群眾開火的士兵未必就是欽族人。」

當局為控制危機，於六月二十一日實施宵禁，禁止人民在晚上六點至翌日晨六點這段時間外出；

並且引用刑法第一四四條規定，禁止公開集會、演說、遊行與示威。[9]但兩天以後，尼溫做了一項讓每個人都吃驚的宣布。他宣布辭職。在那次社會主義綱領黨緊急代表大會中，這名統治緬甸二十六年的強人不僅宣布下台，還向國人致歉，讓所有與會代表都不敢置信。他承認近來發生的事件「證明人民欠缺對政府與黨的信任」，並且保證舉行公民投票，以決定是否邁向多黨政府體制，「如果人民選擇多黨體制，我們就必須舉行選舉，選出新國會。」讓人稱奇的還不僅如此而已，尼溫接著宣布，不僅他下台，總統山友等其他五名高官也一起下台。林納寫道，「緬甸舉國上下為此目瞪口呆，或許外交圈更感到匪夷所思。二十六年來的一黨專政因公憤而被迫中止……這是真的嗎？」[10]

但憑狡猾起家的尼溫，豈能如此輕易就範服輸。更何況他在保證舉行公民投票以後，立即向示威者提出警告：「我要全國人民都知道，如果今後再有暴民擾亂治安，軍隊到時一旦開火，就會大開殺戒，不會再來對空鳴槍、先行嚇阻那一套。」尼溫可不是說著玩的。[11]

但無論是尼溫的辭職，或舉行多黨民主政體公民投票的保證，都沒能讓學生滿意。在當局宣布、將由盛倫繼任總統以後，群情更加激憤。盛倫人稱「仰光屠夫」，八八年三月的白橋大屠殺就是他主謀的。據說，尼溫曾說盛倫是「我逼不得已的黑面孔」。[12]盛倫是改革死對頭，任命他當總統徒然造成民怨更盛而已。

想方設法、好不容易進入仰光的英國廣播公司（BBC）記者克里斯多佛．根尼斯，在七月底播出一篇與一名仰光學生的訪談。這名學生呼籲全國人民於八月八日發動示威。這個日期是精心挑選的，因為它具有數字上的獨特意義。就這樣，一九八八年八月八日上午八點八分，碼頭工人走上街頭。成千上萬民眾也紛紛響應。

「八八八八」抗議行動前一天，金奧瑪在結束一次行動籌備會議回到家以後，發現全家人都已經等在那裡。她回憶說，「我媽媽已經病倒。八月八日的計畫已經宣布，當局也已經提出警告說會開槍打人。家人說，『妳不能再搞下去，再這麼下去會把妳媽整死。』我媽有心臟病。但我說，我不會改變主意。我會做下去。」她的幾個姊姊拿她沒辦法，最後只好求她，要她看在母親身體份上撒個謊。「她們要我告訴媽媽，說我不會參加抗議行動，但她們會讓我從窗口溜出去。我說不行，我不會撒謊。哥哥大發脾氣，給我一耳光，打了我一頓，然後把我拖進他的車裡，送我到他位在距市政廳一條街的公寓。他的公寓隔壁是一家電影院與一所警局。他就把我鎖在他的房間。」

一九八八年八月八日上午十點，金奧瑪就在她哥哥的公寓中眼巴巴望著民眾聚集，一整天下來，街上的人越聚越多。「我想逃出去，但我辦不到。入夜以後，天色暗了，我看不見街上的人，但我可以聽得出他們已經聚在市政廳前。不能與友人一起走上街頭讓我感到非常罪惡，由於這一天是我們策畫的，我也因自己不能在場而憤怒不已。我不斷禱告不要有人開槍。」

軍靴踏在樓梯上往下跑，以及警局傳來的號令聲響，讓金奧瑪心驚膽戰。當時是晚上十一點。「我衝到後窗，見到許多警察帶著槍從警局跑出來。」半個小時以後，鎮壓行動登場。林納寫道，「滿載軍隊的卡車從市政廳後方隆隆駛出來，跟在後面的是更多卡車，還有車頭架著機槍的布倫輕裝甲車……有人用手槍開了兩槍，暗夜中隨即傳來班都拉廣場與附近建築物之間的機槍噠噠聲。成群民眾中槍倒下，血跡染紅了街頭。」[13]

第二天早上，金奧瑪趁哥哥忙著照顧他剛生下不久的嬰兒、無暇分心之際，找到鑰匙溜了出來。「我前往總醫院。那裡到處都是血，我徹底嚇傻了。」

儘管這麼血腥，示威仍然持續了幾天。數以千計群眾被捕，許多人遭刺刀刺死。八月十日，軍方把槍口轉向正在照顧傷患的仰光總醫院醫護人員。五名護士受傷，其中三人重傷。一個半小時以後，士兵又回到醫院，直接對醫院開槍。[14]

盛倫在民怨沸騰聲中於八月十二日辭去總統職位。又過了一星期，為表示與抗議群眾的妥協，當局任命文人卯貌博士為總統。一般認為，身為律師與知識分子的卯貌遠比盛倫溫和，但在民眾眼中，卯貌與尼溫走得太近，只是一個傀儡。他的任命沒有對民怨造成任何降溫效應，抗議民眾隨即宣布於八月二十二日發動全國大罷工。林納說，「整個國家停擺了。」[15]

一九八八年夏，當時在英國大使館擔任新聞官的緬甸發行人妮塔·梅正在英國上一個暑期進修班。那年八月，她決心回國。返抵國門以後，迎面而來的是一片滿目瘡痍。「我見到民眾砍了許多樹擋在路口——為阻止軍車，他們嚇得用樹木斷了他們自己的路。我前往仰光總醫院，我先生告訴我，軍隊在前一天開槍打了護士與醫生。我見到斑斑血跡，聞到陣陣腥味。」接下來幾天，她親身見證了軍方暴行。她回憶說，「我走在示威群眾中，親歷軍方對群眾開火的場面。士兵半跪在地上，對民眾開火。我有幾次也不得不拔腿狂奔逃命。」有一次，一名中槍的婦女還把幾枚沾滿血汙的槍彈交給妮塔作證物。

八月八日以及之後幾天發生的事件儘管恐怖，在盛倫下台以後，緬甸出現一段示威抗議暢行無阻的空窗期。金奧瑪回憶說，「我們大約享受了兩星期自由。各行各業的人，包括僧侶、公務員、工人、農民，甚至連警察與陸海空軍軍人都加入示威行列。」林納也歷歷如繪、描述了示威群眾五花八門的壯觀景象：

> 有穿著法袍的律師，有穿著醫院白制服的醫生與護士，有銀行經理，有商人，有勞工，還有作家、藝術工作者、電影演員、公務員……還有敲打著鍋盤的家庭主婦……三輪車夫踩著三輪車擺出長蛇陣，和尚川著金黃色僧袍，穆斯林揮舞著綠旗，基督教牧師唱著「耶穌愛民主」，甚至一些邊緣族群，例如盲人，還有故作靦腆的人妖都組成隊伍，要求平等權。[16]

外國外交官與他們的妻子也為這一幕幕奇景做了見證。當時擔任英國駐緬大使的馬丁．摩蘭說，示威運動聲勢逐漸壯大。「人民紛紛探出身來，想看看事情的進展。不久仰光與其他大城開始不斷有人帶著旗幟遊行示威。乞丐在遊行。挖墓工人也從公墓舉著大旗走出來，旗上寫著『尼溫，我們等著你』字樣。後來有村民說，你們這麼搞會帶來霉運，他們才停了下來。有些軍警也加入示威行列。」

根據摩蘭的說法，翁山蘇姬就在這壯觀的場面中「突然而有效」地出現了。直到一九八八年八月二十六日，見過這位翁山將軍女兒的緬甸人寥寥無幾，幾乎沒有人想到她會成為他們夢寐以求的領導人。畢竟，她大多數時間都住在海外。在翁山將軍遇刺以後，他的遺孀奉命出任緬甸駐印度大使，翁山蘇姬先在印度首都新德里唸書，之後前往牛津深造。她在紐約為聯合國工作，後來嫁給專精西藏問題的英國學者麥克．艾里斯。翁山蘇姬婚後偕同夫婿定居英國牛津，直到一九八八年，除了曾經為做研究而在不丹與日本京都住了一陣子以外，他們一直生活在牛津。

那一年四月，翁山蘇姬在獲悉母親中風後返回緬甸。她的先生麥克．艾里斯回憶說，「那天晚上，就像在牛津的日子一樣，一切平靜。電話鈴聲響起時，我們幾個兒子都睡了，我們正在看書。蘇姬接起電話，獲悉她媽媽發生嚴重中風。她立即開始打包整理行囊。我當時有一種不祥的預感，認為我們的生活會就此永遠改變。」[17]艾里斯的預感果然徹底應驗。八月八日的事件震撼了翁山蘇姬。她在一九八八年九月十二日《獨立報》刊出的一篇專文中寫道，「發生在緬甸的這一切總總，讓我銘心刻骨地恐怖、憤怒，而且不敢置信。但最重要的是，我深信，像這樣自動自發、完全因為民眾對完整人權的渴望而出現的運動，終有一天必然成功。」接下來，她為自己參與這項運動的決定做了說明：

> 我在今年四月來緬甸的時候發現，民心已經轉變，全民反政府運動的時機已經迫近。八月間那場對和平示威群眾的大屠殺，是導致這項運動的先聲，我也因此決定挺身而出，支持民眾的想望。我既是我父親的女兒，再則也希望能阻止進一步流血與暴力，我對我的國家有責任。[18]

至少對艾里斯來說，翁山蘇姬這項決定並非完全意外。在一九七二年兩人結婚以前，翁山蘇姬曾從紐約寫了一封信給身在不丹的艾里斯。信上說：

> 我只要求一件事。一旦我的人民需要我，你能幫我履行我對他們的職責。如果這樣的情勢果真出現，你會非常在意嗎？出現這種情勢的機率有多大，我不知道，不過這樣的可能性確實存在。有時我怕得發慌，擔心大環境與國家民族的考慮，會在我們如膠似漆、難割難捨的時候將我們拆散，讓我們受盡折磨。但這樣的恐懼卻又如此不堪一擊、如此微不足道：如果我們能在能在一起的時候互相愛惜，我確信愛與情最後總能戰勝一切。[19]

這樣的情勢果真在一九八八年出現了。她的人民需要她。

八月二十六日，翁山蘇姬在仰光大金寺發表演說，據估計現場吸引了五十萬人。[20]英國大使的妻子珍妮．摩蘭以及英國理事會代表湯姆．懷特的妻子丹妮兒．懷特也在場。湯姆．懷特事後憶到，「應翁山蘇姬之請，各國大使都沒有與會。她說，如果外國政府公開在人前支持她，會遭到緬甸政權借題操控。」但外國外交官的妻子可以比較不惹人矚目地混進群眾中。丹妮兒．懷特形容現場像「一片人海，只要還有體力、可以走路的人都來了」。

翁山蘇姬知道緬甸政權已經拿她嫁給外國人、她住在海外的事來攻擊她，於是毫不閃躲地回應了這些論點。她承認，「我住在國外，這是真的。我嫁了一個外國人，這也是真的。但我對我們國家的愛與奉獻，不會因這些事實而受到一分一毫的干預或減損，過去不會、以後也不會。」緬甸政權還指控翁山蘇姬，說她根本不知道緬甸政治。面對這項指控，翁山蘇姬搬出自己的身世作為回應。她說，「問題是我知道得太多了。緬甸的政治有多複雜、多險惡這一點，還有我的父親因此受到多大折磨這些事，我的家人知道得最清楚……當前危機是舉國關切的大事，我身為我父親的女兒不能無動於衷。」她宣布「這場國家危機事實上可以叫做第二次國家獨立鬥爭」。這句話後來成為翁山蘇姬民主運動的口號。[21]

為示對國防軍的安撫，甚或為了鼓勵軍人加入民主運動，翁山蘇姬說她對軍方始終忠誠。她說，「我對軍隊有一種強烈的歸屬感。不僅因為他們是我父親建立的，我小時候還受到父親部下官兵的照顧……我因此不願見到父親建立的軍隊，與如此深愛父親的民眾之間出現任何分裂或鬥爭……容我懇求我們的軍隊，希望它能成為一股可以讓人民信託、仰賴的力量。希望它能成為一股維護我國榮譽與尊嚴的武力。」[22]

緬甸人興高采烈，他們終於找到或許自翁山將軍遇刺以來、第一位能像翁山一樣讓他們充滿希望的領導人。她是翁山的女兒，長得又那麼像他的事實，更讓緬甸民眾如癡如狂。摩蘭說，「能有她這個份量、有她這份膽識，做她所做的這些事的，除了她以外不作第二人想。她是翁山的女兒，其他民主運動領導人不具備她這個形象。一切都那麼完美。她是道地緬甸人，但她在自由的環境中成長。在那個時候，沒有人保有自由。妳只要膽敢站出來，要不被捕，要不被殺，要不被迫逃亡。」另有一位前大使指出，「她有一種使命感，有某種身為翁山女兒、超越一般愛國主義的責任意識。」還有一位前西方外交官則說，翁山蘇姬已經成為緬甸全國人民的「燈塔」。

大金寺這場演說是緬甸民主運動的一個轉捩點。當時也在現場的妮塔．梅事後回憶說，「我從那一刻起已經知道，她就是我們多年來一直遍尋不得的領袖。我無論怎麼都會支持她。」這場演說不僅是翁山蘇姬領導的開端，其他許多領導人也因此深受鼓舞，挺身而出。就在演說結束第二天，曾經擔任國防部長、之後遭尼溫罷黜並下獄的丁烏也面對四千群眾，慷慨陳詞。社會主義綱領黨黨員幾千人、幾千人地退黨，以支持民主。[23]八月三十日，外交部發表聲明，呼籲舉行自由而公正的多黨選舉，並且承認社會主義綱領黨的政策已經「使緬甸的聲望與信譽在國際舞台上蒙羞。我們因實施欠缺實質的政策而丟盡臉面」。[24]緬甸政權的崩潰似乎指日可待。新聞自由也大行其道。丹妮兒・懷特回憶說，「有前後幾周的時間，似乎一切都有可能改變，每個人都走上街頭。」當家庭主婦敲打著鍋子、盆子走上街頭時，她也加入她們的行列。「那氣氛就像開嘉年華會一樣。」

不過，就在這種自由氣氛中，緬甸可能陷於無政府狀態的問題也讓人非常擔憂。地方當局已經幾乎完全失控，在許多地區，佛教僧侶成了主事者。例如無打拉大師就在撣邦的東枝當了一個半月行政長官。他日後回憶說，「我控制了這個城，提供社會服務與保安措施，因為警察都不再工作，軍人也都留在他們的營區裡，地方上盜匪橫行，年輕人非常害怕。」地方上開始成立委員會，處理食物發放與保安這類日常議題。佛教、基督教、印度教與穆斯林領導人也組成相互協商合作機制，為迫切需要救助的人提供米糧。[25]但儘管如此，暴力與混亂不安的事件層出不窮，也非他們所能控制。有人在水中下毒的謠傳滿天亂飛。林納寫道，「公開處決疑似國防情報局探員的人——處決方式多為砍頭——幾乎成為仰光每天上演的戲碼。」[26]

在遭到二十六年蠻橫鎮壓之後，緬甸民眾渴望報復，這段期間出現的暴力，主要就是這種怒火與怨氣終於爆發、而且一發不可收拾的結果。不過也有證據顯示，緬甸政權派了特工從中挑撥。金奧瑪說，「當局把犯人放了，以製造混亂。整個官僚系統已經崩潰。『間諜』被砍頭，不過想分辨究竟誰才是間諜很難，是那被砍頭的，還是那砍人頭的？令人感到反諷的是，在街上巡邏的軍隊也坐視不管。我們再也無力控制群眾。我們也曾嘗試阻止，但我們自己都有可能被砍頭。那段日子哪還有人性，一切都太醜陋了。」她說，那情景就像置身盧安達一樣。

金奧瑪的說法還有其他人證。欽族民族同盟領導人沙空回憶說，在監獄將人犯放了以後，他見到「人頭插在竿子上」，還聽到水源已遭下毒的傳言。「局勢亂成一團，政府機制已經整個崩潰。」在仰光大學唸國際關係的蘇敏認為，緬甸軍事情報人員滲透了示威運動，刻意製造問題，不過公憤確實是一些極嚴重暴力事件的成因。他說，「民眾太憤恨了，這麼多年來他們一直什麼也不能做。也因此，他們只要疑心某人是政府特工，就會不分青紅皂白追著那人，把那人毒打一頓。這是被壓迫了幾十年的人的宣洩。」

摩蘭也認為軍方「倡導混亂」，或許這是一種蓄意行動，目的在造成秩序全面崩潰，讓軍方有介入口實。他接獲一些目擊者報告說，看見軍人搗毀一家菸草廠的機器，德國大使館的報告也說，士兵洗劫一所裝滿人道救援物資的庫房。林納還詳述一件案例，說一名婦女如何在遭人下藥、神智不清的情況下縱火。[27]

九月九日，前總理吳努厚著臉皮宣布成立「臨時」政府，說自己仍是合法的緬甸總理，因為當年自己是被非法政變罷黜的。昂季將軍與翁山蘇姬沒有理會吳努這個說法。翁山蘇姬說，「人民的前途要由人民群眾來決定。」第二天，社會主義綱領黨召開緊急代表大會，宣布將舉行「自由、公正與多黨派的選舉」。[28]八天後，軍方在一九八八年九月十八日再次奪權，組成國家法律與秩序重建委員會，由蘇貌將軍領導，而以丹瑞為副手。

在「政變」那天，金奧瑪正從卑謬返回仰光途中。她回憶說，「當時是下午五點，天還沒黑，我們乘公車抵達仰光。進城的時候，見到許多軍方檢查站，攔阻車輛，檢查車上的人。我們當時還沒有聽到有關政變的宣布。我們下了車，聽到附近一家茶食館的收音機正在播這項宣布。」隨後她見到幾輛戰車隆隆駛進仰光，當天晚上她在位於烏伊沙牙路的同事家過夜時還聽到槍聲。南哦格拉與大金寺附近也有人在開槍。九月十八日那天晚上許多人被射殺。一位西方國家的大使告訴林納，一群十三、四歲的女學生在九文台遭到軍隊攻擊遇害。這位大使說，「整個事件根本就是可恥。我簡直不知道該怎麼說才好。那不過是一小群人為了鞏固權勢而演出的鬧劇，卻不惜槍殺學童與沒有武裝的示威者。那不是政變——如果你本來就是這個鬼地方的頭子，你又怎能發動政變？」[29]

就像過去對示威抗議的鎮壓一樣，九月底這次鎮壓也很血腥。觀察這次事件的人估計，仰光地區的死難人數在五百到一千之間，死者大多數是中學生與大學生。外交官員形容仰光像「一座被敵國佔領的城市」。[30]

許多投身民主運動的人逃出仰光，輾轉經由其他各地潛往緬甸邊界，以免被捕。目前擔任緬甸流亡律師委員會秘書長的昂凸，當時就在一棟房子的屋頂上躲了七天，最後才穿過叢林逃出來。他說，「軍方在逐門逐戶搜捕我，我不得不喬裝打扮，穿越叢林逃亡。」

他們在邊區進行重整，其中有些人決定拿起武器與這個政權對抗，全緬甸學生民主陣線就這樣成立。蘇敏說，「這是世界上為對抗一個獨裁政權而建立的第一支學生軍。但我們當時在政治上不成熟，沒有明確的理念。我們滿腦子想到的只是受訓，拿起武器打仗。」

金奧瑪盡可能留在仰光，想重新組織留下來的學生，不過學生的人數與意志力已經摧殘殆盡。「有一天，我準備出席一項會議，軍情人員突襲了聚會處。他們拿走錄有與會人姓名的文件與會議紀錄，我們只得另覓集會地點。我們不再能回家了。」

一天晚上，金奧瑪與幾名閩吉牙領導的全緬甸學生民主運動組織成員在友人住處過夜時，軍隊對附近整個街區發動突擊。「我們聽見街頭傳來喧鬧聲。我們可以見到他們的綠制服、槍與刺刀。」

金奧瑪與她的同伴這時知道已經沒有可供藏身之所，於是決定逃往邊界。他們開始三或四人一組，乘小船出亡。兩名學生首先啟程，但遭到軍方追捕，在一九八八年十月二十八日折返，其中一人受傷。金奧瑪連同幾名友人在十一月二日啟程，著名學生領導人閩吉牙與台基偉也隨後出亡。金奧瑪回憶說，「船家非常仁慈。他們沒有乘機向我們勒索，還照顧我們安全。我們在德林達依省的墨吉受阻。幾名隨行的學生被捕。我們在一座佛寺裡躲了三天，地方上的人給我們食物。」金奧瑪與其他二十人又上了小船，從高東跨越邊界進入泰國。高東位於緬甸最南端，距仰光八百公里。緬甸海軍砲艇追在他們後面，一些喝醉了的邊界商販還揚言要對他們不利。

金奧瑪憶道，「在離開仰光時，我們只覺前途茫茫。幾名友人說我不應該走，因為這對女性太危險。我告訴他們我已經決定了。『要不我跟你們一起走，要不我一個人走。我加入這個運動，為的並不是你們……』」這群學生終於在孟邦與克倫邦交界處尋路來到三塔關，在三塔關找到庇護，開始計畫武裝鬥爭。她回憶說，「我們在抵達泰國時，什麼都沒有。」

另一方面，為實踐多黨選舉的承諾，當局在仰光展開準備工作。就在軍隊直接掌控大權以後不久，蘇貌邀請各政黨登記參選。一九八八年九月二十七日，在所謂「政變」過後僅僅兩星期，以翁山蘇姬、丁吳與昂季為首的全國民主聯盟成為第一個登記參選的政黨。全國民主聯盟由知識分子、學生與退役軍官等三個族群組成，摩蘭認為，這三個族群能聚集在一起，靠的就是翁山蘇姬。此外，學運分子也組成新社會民主黨。緬甸政權解散社會主義綱領黨，另創全民聯合黨取而代之。為製造混亂，稀釋反緬甸政權票源，緬甸政權推出精心策畫的策略，獎勵民眾組黨參選，結果緬甸境內總計成立了兩百多個政黨。

改名為國家和平與發展委員會的新政權，立即全面展開對付全國民主聯盟的宣傳戰，特別是對翁山蘇姬，尤其極盡誹謗汙衊能事。翁山蘇姬對《亞洲週刊》說，「他們一直就在造我的謠，說許多各式各樣的無聊話，例如說我有四個丈夫，有三個丈夫，有兩個丈夫等等。說我是共產黨，但在有些場合又說我是ＣＩＡ的人。他們還想方設法找來幾個著名的和尚，說我如何侮辱佛祖。」這些指控中只有一項是事實：她嫁了一個外國人。翁山蘇姬說，「但我自始至終就承認這一點。我從不想隱瞞這件事。」[31]

其中最具殺傷力的，或許是有關共產黨的指控。自獨立以來一直困擾著緬甸的共產黨叛軍問題，雖說終於在一九八九年四月十六日由於林納所謂「緬甸共產黨基層黨員的全面反叛」而平息，但提到共產黨仍令緬甸人談虎色變。[32]軍事執政團在國營《工人日報》上提出指控，說緬甸共產黨把「死忠幹部」安插在學生運動領導層。[33]軍情人員還在翁山蘇姬住處搜出一封緬共要員、同時也是「三十同志」成員的人寫給翁山蘇姬的信，以證明全國民主聯盟與共產黨掛鉤的說法。一九八八年十二月，全國民主聯盟主席昂季，在提出全民聯最高領導層有八名共黨嫌疑人之後辭職，更讓全民聯與共產黨掛鉤的傳言甚囂塵上。[34]昂季當時說，前緬共領導人丁米亞是翁山蘇姬的「主要顧問」，[35]認為「她那一夥人屬於共產黨一夥」，還將全民聯鼓勵罷工與示威的作法，與緬共在一九四七年的行為相提並論。昂季說，「軍方認為全民聯的行動像共產黨，這本來也非常自然。就這件事來說，我同意軍方的看法。」[36]

民主運動駁斥這類指控。學生領導人郭奈在接受《亞洲週刊》訪問時，對說他是共產黨的指控大笑不已。他說，「我是一個學生，而且我相信這個國家應該有民主理念，如此而已。我要指出一件事：這個政府為所有它害怕的人加上一個標籤，說對方是共產黨。我們沒有一個是共產黨。」[37]翁山蘇姬本人也在《獨立報》那篇專文中說，這類指控都是「那些想敗壞我名譽的人」做的。她承認「各式各樣不同政治色彩」的資深政界人士向她伸出援手，但她說，「只有在達成一種諒解，相信他們並不指望政治利益或個人的好處，他們努力工作為的是民主運動以後」，她才肯接受他們的支援。[38]

在攻擊反對派的同時，緬甸政權也全力自我粉飾，把自己形容成國家救主。在難得一見地接受《亞洲週刊》記者多米尼克．福爾德訪問時，蘇貌說，「我相信我救了這個國家。在這個國家即將墜入萬劫不復深淵之際，我根據法律，為了人民福祉，把它救了回來。」他否認一九八八年八月八日的屠殺，說「我們竭盡全力自我克制」。他說，士兵只向群眾發射了四枚塑膠彈。他說，「總共就射了四枚塑膠彈，有六個人受傷。就只有六人。我們就這樣控制了局面。但到第二天……暴民找上門來攻擊我們。我們為自衛而開火。不過我們用的是很克制的作法，不是那種不負責任的作法。」[39]如果真的對這一切信以為真，他比大家想像的更好騙。

蘇貌一再保證會有公平的選舉。他告訴《亞洲週刊》，「我向你保證。我只說一件事：你認為我今天繼掌大權，是因為我渴望權力嗎？……我們軍中的人沒有政黨支持。在下次大選中，我們沒有一個人會出來競選。」[40]選舉委員會委員覺紐也保證「絕不會出現選舉結果舞弊事件」。[41]

但相較於緬甸政權對反對派施加的有增無已的壓力，這些保證看來不過是些空話。翁山蘇姬受到的人身安全威脅不斷增加，但或許一九八九年四月五日發生在伊洛瓦底江畔、距仰光五十英里的達柳漂事件，是她在這段期間與死神最接近的一次遭遇。那天黃昏時分，她在支持群眾簇擁下乘船抵達達柳漂，走向預定過夜的房子。一行人在一名手持全國民主聯盟黨旗的青年前導下走在路中央，翁山蘇姬走在中間，身周圍著黨員。翁山蘇姬日後在接受亞蘭・克里門訪問時說，「然後我們見到一隊士兵半跪著舉槍攔在街頭，槍口比著我們。」就在這情勢劍拔弩張之際，一名上尉走出來，下令翁山蘇姬與她的支持者只能走路邊，不可以走在路中央。這名上尉隨即改口說，就算他們走路邊，他仍然會開槍。翁山蘇姬在想到這次事件時不禁失笑說道，「現在在我看來是太不合理了……我想，就算我們走路邊，他仍然要開槍，他們要打的人大概就是我了。既然如此，橫豎都要挨槍，我還不如走在路中央好些。」翁山蘇姬於是要支持群眾後退，然後展現無比勇氣與無畏，獨自一人冷靜地走向那隊士兵。士兵們的槍仍然比著她，那名上尉開始倒數。或許因為想到自己竟要開槍射殺翁山將軍的女兒，或許也因為眼見她竟敢如此不聽命令、自尋死路，士兵們開始顫抖。就在即將開火前幾秒鐘，一名少校衝進現場，廢了上尉的前令。少校下令士兵放下他們的武器，並且與上尉大聲吵起來。上尉因為當著部下面前遭到喝止，惱羞成怒，一把扯下自己的肩章摔在地上。翁山蘇姬說，「結果我們就穿過這隊跪在地上的士兵身邊往前走。」[42]第二天傍晚回到仰光時，她與英國理事會代表湯姆・懷特會面。懷特回憶說，「她告訴我，她也被她自己當時的反應嚇了一跳。」

翁山蘇姬在這段期間經常與懷特會面。對她來說，與懷特會面比直接與英國大使會面安全。有一次，在啟程往訪緬北的前一天晚上，翁山蘇姬打電話給懷特，問她能不能將一些機密文件放在他那裡。翁山蘇姬不僅非常勇敢，非常有智慧，還「非常能言善道，妙語如珠」。不過她同時也顯然擁有鋼鐵一般的毅力，「她可以非常直截了當，言詞有時也會十分尖銳。」

其他認識翁山蘇姬的人，也認為懷特所言不虛。一位前西方國家大使就曾說，「她並非十全十美，有人說她太不知變通。但她很有幽默感，很懂得運用詞彙，而且非常有學問。她是東方與西方一種奇特的組合，特別是在文學與音樂方面，她有很英國的品味，但她同時非常以身為緬甸人為榮。」這位前大使還說，他在第一次見到她的時候「很不願被她蠱惑」，但之後發現，想抗拒她根本辦不到。「她對原則的堅持堅如鐵石，加上匪夷所思的個人勇氣，讓她非常與眾不同。她不僅非常端莊、美麗，而且安詳平和。」他認為，翁山蘇姬由於篤信佛教，對她自己的生命並不「過度重視」，但她身為翁山將軍之女，知道自己出身不凡，知道自己對國家有責任，這一切成就了她之為她。

另一位前西方國家大使也對她心折不已。他說，「翁山蘇姬是許多美德的結晶，是一位非常細膩、受過高等教育的人，憑藉非常高妙的幽默感，她能悠然遊走於不同文化疆界之間。她是虔誠的佛教徒，對她而言，因果業報的輪迴之說是一項重要概念。」

一位家族世交說，翁山蘇姬的母親是個凡事講求完美的人，而她也深具這種氣質。「她非常有智慧，父母親對她影響很大。她燒得一手好菜，善於持家，能幫著孩子做家庭作業，買東西時懂得精打細算，她會開車，會做刺繡針線活，還學會騎馬。她是完美典範，有可愛討喜的幽默。但在那美麗的外表下，是一顆鋼鐵般堅定不移的心。」

面對這樣一位人物，就連奉令跟監她的軍情人員有時也不得不對她唯唯諾諾。以下就是這樣一段趣事。有一次帶著她的全民聯在一座城裡宣傳造勢，在一次大型群眾會議過後，會場堆滿垃圾，一片狼藉。全民聯工作人員於是要求軍情人員清除垃圾，還提出警告說，如果不清除，翁山蘇姬會「發脾氣」。翁山蘇姬與跟監她的軍情人員儘管保有良好關係，但顯然軍情人員也不敢得罪她：軍情軍官乖乖率部下清除了垃圾。

曾經擔任翁山蘇姬保鑣的馮敏吞證明翁山蘇姬確有這種能耐。馮敏吞加入人稱「三色會」的全民聯青年組織。這個組織因使用翁山將軍當年使用的黃、綠、紅三色旗而得名，由約二十名學生組成，在一九八八年過後數年期間負責保護翁山蘇姬安全。馮敏吞說，「在一對一的時候，蘇姬女士非常溫和仁慈，但當我們工作時，她會變得極其嚴厲。她讓我們感到我們必須非常敬業才行。」

馮敏吞曾隨同翁山蘇姬幾次從仰光出訪。他記得有一次隨翁山蘇姬往訪伊洛瓦底省城勃生，當地軍區司令尼昂發電提出警告說，如果她敢踏進伊洛瓦底，他的軍隊會「壓扁」她。馮敏吞憶道，「翁山蘇姬回電說，『讓我們一起工作吧。』我們來到勃生以後，住進一棟房子，軍方派員在房子前面設障，不讓任何人進出。她走出房門，與看守我們的士兵說話，那士兵告訴她說，他奉命不讓我們出門。她沒有理會，逕自走了出去。士兵們沒有開槍，但之後司令來到，大罵他們，問他們為什麼讓翁山蘇姬走了！」馮敏吞在一九九一年入獄關了四年，但在獲釋出獄以後，他又為翁山蘇姬工作了一年，擔任她與政治犯之間的聯絡人。

翁山蘇姬的另一位保安、三色會成員穆馬都，談到翁山蘇姬鋼鐵般的意志力在一九八九年的另一次事件中再次嶄露。當時學生舉行集會，紀念一九八八年抗議活動期間發生的迷你宮屠殺事件（許多中學生在事件中遭鎮暴警察射殺）一周年。翁山蘇姬先在三橋鎮鎮公所外對群眾發表演說，然後前往全民聯總部。同時，許多學生已經在迷你宮街頭列隊等著向她獻花。穆馬都說，「我們在抵達迷你宮交叉路口時，見到一些學生帶著花等在那裡。不過這裡已經遭士兵包圍，她的車剛開過去，士兵就開始抓學生。隨後就向群眾開火。」翁山蘇姬的車在紅燈前停了下來，但當燈號轉綠，車子穿越路口時，學生都跑光了。

她沒有聽到槍聲，於是問道，那些帶著花的學生都到哪裡去了。我們向她解釋，說士兵開了兩三槍。這時我們的車已經駛過路口，於是她要司機把車折回去。那邊這時已經擠滿士兵，但她要司機把車停下來，她下了車，舉行一項簡短的儀式，紀念死難學生。許多人站在遠處看著，一名高階軍官走到她旁邊說，「蘇姬女士，不要這麼做。」之後，我們有兩名同事被捕帶走，我們的車開走以後，軍隊又向群眾開了許多槍。當我們的車停下時，士兵從我們的車上方朝群眾開槍，她非常清楚地聽到槍聲。

接下來的事又一次證明了她的勇氣與決心。「在車子走了五十公尺以後，她要司機把車掉頭開回去。那司機不肯，她勃然大怒，敲著他的座椅說，『回去，回去。』他往回開，我們很快就被許多軍警包圍，他們都把步槍對準我們的車。」翁山蘇姬與她的幾名貼身助理被帶到三橋鎮國家法律與秩序重建委員會辦公室。「半個小時過後，一名高階軍官趕到。翁山蘇姬與他客氣地談著，還問他『你打算採取什麼行動？』他們決定不採取任何行動，我們於是回到全民聯總部。」

從一九八八年八月二十六日到他於一九八九年七月二十日被捕，穆馬都一直住在翁山蘇姬位於仰光的住處。他曾為翁山蘇姬那次在大金寺的演說提供保安，組織全民聯青年黨部，並因此在一九八九至一九九二年間與一九九五至二〇〇一年間兩度下獄。他回憶說，「在她一九八八年八月二十六日那次大金寺演說之後，整個仰光地區入夜以後都動盪不安。我們決定住在她的住處以保護她。她非常感謝我們。」穆馬都說，翁山蘇姬所以勇敢，並不是因為她無恐，而是因為她有克服恐懼的能力。「她在幾次談話中告訴我們，每個人都有恐懼，但我們必須做對的事。她是人，她也害怕，但她決定有些事她該做，她必須做。」

批判她的人說，翁山蘇姬太剛強，太拘泥原則，如果一開始就能妥協會好得多。不過一位了解她的前西方國家大使對此說深深不以為然。他說，「她非常有主見，但這並不表示她不能妥協。問題是我不知道她能有多少選擇。她有什麼能供她選擇的妥協方案？所有的政治歸根究柢都是選擇，不過你只有在必須選擇的情況下才會選擇。她因為遭軟禁，一直處在弱勢。你如果被人軟禁，縱想與人妥協也沒那麼容易。事實上，對話從頭至尾一直就是她的主要要求。不肯妥協的是那些將領。」

到一九八九年夏，翁山蘇姬與丁烏已經成為國家法律與秩序重建委員會的眼中釘。兩人在七月二十日遭到軟禁。沒隔多久，翁山蘇姬開始絕食抗議，要求當局把她移送永盛監獄，讓她與她的幾千名下獄的黨員關在一起。郭奈已經在一九八九年三月被捕，莫迪讓已經逃到泰緬邊界。

為確保在一九九〇年選舉中贏得授權，緬甸政權開始運用一切可以運用的手段。根據多米尼克·福爾德在《亞洲華爾街日報》刊出的一篇報導，在仰光、曼德勒、卑謬與東枝這類關鍵性城市，緬甸政權乾脆蕩平任何它認為對自己懷有敵意的地區，將區內居民全數移往新「衛星」城。福爾德在文中指出，「西方外交官相信，遭拆遷的居民有五十萬人。」緬甸開始禁止外國記者採訪，參與選舉的人都受到嚴厲限制。福爾德說，緬甸政權「用盡一切獨裁者用來鎮壓真正競選的有效工具」，包括禁止超過五個人的集會、對媒體發表的競選演說實施新聞檢查、以及不發布全體候選人名單等等。此外，「候選人不可以批判國家法律與秩序重建委員會」。[43]

儘管緬甸政權關了反對派重要領導人，選前也極力進行對反對派的干擾與限制，一般認為，一九九〇年五月二十七日投票日本身倒還算自由與公平。雖說翁山蘇姬等反對派重要領導人不能參選，全民聯仍然在這次選舉中大獲全勝，贏得百分之八十二國會席次。林納寫道，「國家法律與秩序重建委員會很可能也像幾乎所有其他人一樣震驚。全民聯竟能取得如此規模的勝利讓它完全措手不及。」[44]為確保選戰勝利，除了對選票本身動手腳以外，緬甸政權已經做了一切所能做的，但它還是敗了。它過度低估翁山蘇姬的政黨儘管處於劣勢條件仍能享有的支持，同時也過於輕忽人民對軍方的憤怒與仇恨。

讓世人震驚的是，緬甸政權毀了它在選前所做的一切尊重選舉結果的保證。蘇貌在之前一年的軍人節曾經保證說，「在選舉過後……人民選出的代表將成立政府……我們國防軍人員將回到軍營。」[45]幾個月以後，他又保證會「移交權力……如果政府能在多數票票選下產生，我會交出權力。我同意這麼做」。[46]早在一九八八年九月二十二日，軍情局長欽紐就曾告訴外國駐緬武官，「在成功舉行大選之後，國防軍會將權力有系統地移交當政的政黨。」[47]但到一九九〇年五月，在發現選舉結果大非他們所願之後，他們將這一切保證盡皆拋諸腦後。緬甸政權開始使用拖延戰術，說必須先舉行全國代表大會，為新憲議定基本規則，之後由當選的代表集會起草新憲。再之後，還要舉行新憲草公民投票。軍事統治要持續到這一切程序都完成以後。

針對緬甸政權這項拖延戰術，全民聯於五月在仰光甘地廳召開特別會，通過甘地廳宣言，要求在九月三十日前舉行國會。當選的國會議員隨即秘密討論成立平行政府的事宜。這件事引起緬甸政權警覺。全聯會中央執行委員會接到一封信，警告他們不得進行新政府籌組事宜。妮塔．梅憶道，「全聯會主席基貌給了我一份這封信的副本，要我翻譯成英文。他說，『如果我出了事』，就把這新聞宣出去。那是一封機密信件，如果有人搜查我的房子，我會被逮個正著。我嚇得整晚不敢睡覺。」妮塔第二天就把這封信帶到大使館，做了翻譯，影印了幾份，將原件還給基貌。沒隔多久，基貌與其他當選的國會議員被捕，翁山蘇姬的表兄盛溫博士與其他幾名議員及時脫身，逃到泰緬邊界。他們在泰緬邊界成立流亡政府，即緬甸聯邦全民聯合政府。

欽族民主聯盟副主席、在那次選舉中當選國會議員的連烏曾三度逃脫被捕的命運。在其中一次事件中，他躲進一間空屋，藏身在臥室。只不過屋主回家以後，因發現一名陌生男子藏在她的臥室而報警，連烏只好又逃了。一九九一年一月，緬甸政權在報上刊出他的照片，還附了一則逮捕他的告示。他回憶說，「當時有人拿著報紙找上我說，『這人是你，對不對？』我對他們說，『不是，不是我，那不過是個長得有點像我的人而已。』」躲了幾個月以後，他越過邊界進入印度，終於脫身。

在一九八八年暴動過後，伊洛瓦底三角洲地區關宮市民主運動領導人東登醫生，為免被捕也展開逃亡生涯。他於一九八八年十二月抵達泰緬邊界，並立即展開工作，治療染患瘧疾的學生。之後他入選全緬甸學生民主陣線中央委員會，並奉命在曼谷成立全緬甸學生民主陣線對外辦事處。一九九〇年，時年三十一歲、「完全沒有國外經驗」的他被派到日內瓦，向聯合國人權委員會做簡報。從那以後直到緬甸於二〇一一年展開改革期間，他一直擔任民主運動的聯合國專家。在一九九〇年選舉過後，他協助緬甸聯邦全民聯合政府在曼谷展開國際宣傳。但在一九九三年一次紐約遊說之行結束時，泰國國家安全會議禁止他、盛溫博士與另外三人重返泰國。隨後，全民聯合政府靠著國際砌磚工與聯合工匠工會提供的資金，在美國重新成立。一九九四年，聯合國大會通過決議，要求緬甸軍政權與民主運動以及少數族群團體進行對話，兩年以後，全民聯合政府在紐約開設辦事處。

眼見緬甸政權不肯接受選舉結果，而國際對此似也無動於衷、毫無行動，一小群學生在氣急敗壞之下，決定採取極端行動。一九九〇年十一月十日，蘇敏與全緬甸學生民主陣線幾名其他成員劫持一架從曼谷飛仰光的飛機，迫令轉往加爾各答。蘇敏解釋說，「選舉結束後，媒體的注意力也煙消雲散。我們決定採取戲劇性手段以突顯緬甸情勢。」不過，這是有史以來最和平的一次劫機。「我們決定不使用武器進行劫機。我們只用一座『笑佛』佛像，在裡面放了一些肥皂與電線，說它是一枚炸彈。之後，我們在機上說我們是緬甸學生運動分子，說我們不會傷害乘客。」沒想到的是，他們在抵達印度以後受到熱烈歡迎。印度當局讓他們在機場舉行記者會，解釋他們的行動，之後才將他們逮捕。第二天他們戴著花圈出庭，在坐牢三個月以後他們獲釋，並得到印度庇護。蘇敏也從學運分子、軍人與劫機犯轉型成為記者，為緬甸民主之聲與自由亞洲電台工作，之後創辦《緬甸新聞報》。

在緬甸境內，民主鬥爭以各種形式繼續進行著。一九九二年，丹瑞取代蘇貌成為軍事執政團領導人。一九九六年，學生抗議行動再次爆發，而且像過去一樣遭到當局野蠻鎮壓。就像過去多次事件一樣，一九九六年暴動也是一件小意外引發的：三名學生與一個小食攤老闆間的爭執。《時代雜誌》報導，「據說警方偏袒小食攤老闆，以粗暴手段推擠學生。學生的友人既無法抗議，連究竟發生什麼事都無法確定，沮喪之餘，遂展開反警方的小型集會。」[48]這些小型集會越聚規模越大，最後演變成兩千人的學生抗議警方暴行、要求有權成立學生會、要求民主的大會。

英國緬甸爭民主運動創辦人之一約翰．賈克森當時正在仰光。那天深夜，他在仰光城北一處十字路口擠在數千學生的抗議人潮中目睹當局的野蠻鎮壓。也因為這次經驗，賈克森決心全力投入支援緬甸爭民主的行動。他回憶說，「軍隊拿著水龍順著街道下來，衝向學生。」賈克森的家族是一九五七年因政治情勢惡化而離開緬甸的英裔緬甸人。事隔四十年，他親眼見證了這場悲劇。在為《伊洛瓦底》雜誌寫的一篇報導中，他對這場事件有以下描述：

我很幸運能越過路障，大多數人因為受阻於這些路障，無法看清緬甸那些和平示威者的遭遇。那位司機知道為這類事件作見證的重要性，我有幸招到他開的計程車，他帶著我七彎八拐，繞過那許多路障。那天晚上讓我深印腦海、久久揮之不去的一幕，是一位學生孤伶伶站在高壓水龍前，任由水柱狂打在他身上，兩手還緊抱一面學生旗，高舉不放，他的同學都坐在旁邊地上。這一幕讓我想起在天安門事件中孤身擋在一列戰車前那位男子。就在這時，一名鎮暴警察朝我丟石頭，只差一吋就打到我的頭。我跑去找掩護。為躲避鎮暴警察與軍情官員，我與一群擔驚受怕的緬甸「訪客」一起藏身在一處破舊的公寓樓度過一夜。我趴在五樓陽台上，聽見「掃蕩」行動的叫囂聲。[49]

在一九九六年抗議事件爆發前幾個月，翁山蘇姬與民主運動失去一位親密戰友。一九三一年生在仰光的李奧·尼考斯是一個希臘船運家族之子，曾擔任挪威、丹麥、芬蘭與瑞士的榮譽總領事。一九九六年四月，他因為持有一台沒有執照的傳真機而被捕，判了三年徒刑。在翁山蘇姬於一九九五年獲釋以後，他一度每逢周五都會與翁山蘇姬共進早餐。也因此，麥克·艾里斯認為，尼考斯所以下獄「純粹因為他與緬甸民主與人權運動領導人、也就是與我太太蘇姬，有忠實而勇敢的友誼」。[50]尼考斯在獄中關了兩個月就不幸猝逝，有人說他因中風，而且當局不給他適當治療而死。《獨立報》在訃聞中有這樣一段記述：「他不是政治人物，但成為緬甸民主運動的又一位烈士。」[51]

就在種種倒行逆施持續不斷聲中，軍事執政團也曾嘗試形象再造。一九九六年十一月，它推出

「緬甸觀光年」活動，希望能吸引幾十萬觀光客造訪緬甸。翁山蘇姬對軍事執政團此舉用心當然心知肚明。她告訴《亞洲週刊》，「我們的看法是，這整個緬甸觀光年活動的唯一目的，就是在營造國家法律與秩序重建委員會的形象，我們不能支持。為籌建觀光客到訪設施，為美化某些為觀光客準備的風景區，許多緬甸人受盡折磨。」[52]根據預測，這項活動可以為緬甸政權帶來一億美元收益。

第二年，國家法律與秩序重建委員會推出又一項純屬粉飾的行動：根據一家公關公司的建議，它放棄原先它那充滿霸氣的名字，改名「國家和平與發展委員會」。

儘管自一九八九年起，大部分時間都生活在軟禁中，翁山蘇姬始終堅持不懈。她在一九九一年獲頒諾貝爾和平獎，但因為身遭軟禁無法親臨，而由兒子代她領獎。第二年，麥克．艾里斯發表公開聲明，對他太太的人身福祉表示關切。他說，「我有理由相信，將她拘禁在裡面的那個環境，現在對她的生命構成嚴重威脅。她在遭到單獨監禁期間一直賴以為生的那個微薄的個人資金，現在已經幾乎用罄……我現在非常擔心，她隔不多久就會完全斷了生計……處在這麼黑暗而遙遠的情勢中，我很怕今後縱想追蹤事態發展也不可能。」[53]

翁山蘇姬在遭軟禁六年之後於一九九五年獲釋，並且不理會不得離開仰光的禁令，展開在全國各地的旅行。她重申要求與將領對話的主要訊息，還對《亞洲週刊》說，「我們很希望能找到共同立場……我們必須做好什麼都能談的準備……那是真正對話的精髓：我們不應該排斥任何事。」[54]緬甸政權又一次拒絕與她談，還派出爪牙對她進行騷擾與攻擊。一九九八年九月二日，警方在仰光郊外的達拉擋住她的座車。她一直守在車裡長達九天，就是不肯往回走。最後她雖被迫折返，但立即宣布她計畫乘火車前往曼德勒。結果在她預定動身那一天，當局把整個火車站關了。

儘管有這許多旅行限制，她有前後五年時間在仰光市內倒是享有某種程度的自由，每星期都能在她位於大學道的家中，隔著院子圍牆對數以千計的群眾發表演說。在這段期間，有一名英國青年訪問了她六、七次。他回憶說，「我前往大學道聽她演說，她每周六都會在那裡演說。那裡人潮洶湧，有許多全民聯的人就住在她家院子裡。」他的一位友人不久前訪問過翁山蘇姬，所以在聽過她一次演說之後，這友人打電話給翁山蘇姬，安排他往訪。「她邀我喝茶。我做了一些準備，帶了幾本《經濟學人》雜誌，一台收音機與一些電池，與她共度了一個小時。她有一種非常了不起的神氣。美麗端莊，充滿魅力，極為平和安詳，卻又堅強得令人嘆服。她邀我們第二天再去看她，與她共進午餐。從那以後，我盡可能常去看她。」

當局佈下的安全措施非常嚴厲，他受到嚴密監視。「有人對我拍照，我在訪問她的時候，他們會扣下我的身分證。街頭、大門外、大門裡面都站著軍情軍官。」他回憶說，她住的房子年久失修，「破敗不堪，需要上好幾層漆。外牆上有大片水漬汙跡。」她請他幫幾個忙，其中一個就是為她帶影片，因為有一群全民聯民運人士與她住在一起，她每逢周末晚上會放電影招待他們。「她喜歡早期那些古色古香的英國經典片。我記得《第凡內早餐》就是她喜歡的一部片子。我還帶了《孤雛淚》、《郵差》、《英雄本色》、《傲慢與偏見》、《辛德勒的名單》、《亂世佳人》與《豆豆假期》等等。我也嘗試帶進一些新片。」他發現翁山蘇姬對音樂的品味很雜，她比較喜歡古典樂、巴洛克與葛麗果聖樂，但她也承認自己喜歡鮑伯·馬利與「死之華」樂團的音樂，說這些是她兒子介紹她聽的。除了為她帶影片以外，他還會將她的信息轉給麥克．艾里斯。

他回憶，他們談的話題很廣。「我們談了許多有關緬甸情勢的問題，談到怎麼做最能動員英國政界人士，最能促成其他亞洲國家，特別是日本、新加坡與泰國向緬甸政權施壓。不過她比較關注的是聯合國機制。」有關她本人扮演什麼角色的問題也是討論重點，而她也明白表示她不願意唱獨腳戲。這名英國青年說，「每個人都要求與她面晤，黨工只要見她，不要見其他人，這為她帶來千斤重擔，讓她肩負龐大責任。」但有鑑於她那些言之有物、鼓舞人心的公開演說，民眾像這樣非她不可，倒也不難理解。據一名外籍訪客所述，在一九九六年四月的一次群眾聚會中，她談到歐洲法西斯政權在一九四五年的潰敗，談到捷克的民主發展，「整場演說過程中，她讓群眾如醉如癡，他們時而爆笑，時而點頭，如雷的掌聲也一陣陣響徹會場。」

不過參加她的群眾大會得冒相當風險。在一九九七年一次這樣的集會中，至少有十人被捕，這次事件與其他許多跡象都顯示當局在加緊管控。同一年，翁山蘇姬家的電話線被切斷，大學道遭封鎖，若沒有精心安排，想參加這類集會根本辦不到。一名外籍訪客說，她的情勢「就實際、或許也就政治意義而言，都較我過去幾次訪問時更加孤立」。有目擊者說，在之前一年，她家大院總是擠滿在踢足球的全民聯民運人士，她的助理埃溫也可以在院子裡公開說話，但到一九九七年，埃溫與其他許多人已經下獄，那座大院也荒蕪了。

麥克．艾里斯在一九九九年因癌症去世，他在臨死前想見蘇姬最後一面，竟遭緬甸政權拒絕，軍政權殘酷而泯滅人性的例證又添了一樁。翁山蘇姬當時被迫在兩條路中擇一而行：她可以離開緬甸與夫婿團聚，但她知道一旦走上這條路，緬甸政權再也不會讓她返回緬甸，另一條路是留下來伴著人民。留了下來。一年以後，她又一次遭軟禁。這一次關了兩年。

二〇〇二年獲釋以後，她又短暫享受了一陣自由，也再次展開在緬甸各地的訪問。眼見翁山蘇姬聲望持續不墜，緬甸政權策動暴民於二〇〇三年五月三十日在實皆省德帕因鎮對她發動攻擊。親緬甸政權民兵組織「團結一統開發協會」派出的暴民，將一百多名翁山蘇姬的支持者活活打死。估計約三千名地痞流氓，其中有人還披著僧袍，帶著鐵棒、竹竿與木棍守候在路邊，伏擊翁山蘇姬的車隊。[55]許多支持她的群眾被打、被刺倒地，遭暴民按住頭顱在地上猛撞，直到斷氣為止。所幸有一群支持翁山蘇姬的勇敢青年手聯手圍成圈，拚死保護翁山蘇姬座車，翁山蘇姬才倖免於難。這明擺著是一次暗殺。

翁山蘇姬回到仰光，在永盛監獄短短關了一段時間，之後又被送回家軟禁。她的電話線再次被切斷，她比過去更加孤立。頗具意味的是，一名年輕緬甸人說，德帕因鎮攻擊事件以及她的一再遭到監禁，終於引起緬甸新一代人的注意。這名青年說，「在過去，如果有人問我喜不喜歡軍政府，我不知道應該怎麼回答，我不知道他們的統治合不合法。但現在，至少我們知道我們為什麼這麼討厭政府。在我的童年，翁山蘇姬對我們沒有造成多少衝擊，但德帕因鎮事件讓她聲名大噪，也使年輕一代對她以及她奮鬥的目標有了更多認知。」

六年以後，經過一次荒唐可恥的審判，當局判決再將她的軟禁期間延長十八個月。事件起因是一名名叫約翰．葉陶的美國人游過茵雅湖，在翁山蘇姬住處過了一夜。翁山蘇姬因此被控違反軟禁條件，受審，遭延長軟禁。緬甸當局當時正在籌備二〇一〇年那次惹人恥笑的選舉，因此刻意想方設法不讓翁山蘇姬脫身。等到軟禁期滿，翁山蘇姬終於重獲自由，選舉已經結束了六天。

至於那些參加一九八八年學運的學生，遭遇又如何？許多人被捕下獄，受到可怕的酷刑折磨。許多逃到緬甸邊區的學生必須面對新挑戰。這些大多數來自城市的學生很難適應叢林生活。金奧瑪回憶說，「我動不動就病了。我倔強，堅持繼續下去，但事實上最無法忍受這一切生活條件的人就是我。」她加入全緬甸學生民主陣線。她說，「在一九八八年那次示威中，我們那麼和平，他們還是毫無來由地殺害我們。所以我要參加克倫民族同盟，拿起武器。」不過她投入武裝鬥爭的時間不長。金奧瑪說，「我進入叢林以後才覺悟自己不是武裝鬥爭的料。投入武裝鬥爭，憑的是怒氣與怨氣。」她相信想擊敗緬甸政權，想終止緬甸的暴力循環，教育才是更好的武器。於是她前往美國攻讀，拿到學位。在為「人權觀察」與「國際難民組織」工作、取得經驗之後，她回到泰國，繼續投入緬甸民運。她現在是緬甸婦聯會、「民主與開發網」以及「緬甸夥伴」的領導人。「緬甸夥伴」是分支機構遍布亞太地區的民運人士網路。[56]

除適應叢林生活以外，從城市逃入少數族群地區的緬甸學生，還必須面對另一項挑戰：非緬族少數族群的猜忌，甚至於敵意。幾十年來，緬甸一直控制在緬族支配的政府手中，讓非緬族的少數族群受盡苦難，許多少數族群自然對緬族學生猜忌、懷恨。金奧瑪說，「我們來到邊界以後，我才認識到少數族群承受的苦難。那令人痛心。當別人用仇恨的眼神盯著你看時，你會感覺得出。我知道他們為什麼這麼恨，因為我對軍隊也是這麼恨的。」

第三章

出現在東方的一場腥風血雨

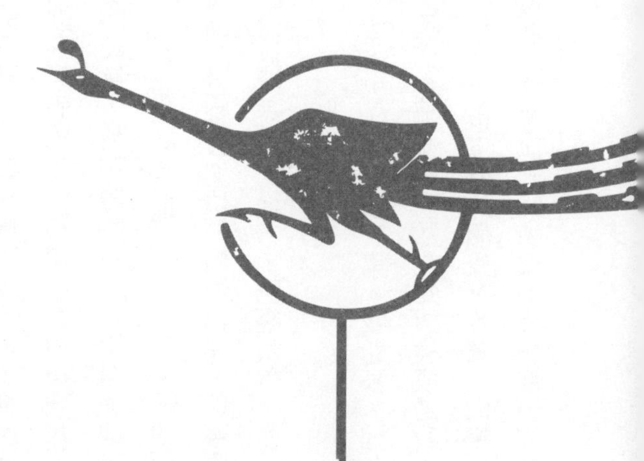

我相信，即使在今天這種火砲齊飛、彈片亂舞的情況下，我們仍能指望亮麗的明天。我相信，司法雖已負傷，匍匐在我們國家淌血的街頭，有朝一日仍能拂去滿身羞辱之塵，重振最高權威、君臨百姓子民。我膽敢認定，總有一天，無論任何地方的人都能為他們的身體提供一日三餐，為他們的心靈提供教育與文化，為他們的精神提供尊嚴、平等與自由。

——馬丁・路德・金恩

黃昏時分，學校放學，孩子在旗桿前整齊列隊。國旗徐徐下降，這群克倫族孩子以一種不亢不卑、毫無造做的神氣，極其尊嚴、非常有紀律地齊聲高唱國歌。他們這番作為雖沒有報復意味，但顯然代表一種抗拒：他們唱的不是緬甸國歌，而是他們自己的國歌，他們降的也不是軍事執政團的旗，而是代表他們自己土地——他們稱為「高都麗」（意即「沒有罪惡的土地」）——的旗。他們都是「境內流亡人」。他們原本住的村落或遭國防軍攻擊，或遭國防軍焚毀。位於梅河沿岸、與泰國邊界遙相對望的這塊土地是他們的庇護所，像這樣還能讓他們彰顯自己文化的地方，已經所剩不多。不過就算是在這裡，他們還是不安全。

站在逼人暑熱中聽他們高歌，我禁不住熱淚奪眶。我心中波濤起伏，百感交集。我悲哀，因為在那一天以及在之前多次訪問中，我已經知道他們承受了太多苦難；我羞愧，因為我知道換成是我，明知是一首永遠不會有人承認的國歌，面對一面對其他人而言一點意義也沒有的國旗，我真不敢相信自己還會不會像他們那樣挺身肅立，莊嚴而勇敢地唱著他們的國歌，降著他們的國旗；我恐懼，因為儘管他們多年來早已受盡折磨，但未來對他們而言仍是可怕的變數。我熟識這個學校一位名叫「彩虹」的年輕教師，他的話讓我心緒更加激動，久久無法平復。他微笑著對我說：「我們對抗的不是緬甸人，而是他們的政策。」他停了一下，讓這句話沉澱，接著又說，「我們可以與他們做朋友，與他們稱兄道弟。請你為這個政權祈禱，為它祈禱更勝於你為克倫人的祈禱。祈禱他們改變他們的政策，改變他們的心。」

不到四個月以後，樂波和營區遭緬甸軍與他們的同路人「民主克倫佛教軍」攻陷。彩虹與其他來自樂波和與附近地區的克倫人又一次被迫出亡。這一次他們只能乘小船渡河到泰國了。除了泰國，他們已經無路可逃。如果留下來，許多婦女勢將難逃慘遭強暴的厄運，男子也會被抓走當奴工。

我曾往訪樂波和不下十餘次，聽過許多逃離村子的人講述他們苦難的故事。但二〇〇九年二月傳來的消息更讓人鼻酸，特別是因為知道他們原來還得承受更多折磨之後，更加讓人心痛。我在樂波和見到一名讓我這輩子永遠忘不了的男子。他逃抵樂波和才只有兩天。二〇〇八年十月，國防軍與民主克倫佛教軍民兵來到他的村子，他逃入附近叢林避難。他的家，與村中大多數住屋都被焚毀。他等攻擊結束後回到村落，希望能搶救回一些財物或牲口。他走近自己住處舊址，只見一片瓦礫灰燼，除此而外什麼也沒有。他在穿越廢墟時發生一件事，永遠改變了他一生。佛教軍民兵在村子埋了地雷，他踏在一枚地雷上。

這名男子的經歷，對絕大多數已開發國家的人而言，都像是生存劇中那些天方夜譚般的情節。我們坐在樂波和一間竹編的小屋，聽他娓娓細述那段故事。「親戚抬著我走了一整天，來到附近小鎮求醫。我人事不省。獲得療治以後，我決定帶著妻子與四個孩子來這裡。我拄著拐杖，在叢林走了兩天。」我瞥了一眼眼前從他的籠基底下突出來的大腿殘根。他繼續說，「我覺得不能再留在自己的村子了。我只剩一條腿，走路走不好，還是到這裡來比較好。我很擔憂我的前途。這裡讓我感到安全，但如果情勢好轉，我還是希望能回到自己的家。我真的希望所有緬甸的人都能享有和平與自由。如果沒有和平與自由，我不能回家。」

四個月以後，在聽到樂波和遭到攻擊時，「這裡讓我感到安全」這幾個字不斷縈繞在我耳邊。克倫人還要逃到哪裡才能感到安全？國防軍士兵在一九九七與一九九八年攻擊泰國境內的難民營，燒房子，開槍打村民。目前住在英國的克倫難民瑙迪生，與她的兒子都曾在泰緬邊區、泰國境內的王卡難民營被迫砲彈片炸傷。泰國軍方對這些事件視若無睹。

甚至從樂波和逃入泰國的三千難民，也只能稍事喘息而已，因為不到八個月，他們就在泰國當局騷擾下，被迫折返他們遭緬軍佔領、到處埋了地雷的家鄉。二〇一〇年二月，我在有人帶路的情況下，來到樂波和對面位於泰國境內的臨時難民營，會見一些從樂波和逃出來的人。由於泰國當局不准外國民運人士與記者進入這所營區，我們只得乘暗夜偷偷穿過稻田往訪。每聽到有機車駛過，我們就悄悄匍匐田裡，以避開機車車燈。

在抵達營區以後，我們仍然必須偷偷摸摸往前探路，直到來到幾間竹編的草屋前。一些逃出來的人就在草屋裡對我們訴說他們的故事。一名與我正巧同齡的男子，伴著他的妻子與五名子女，坐在昏暗燭光中與我們談著。他的兩條腿因為在叢林採摘野菜時誤踩地雷都被炸斷。他告訴我，「當我還有兩條腿的時候，我可以賺錢養活一家人，還可以給孩子一些錢買零嘴。現在我養不起了。這不是正常生活。想賺錢很難。如果我留下來，泰國人不會給我出去打工的機會。我現在不能為孩子做任何事。我沒有腿，領不到糧，我只能留在營裡靠太太領的糧過活。」他雖然已經受傷，泰國當局仍對他繼續騷擾，要他回緬甸。他說，「我過去多次替緬甸軍充當腳伕，在緬甸境內逃過好幾次兵。」他望著我，說了一句總結克倫人悲情的心聲：「逃，逃，不斷逃到現在——這是我的人生。」[1]

自一九四九年以來，克倫人一直在為基本人權、為一定程度的自治進行武裝鬥爭，近年來這場鬥爭更已經成為一場爭生存的殊死戰。克倫民族同盟副會長大衛．塔卡保曾對我說，「他們想把我們撲滅，他們的計畫是把克倫人這個民族完全除掉。」

有些克倫人會在你問到他們的時候告訴你，他們的第一選項是獨立建國。但儘管如此，就像緬甸境內幾乎所有少數族群團體一樣，克倫民族同盟的官方政策是在民主的聯邦政體內實行自治。克倫人今天的鬥爭，對抗的是一個縱非意在全面、至少也是意在部分消滅克倫人的政權。不過這場鬥爭有更深一層的源起。早在緬人前來之前已經在緬甸這塊土地定居的克倫人，數百年來一直受到緬甸歷任國王的壓迫。當英國人伴著傳教士殖民緬甸時，克倫人認為解放他們的人終於來了。英國人也投桃報李，偏袒克倫人，為克倫人提供教育與政府服務的機會。到一九三九年，在英國緬甸軍團中，克倫人官兵人數是緬人官兵人數的三倍。[2]克倫人對英國殖民統治者的忠誠，也讓緬人更加懷恨。二次大戰期間，當緬人站在日本人一邊的時候，克倫人始終與盟軍並肩作戰，換來盟軍一些模糊的承諾——承諾戰後讓克倫人獨立，或至少在盟國保護下自治。

直到今天，仍有克倫人記得當年的英國統治，也還沒忘記英國那些沒有兌現的承諾。二〇一〇年，我在美拉難民營遇到一位女婿在兩年半前遇害的老人。緬甸軍曾兩次燒了這位老人住的村子，還強迫他當挑夫，替緬軍幹活。他的一個表兄也在一次火燒村事件中遭國防軍打成瞎子。這位老人曾在二次世界大戰期間在一名名叫威爾森的英軍上尉部下與日本人作戰。「我一直保存著我的陸軍兵籍卡，但它在村子被（緬軍）燒時遭焚毀。全部毀了，只剩下灰燼。我當年為英國人工作是因為我們受到日本人欺負，我想如果為英國人工作，結果會好一些。我要向我的英國朋友說，我仍然指望你們的幫助。可憐我們，無論怎麼樣，給我們幫助。」[3]

克倫民族同盟主席蘇塔拉保曾在二戰期間參與著名的一三六特戰隊，與英軍一起作戰。他的女兒吉波拉盛畢生投入克倫人鬥爭，於二〇〇八年當選克倫民族同盟第一位女性秘書長。吉波拉盛現在是克倫民族同盟副會長，也是代表克倫民族同盟參加停火談判的首席代表之一。她告訴我，「我來自一個革命家庭，因為我父親早從一開始就介入了克倫人革命。」

事實真相是，英國人在二戰期間的保證不過是空話而已，緬甸獨立後，他們也將這些保證完全拋諸腦後。失去英國靠山的克倫人於是決定為爭取獨立而孤軍奮戰。一九四六年八月，由於遲遲未獲英國響應，克倫人派出以雪梨盧尼、蘇丹丁與蘇巴烏支為首的「親善訪問團」前往倫敦。[4]結果在遭英國背棄的情況下空手而回。緬甸獨立後不到幾個月，由於緬人無端挑釁、攻擊克倫人社區，克倫人終於展開武裝鬥爭。

就像翁山將軍在緬人中的聲望一樣，蘇巴烏支在克倫人中也極孚眾望。但在一九五〇年八月十二日，蘇巴烏支與他的首席副手蘇桑基一起遭緬甸國防軍殺害，克倫人獨立鬥爭也因此遭到第一次重挫。蘇巴烏支於一九〇五年生於勃生，曾赴劍橋大學留學，取得大律師資格後回到緬甸擔任公務員。他在領導克倫民族同盟期間，訂定後來克倫人所謂「四大原則」的終身守則：「沒有投降這回事；我們絕不放下武器；必須讓世人承認克倫邦；我們本身的政治命運必須由我們決定。」[5]

克倫人獨立鬥爭就這樣持續數十年，直到今天。其間曾因左派與右派對立而出現無數次內部分裂，損耗不少元氣，直到一九六〇年代才在波米亞將軍領導下重振雄風。領導克倫民族同盟近四十年的波米亞，於一九二六年生於帕本山區，曾加入一三六特戰隊打過二次大戰。他受妻子影響成為基督復臨安息日會信徒，也因此抱定堅決反共的立場。直到一九九〇年代末期，在泰國支持下，他與拉圖、道拉與塔拉保等幾位將領以及其他人合作，重建克倫民族同盟，強有力地與緬軍周旋了許多年。一九九〇年代初期，由於許多一九八八年親民主暴動的學生與許多一九九〇年當選的國會議員逃往克倫邦，在許多人心目中，總部設在馬尼巴羅的克倫民族同盟，已經儼然成為取代仰光的權力重心。波米亞歡迎學生，歡迎全民聯黨員，不同少數族群團體以及以緬人為主的民主運動於是開始結盟。但到一九九四年，馬尼巴羅的地位遭到威脅，緬甸政權的「分而治之」戰術又一次奏功。

克倫族佛教僧人塔札那於一九八九年來到馬尼巴羅。他是克倫民族同盟林務部長帕道翁山的表兄。帕道翁山於一九九八年變節投靠緬甸政權。之後幾年，塔札那聚集數百信徒，開始在薩爾溫江與梅河匯口處修築佛塔。克倫民族同盟的武裝部克倫民族解放軍表示反對，懷疑國防軍可能利用這座塔對克倫人發動攻擊。基督教與佛教兩派克倫人之間的緊張情勢開始升溫。[6]

一九九四年，克倫民族解放軍中一群對現狀不滿的佛教徒士兵叛逃，加入塔札那一夥，雙方關係更形同水火。同年十二月二十一日，塔札那建立民主克倫佛教組織，幾天以後又成立它的武裝部民主克倫佛教軍。[7]緬甸政權特工一直在設法挑撥克倫民族同盟內部不滿，他們刻意激化兩派對立，國防軍還為民主克倫佛教軍提供軍事與後勤支援。

遭暗殺的克倫民族同盟秘書長曼沙的女兒卓雅說，「分而治之」是緬甸政權「最有效的戰術」。但克倫民族同盟領導層在一九九四年本來可以採取更多行動防止分化。卓雅說，「我們領導層確有弱點，我們需要從中記取教訓，改正錯誤。」一個關鍵問題是，克倫民族解放軍的第一線官兵雖然多屬佛教徒與泛靈論者，它的領導層卻幾乎全部是基督徒。事實上，克倫民族同盟的前身是克倫民族協會，而克倫民族協會是克倫佛教徒在一八八一年建立的組織。早在克倫人展開鬥爭之初，基督徒個人與組織就在克倫民族文化、特色與政治展現上扮演關鍵角色。有人認為，本身往往也是基督徒的外國捐助人會贈送禮品給克倫民族同盟的基督徒，但這些得到贈禮的基督徒沒有把東西拿出來與佛教徒與泛靈論者分享。這種說法雖未盡屬實，但克倫民族同盟領導層沒有積極主動澄清，沒有將內部出現宗教緊張情勢的可能性壓到最低。緬甸政權乘機介入，刻意激化分裂。

卓雅的父親奉命與組織民主克倫佛教軍的領導人談判，但為時已晚。曼沙身為泛靈論者，原本很可以作為基督徒與佛教徒社區之間的溝通橋樑，但民主克倫佛教軍不肯聽他講道理。他們將他逮捕，關了一個多星期。卓雅回憶說，「民主克倫佛教軍很兇，我父親幾乎在那裡送命。」

自馬尼巴羅於一九九五年失陷以後，克倫民族同盟版圖越來越縮水，現在只保有僅夠立足的一處據點而已。隨著緬甸軍大舉挺進，克倫百姓為逃避軍隊暴行，也成群結隊離鄉背井，展開流亡。

二〇〇七年二月，我往訪設在克倫邦境內不遠的一座「境內流亡人」營區。這座營區設立不到一年，已經收容了三千人。我見到一名婦人，她在她住的村子遭國防軍攻擊、焚毀以後，走了一個多月來到這座營區避難。那次事件有七名村民被槍殺。她還告訴我三年前她先生如何遇害。她說，她先生在前往鄰近小鎮買食物途中被緬軍抓住。緬軍綑綁他的雙手，拖進叢林，倒吊在一株樹上，挖下他雙眼，然後把他溺死。[8] 剛聽完她這段陳述，又一名婦人來到我面前。這婦人也是從同一個村子逃出來的。她年方十五歲的兒子遭緬軍逮捕，綁在樹上受到酷刑折磨。之後他被砍頭。第三名婦人說，她先生在二〇〇六年遇害。他當時從田裡回家，被士兵逮到，帶回村子遊行示眾。士兵隨後挖下他的眼，割下他的嘴唇，還切下他兩隻耳朵。他們最後放了他，讓他孤伶伶死在森林裡。

這些絕不是孤立事件，而近年來，國防軍更採行一種「格殺勿論」政策。一名男子對我說，「緬甸軍現在見到人以後不再逮捕了。他們見到就開槍，連孩子與嬰兒都不放過。」另一名曾遭酷刑的男子說，來自十三個營的國防軍士兵佔領他住的那個地區，「他們到處抓人，在叢林村子裡見到村民的鍋子、衣服等等，什麼都偷，然後放火燒。我不敢回我的村子了。我沒有希望，也再也沒有安身的地方了。」[9]

強暴也是緬甸軍的一種作戰武器，一種廣泛、有系統使用的武器——而且對象還不僅限於婦女。二〇〇八年十二月二十七日，一個七歲女孩的屍體，在北克倫邦良禮彬縣貴基鎮馬烏彬村她的住家附近被人發現。小女孩遭姦殺致死。村民說，事發前不久曾見到緬軍三五〇輕步兵營一名士兵進入村子，之後聽到女孩喊叫聲，然後傳來幾聲槍響。[10]在二〇〇六至二〇一〇年間，緬軍對克倫人的軍事鎮壓更加變本加厲。在二〇〇六年一次十年來最兇狠的攻勢中，為掃蕩帕本區幾百個村落，緬軍出動至少二十七個營，結果導致一萬五千多名百姓在短短幾星期中流離失所。而且誠如「克倫人權團體」所說，這是對不設防村落進行的攻擊，其目的就在於將村民趕出山區，讓他們生活在直接軍事控制下，以利用他們為緬甸軍提供食物與勞力支援。」這個組織又說，「請注意，這不是對克倫反抗軍發動的攻勢，整個過程中幾乎沒有發生戰鬥。」[11]二〇〇六年三月二十七日，一名九歲的克倫女孩遭到緬軍槍擊。這女孩名叫「瑙愛娃」，意思是「愛上帝的花朵」。她沒死，但她的父親與祖母在事件中遭射殺。

在東緬甸衝突地區工作的人道援助團體「自由緬甸遊騎兵」，對瑙愛娃遇襲的那次事件有以下描述：「發動攻擊的緬軍掃遍整個地區，村民四處奔逃……他們不知道緬軍在等著他們……見到軍隊就站在眼前、排成一列向他們開火，一定讓他們都嚇壞了。」一名生還者說，「緬軍守候在一處事先做了準備的陣地，等著殺害村民。他們等著，直到村民來到距他們只有十碼的地方，才開火攻擊一名揹著母親逃難的男子，攻擊走在他身後的家人與孩子。天下哪有人、哪有組織能幹下這種事？」還有一名目擊者也對當時情勢有以下敘述：「緬軍士兵開槍射殺緩緩爬上山、向他們走來的一家家村民……這不是那種士兵受到驚嚇，無意間向人亂開火的事件。也不是士兵在幾百碼外朝大群民眾開火。有個父親揹著患病的祖母，帶著九歲女兒一起走，結果緬軍在近距離朝他們開火。其他村民四散逃命，緬軍還不斷朝他們開槍……」

這些事件，使緬甸政權所謂「緬軍發動的只是反叛軍攻勢」的謊言不攻自破。幼兒、老奶奶與小女孩怎能算是叛軍，強暴、殘害他們，或在他們逃跑時從近距離開槍打他們，又豈是鎮壓叛軍的合法手段？「自由緬甸遊騎兵」達成結論說，「這些攻擊反映緬軍刻正進行的擊破人民意志、控制人民的意圖。他們殺害挑夫，埋放地雷，讓人不敢將食物送進平民百姓居住地區，緬軍就使用這兩種手段控制、掌握與壓榨緬甸少數族群人民……很明顯，緬軍意圖緩緩擴大其控制，百姓正面臨極大危險，糧荒已經出現。」[12]

這樣的攻擊自二〇〇六年起，至少一直持續到二〇一二年達成一項脆弱的停火協議才大體上停下來，而且之後還斷斷續續發生過好幾次。兩年以後，單在克倫邦北部，就有三萬多名克倫人無家可歸。他們的村子遭到迫砲與大砲攻擊。自由緬甸遊騎兵說，克倫人「遭到砲轟，像被獵捕的動物」一樣逃竄，國防軍「四處搜索村落，追殺小股流離失所的村民，摧毀房舍、食物與財產」。[13]

我曾經往訪的許多地方現在已遭國防軍控制。二〇〇九年，我在克倫民族解放軍第七旅總部出席克倫鬥爭六十周年紀念。儘管已經深陷緬甸政權的圍困與轟炸，但克倫人展現的無比自傲與尊嚴仍令我印象深刻。儀式中首先登場的是軍紀嚴整的閱兵式，之後是展示克倫文化的美麗的傳統歌舞。這塊三面遭緬軍包圍的小天地，是幾乎碩果僅存的「克圖里」，意即「克倫人控制的克倫土地」，他們在這裡慶祝克倫文化，大有死戰至最後一兵一卒的豪情壯志。不到六個月以後，當地遭緬軍攻陷，小股殘存的克倫民族解放軍士兵躲進叢林展開游擊戰，平民百姓則逃入泰國，「克圖里」也就此淪亡。曼沙的遺體埋在第七旅總部，他的長女也在那裡成婚。現在他的子女就連返回老家、替他掃墓都辦不到了。

過去十年遭緬軍屠戮最兇的雖是克倫人，但東緬甸的其他少數族群，特別是克耶族與撣族，遭受的苦難也不輕。有時人稱克雅或紅克倫的克耶人，為生存而戰的時間與克倫人不相上下。如今總人口不滿二十五萬的克耶人，在歷史上從來就不是緬甸的一部分。直到二十世紀前，克耶人分住五個小邦，每個小邦由一位稱為「紹夫亞」的王統治。緬甸王在一九三五年下令軍隊攻擊克耶，但遭克耶軍擊退。克耶統治者與英國建有外交關係，在一八七五年，英國與緬甸王敏東都承認克耶獨立。在英國殖民統治期間，克耶的幾個小邦一直沒有併入英屬緬甸，但緬甸在一九四七年獨立以後，開始強迫克耶併入緬甸。克耶人於是組成克耶民族組織展開抵抗，還發動一連串示威。一九四八年八月九日，緬甸憲兵攻擊克耶民族組織總部，克耶人於是發動武裝鬥爭。一九五五年，今天已是克耶主要抵抗組織的克耶民族進步黨成立。

今天的克耶邦已經淪為一個龐大的集中營。至少四分之三的克耶人生活在緬軍控制的拆遷營，為緬軍提供奴工。穆布在只有十歲時，她位在迪穆蘇鎮的整個村子被迫遷離。她回憶說，「我們被緬軍包圍，走不出拆遷營。我們沒有學校，沒有診所，什麼都沒有。我們不能到田裡工作，只能留在房裡。」

一名十七歲的克耶婦女告訴我，她所以從拆遷營逃到泰國，是因為她「再也不想當強制搬運工」。一名四十八歲、從壘固逃出來的克耶佛教徒說，他全村一千多人都在二〇〇二年五月被迫遷到拆遷營。緬軍強迫村民砍下樹木與竹子，為軍隊造屋，替軍隊揹運米糧。一天晚上八點，士兵來到拆遷營，把所有村民全部送到二五〇輕步兵營總部，將他們打了一頓，然後強迫他們當挑夫。村民還被迫為軍隊挖掘戰壕，從早上八點工作到下午四點，中間只准他們休息半個小時。村民必須自己準備食物，被迫說緬語，緬軍還將他們三或四人一組，手連手綑在一起。他被關在瓦拉波拆遷營前後一年，期間聽到不只一次強暴傳聞，包括二〇〇三年八月發生的一次七名軍人強暴五個女孩的事件。

前克耶民族進步黨秘書長雷蒙·圖說，村民一般會奉命在短短幾天內搬遷到拆遷營。他說，「他們只能攜帶能揹在背上的東西進入拆遷營，住在有軍隊控制的圍欄裡」。舉例說，二〇〇三年十二月二十五日，國防軍第五十五師師長在毛奇舉行會議時下令，要村民必須在十天內搬到猛塔拉。屆時沒有搬遷的人會遭槍決。但事隔三天，軍隊就開進當地村落要村民立即搬遷。有些村民逃跑，躲進叢林的村民有三千多人。那些搬到猛塔拉的村民被迫修路，還必須自備食物。逃跑的村民直到今天仍在不斷地跑。克耶發言人說，「為了保命，他們必須逃亡。他們必須不斷地逃，沒有家，沒有醫療，沒有食物，也沒有教育。如果這還不算種族滅絕，什麼才算？」[14]

進入的村民非經許可不得外出。拆遷營裡面沒有教育，也沒有醫療服務。企圖脫逃而被逮的村民要面對嚴重後果。二〇〇四年，我往訪泰國境內湄宏順府附近一處克耶難民營時，見到一名二十四歲的婦人，與我談到她一家人如何與其他二十戶人家一起逃出來的經過。她說，其中有一家人被抓。緬軍先把那家人的父親綁在樹上，用舂米的樁子活活打死。之後緬軍繼續行兇，這家人無一活口。

在拆遷營生活了兩年以後，妙波一家人獲許重返他們的村子。不過回到村子以後仍時不時遭到國防軍攻擊。她十三歲那年，她在盧索鎮的學校遇襲，緬甸軍士兵事先把他們自己的孩子都接走了。她回憶說，「他們開來一輛卡車，先把他們的孩子接走。半個小時以後，一枚炸彈在學校爆炸。我只見煙霧瀰漫，許多人哭著亂跑。幾乎每天都像這樣，槍聲、射擊聲、炸彈爆炸聲不絕於耳。」

妙波十三歲那年，她母親死了，她必須照顧她的弟弟。三年以後，她父親認定情況太危險，為了安全，決定把她送到泰國邊界的難民營。妙波在克耶反抗軍士兵護送下，在叢林中走了三個月。她回憶說，「我們夜晚趕路，白天睡覺。為躲開地雷，我們必須一步步跟在克耶士兵後面，只能踏在他們踏過的地方。在接近邊界時，我們必須涉水過河，因為陸地上到處都埋了地雷。克耶士兵救了我。他們相信自由，他們與緬軍作戰為的也就是爭自由。」

如同緬甸其他地方一樣，緬軍在克耶邦犯下的暴行也很普遍。一名二〇〇四年二月逃到泰國的三十一歲男子，就曾遭到嚴厲酷刑。他在二〇〇三年六月遭國防軍逮捕，被綁起來折磨了十天。其中有一天，從上午十一點一直到下午六點，士兵用一塊木頭在他的腿上來回滾，有時還穿著靴子在木頭上踐踏。那天晚上他遭到水刑。他被迫躺在地上，士兵把一大桶水灌進他嘴裡，直到他的肚子脹大，然後在他的肚子上猛踏。之後他們用布堵住他的嘴，繼續用木頭在他的腿上滾。結果他有五個月沒辦法走路。他告訴我，「我當時心想自己這下死定了。」[15]

克耶也曾幾次與緬甸政權和談，但政權每次都毀約。雷蒙・圖在一九七五年加入克耶民族進步黨，在一九九一至二〇〇七年間，雙方至少舉行了九回合會談。雙方於一九九五年三月一日簽訂停火協議，但三個月以後，緬甸政權在六月三十日破壞協議。雷蒙・圖說，這項十六點停火協議規定不得強徵民伕充當搬運工，不得勒贖，國防軍不得再增兵。雷蒙・圖回憶說，「但在停火以前，國家和平與發展委員會有十個營駐在克耶邦境內，三個月以後，兵力增到二十個營。」雷蒙・圖說，和平與發展委員會設在克耶邦境內的哨站也增加了。克耶邦「總理」昂丹來在一九九五年六月二十八日發表的一篇聲明中說，緬軍自六月十五日起開始抓挑夫，勒索搬運費，兩天以後，兩營緬軍越界進入指定由克耶民族進步黨控制的地區。「克耶民族進步黨渴望和平，無意恢復敵對狀態。和平與發展委員會的敵對活動令人非常遺憾。」昂丹來在聲明中繼續寫道，「如果和平與發展委員會繼續破壞停火，如果它不肯撤出進駐克耶民族進步黨地區的軍隊，必須為敵對行動爆發負責的是和平與發展委員會，而不是克耶民族進步黨。」他在聲明結尾中呼籲：「克耶是個被圍困的小國。幾十年來它一直為求生存而戰，而且儘管勝算如此渺茫，它還會繼續戰鬥下去。如果和平與發展委員會用軍事力量攻擊克耶——克耶民族進步黨相信它會這麼做——克耶民族進步黨期望、也要求全世界同情克耶的民主國，為克耶人民提供人道援助。」兩天以後，激戰爆發。克耶方面傳出報導說，兵力在四到五千人之間的國防軍部隊已經「完成部署，即將展開對克耶基地的全面大屠殺」。

我在二〇〇四年往訪克耶難民營時，聽到難民營孤兒唱的歌，讓人對情勢之慘更加鼻酸。這歌的歌詞翻譯如下：

我的家，我的家，
什麼時候還能再看到我的家？
我的家，我的家，
我永遠忘不了我的家。

我不知道明天將如何，
它可能帶來貧窮與飢餓，
但那餵麻雀的人，
不會忘了我。
我的家，我的家，
我永遠忘不了我的家。

許多年來，許多克耶孩子曾將他們眼見、身受的慘況畫進畫裡。要這些孩子說出他們的苦難不僅太殘忍，也幾乎不可能，但他們經常願意用畫筆將這一切畫出來。舉例說，我有個身為小提琴家的妹妹，二〇〇六年往訪一處克耶難民營時奏了一首電影《辛德勒的名單》的主題曲。這部影片說的是奧斯卡・辛德勒如何在納粹大屠殺期間拯救數千猶太人的故事。我妹妹沒有向那些孩子說明這首曲子背後的故事，只要求孩子們將他們在聽她演奏時想到的景象畫下來。他們畫在紙上的盡是些血淋淋、讓人毛骨悚然的景象：士兵殺人、施酷刑、強暴、焚燒。

與泰人有血緣關係的撣族，是緬甸境內最大的非緬族少數族群，曾在彬龍協議中扮演重要角色。一九五七年，撣邦的幾名親王由於不滿憲法安排，同時也擔心中央政府對撣邦的內政介入過多，於是決定行使彬龍協議與憲法賦予他們的權利，脫離緬甸聯邦。不過吳努另有主見，而尼溫將軍對任何形式的聯邦主義或少數族群自治的主張都抵死反對，更別說要分裂國土了。尼溫隨即禁止學校教撣語，和談雖於一九六三年舉行，但沒有談出任何結果。蘇瑞泰（緬甸聯邦總統）的妻子、本身是國會議員的蘇禾佳，穿過叢林逃到泰緬邊界，出任撣邦作戰會議主席。她成立撣邦軍，聚集所有撣邦族群，套用她兒子艾永貴的話：「提出『獨立』這個字。」撣族暴動就此展開。

之後四十年間，撣族人受到緬軍慘無人道的欺凌。根據約翰．霍普金斯大學彭博公共衛生學院教授克里斯．貝耶爾博士的描述，撣邦或許是情況比克倫與克耶還要嚴重、「受害最深的地區」，因為撣族人口更多，資源更富，是一支更有紀律的戰鬥武力，據有緬甸五分之一的土地，在緬甸境內分布得也更廣。他解釋說，撣族與緬族之間敵意很深，鬥爭過程中強暴手段的運用也更加普遍得多。撣族由於過去與毒品交易掛鉤，形象不佳。「與毒品糾纏不清，意味國際社會對他們的援助少得多。」

艾永貴也有同感。他說，「在緬族人眼中，撣族人的威脅尤甚於其他少數族群。在緬族人眼中，身為佛教徒才是『文明人』，所以他們認為撣族人比較『文明』，其他少數族群團體比較『不文明』。撣族人像緬族人一樣，也有一系列統治者，也因此成為緬族人眼中的競爭對手。撣族人比其他少數族群更讓緬族人感到威脅。那不是仇恨，那是競爭。緬甸末代國王錫袍的母親，就是來自昔卜的撣人，蘇瑞泰的舅舅是緬甸王敏東養大的。這些關係很快演變成敵對競爭。」

艾永貴說，在鬥爭之初，撣族武裝部隊「非常團結一致」，領導人都是有理想、受過教育的大學畢業生。但隨著這些領導人逐漸凋零，撣族反抗運動開始分裂。有些派系以大毒梟坤沙為首，與毒品買賣結下不解緣，有些派系則與共產黨掛鉤。許多年來，其中幾個派系已經分裂，與緬甸政權簽訂停火協議。今天，仍然存在、規模最大的一支戰鬥武力是昭耀世上校領導的（南）撣邦軍。昭耀世曾是坤沙所部蒙泰軍的一員。艾永貴說，「撣邦軍有法統傳承，撣人視它為民族主義燈塔。昭耀世是唯一還在繼續這場鬥爭的領導人。」

二〇一二年，我穿山越嶺，涉水渡河，在叢林跋涉六個小時，來到昭耀世設於撣邦的基地。為了不在邊界沿線被軍警察覺，我們刻意避開現成路徑。我們在茂密的林木中奮勇而前，又濕又鬆的土讓我們不斷跌跌撞撞，好不艱辛。我也終於得以一瞥流離失所人的逃亡生涯。雖然前後不過幾個小時，而且還有人幫我扛著我的行李，這次旅途結束後，我較過去更能體會、同情那些流離失所人士的悲情。我在起伏群山之間艱苦萬狀地前進，不斷因失足打滑而狼狽不堪，腦海中禁不住浮現必須揹著全部家當，帶著稚齡孩子與步履蹣跚的老人，沒有吃的東西，在軍隊不斷追捕下，日復一日在山裡逃亡的慘狀。伯妮絲・柯勒・強森在她寫的《撣邦：沒有營區的難民》一書中，收錄了她在緬甸當外籍教師時一名撣族學生對她說的話。這名學生對她說，「在緬甸，我們必須時時刻刻提心吊膽，老師。我們必須逃，逃，逃，逃到跑斷了腿為止。」這句話道盡了他們的悲情。[16]

南撣邦軍這座基地保護著一處境內流亡營，裡面住的都是從村子逃出來的災民。我在這裡聽到的故事，與我過去在往訪克倫與克耶營區時聽到的竟出奇近似。一個我見到他的時候只有十四歲的男孩，徒步走了一個半月，終於來到這處相對安全的營區。他在十二歲那年被抓去當挑夫，被迫揹負一袋重二十五公斤的米走了兩天。他眼見士兵開槍打一名與他同村的男子，眼見他們用棍子與步槍毆打其他五名挑夫，還燒毀他的村子。他的父母也都被國防軍殺了。

一九九八年四月，撣邦人權基金會發表一篇名為〈被奪去一切的人〉的報告，說兩年來已有八萬名撣人逃進泰國。在一九九六到一九九八年間，位於撣邦中央的一千四百多個村落被迫拆遷，三十多萬村民在槍尖下被趕出自己的家。單在一個鎮區就有三百多人被殺；在一處拆遷地，有六百六十四名村民遭處決。[17]

強暴在撣邦是一種廣泛而有系統的暴行，撣族婦女行動網路已經展開這方面的記錄存證工作。它在二〇〇一年提出一份名為〈強暴執照〉的報告，詳細記錄發生在一九九六至二〇〇一年間、涉及六百二十五名女孩與婦人的一百七十三次事件。這份報告引發世人對撣邦強暴議題第一次關注，美國國務院還因此展開一項調查。根據這份報告，犯下這些暴行的人至少有百分之八十三是軍官，而且一般都是當著部下士兵面前犯下的；其中百分之六十一是輪暴；百分之二十五的受害者遭到姦殺。其中有幾件案例還涉及孩子。有一名十歲與一名十二歲女童遭到姦殺。最讓人髮指的是，一名年僅五歲的女孩在手腳都被綑在床的四角之後遭到強暴。[18]當紅十字會人員在二〇〇三年訪問撣邦時，地方軍官警告村民不得向紅十字會人員告狀，否則要將他們「割喉斷舌」。[19]

這一切不僅只是一些報告中提到的故事而已。在那次對撣邦的初訪中，我見到十二名曾遭強暴的婦女，還與其他知情的人談過話。一名婦女對我說，她的一個友人遭緬軍士兵強暴，之後還遭士兵用削尖的竹子刺死。另一名婦女告訴我，她與她的兩個女兒遭到五十幾名士兵輪暴。她在事後發現她一個十五歲、一個十八歲兩個女兒的屍體，兩人的衣裙都被捲到頭上。那十八歲的女兒被堵住口鼻，窒息而死，那十五歲的腰部與額頭中彈。她說，「兩個女兒屍體裹在塑膠布的樣子，我到今天仍然記得一清二楚。」

緬軍於二〇〇九年對撣邦百姓發動又一波攻勢。七月二十九日，國防軍士兵在河洛村燒了六十二棟房子，在達毛村也燒了一百多棟。被迫離開家園的百姓至少有一萬人。根據克里斯．貝耶爾與理查．索羅在《華盛頓郵報》的一篇報導，在二〇〇五年，超過四分之一的撣邦家庭被迫遷離；在百分之二十四的家庭中，至少有一名家族成員被抓去當奴工；在百分之九的家庭中，至少有一人遭地雷炸傷。貝耶爾與索羅認為，這是「有紀錄以來最高的百分率」。[20]撣邦人權基金會發表聲明，證實確有其事，還說「一百多名男女村民被捕，受到酷刑折磨，至少有三名村民被殺。一名婦女在設法從燃燒起火的住處搶救一些財物時被槍殺，士兵還將她的屍體丟進茅坑。另一名婦女當著她先生面前，遭一名軍官與三個部下輪暴。」[21]

除了這些令人髮指的暴行以外，緬甸政權還展開一項比較不露痕跡的行動，企圖將撣邦的歷史與文化連根拔除。他們任由撣邦親王的一些宮廷建築荒廢敗壞，或乾脆徹底毀了它們。一九九一年十一月九日，根據緬甸政權的一道直接命令，坤交英塔良親王在一九〇三年建的「最宏偉的撣邦宮殿」被炸毀，緬甸政權在原址建了一座現代化飯店。據撣族婦女行動網路指出，撣邦版圖雖然包括著名的茵萊湖，與眉苗以及臘戌等擠滿觀光客的山城，值得注意的是，「絕大部分撣邦土地是禁止外國人入內的」。[22]

昭耀世上校說，他的家園是「緬甸佔領下」的土地。根據撣族婦女行動網路的資料，國防軍在撣邦境內部署了一百五十幾個步兵營，幾乎占緬軍總兵力三分之一。[23]昭耀世進行武裝鬥爭是因為「我們沒有其他選擇——這一切只為了生存」。他告訴我，撣邦要和平，但幾十年來緬甸政權一直不願談判。他說，「近年來，每在少數族群團體提出談判建議時，軍事執政團必報以武力。」在談到他與他的軍隊時，昭耀世上校說，「儘管披著軍裝，我們其實都是平民百姓，我們渴望過和平的生活。」他呼籲國際人士對緬甸政權施壓，讓國際觀察員與記者全面無阻地進入緬甸各地。他說，「如果軍事執政團禁止記者進入調查毒品、強暴與其他破壞人權的犯行，則他們顯然與這些犯行脫不了干係。」[24]

二〇一一年十二月二日，昭耀世領著他的南撣邦軍與緬甸政權簽署停火協議，至少暫時平息了多年來的戰鬥。由於總統登盛或許有意在緬甸全境建立和平，儘管這項謀和行動在一開始顯得零星片面，緬甸當局也已與克倫民族同盟以及其他少數族群團體展開初步談判。在二〇一二年三月一日發表的國會演說中，登盛明確保證，他要把結束少數族群地區的衝突列為優先施政要務，還要承認少數族群人民的平等權。緬甸政權過去在描述少數族群團體時，總不外將他們說成「叛軍」、「恐怖分子」與「叛賊」，但登盛在這次演說中的用字遣辭，出現一種罕見而且意義重大的轉變。他說，「我們都必須努力，讓我們的少數族群青年能放下槍桿，舉著筆記電腦傲然屹立……少數族群團體期望全民都能獲得平等權益。平等權也是我們政府的願望。」[25]這樣的詞藻變化，以及對少數族群人民渴望平等權的承認，是件大喜事。不過，和平的真正考驗，還得看軍隊虐待百姓的情事是否真能就此打住。因為直到目前為止，在緬甸境內若干地區，就算沒有戰爭也不表示老百姓能因此真正擁有免於恐懼的自由。泰緬邊區另一個重要少數族群團體孟族的經驗就是例證。

根據史學家馬丁．史密斯的說法，一般認為孟族是「最早定居現代緬甸的居民」。[26]儘管孟族在今天是緬甸境內的一支少數族群，它曾是現在的緬甸這塊土地上的最主要的群體。緬甸最重要佛教象徵的仰光大金寺，就是孟族人建的，緬族文化也深受孟族文化影響。從一二八七直到一五三九年，孟王一直是南緬甸統治者；在西元第一個千年間，孟人影響力還曾超越緬甸，達到東南亞大陸大部分地區，前後達一千多年。

像克倫人一樣，孟人也在一九四八年拿起武器展開反抗，不過孟族人民陣線在十年後向仰光投降。但就在投降第二天，仕金——有些人叫他巴文——建立新孟邦黨，繼續爭取自治與自決的鬥爭。在經過幾近五十年的戰鬥後，新孟邦黨與國家和平與發展委員會簽署停火協議，同意參加緬甸政權為起草憲法而成立的全國代表大會。

但儘管停火協議簽署，孟邦並沒有享受到真正和平。國防軍破壞人權的犯行繼續不斷。孟邦人權基金會不斷提出孟人淪為奴工的報告，特別是國防軍強迫孟人築路修橋的報告。許多孟邦村落奉命每個月要提供三星期強制勞役，打斷了村民生產穀物的週期。在有些地方，國防軍為防止村民支援抵抗運動，還禁止村民照料穀物。土地遭沒收的情事很普遍，性暴力事件也層出不窮。南緬甸「婦幼權利專案」與孟邦人權基金會，發表過一篇題為〈走向兵營的伸展台〉的報告，記錄國防軍士兵對年在十四與五十歲之間的五十名婦人與女孩犯下的性暴行。年輕婦女被強徵到地方上的緬軍營區充當「慰安婦」，說得更精確就是「性奴隸」，學校女童被迫走在伸展台上學模特兒搔首弄姿，供台下軍人取樂。孟邦人權基金會之後又發表一篇題為〈走投無路〉的報告，記錄包括孟邦在內、緬甸境內十九個縣走私婦女與兒童、送進性交易的實況。報告中詳述了四十件個別事件，涉及七十一名受害人。

由於違約事件不斷發生，而緬甸政權也始終沒有提出令人滿意的政治解決方案，新孟邦黨成為參與停火各團體中對緬甸政權批判最力的一員。二〇〇五年，由於憲法起草談判遲遲沒有有意義的進展，新孟邦黨沮喪之餘，將它在全國代表大會的參與地位從全權會員降格為觀察員。之後，由於新孟邦黨拒絕簽署聲明、譴責美國在聯合國安理會提出緬甸決議案，新孟邦黨與緬甸政權的緊張關係更加升高。新孟邦黨根據停火協議而享有的貿易特權也被取消。我在訪問新孟邦黨設於桑拉武里的辦事處時，一名猛族領導人告訴我，大多數孟人不信任新憲法。他又說，新孟邦黨所以保有武器，「不是因為我們想打仗，而是因為我們必須隨時準備為保命而戰。如果新孟邦黨放下武器，它只會向聯合國、不會向國家和平與發展委員會這麼做。」[27]

面對東緬甸這一切駭人的苦難，有一群極具勇氣與創意、非常了不起的人始終屹立不搖。姜冬是其中最大名鼎鼎的人物。生在撣邦衝突地區的她，六歲時被父母送進泰國，在一座由尼姑經營的孤兒院中長大。她說，「那些村子不斷遭到攻擊，我們必須不斷逃來逃去。父母於是決定把我送到邊界，讓我可以上學，可以安全。」

姜冬在十六歲那年開始投身人權運動，在撣族人權基金會擔任實習生。她見到撣族前鋒新聞社發行的新聞信，決定多學一些有關人權記錄方面的知識。她在「另類東南亞國家協會緬甸網」完成實習，之後與人共同創辦撣族婦女行動網路，投入教育、醫療、收入生計、婦女權益以及國際倡導事宜。她所以投入這樣的事業，肇因於她自己的經驗。姜冬說，「我成為活躍分子是因為我在緬甸眼見戰爭的殘酷，遭緬軍攻擊，與家人分開，在邊界長大。每天都會眼見人民受苦受難。強暴與奴工事件已經不是新聞。我一直認為自己非常幸運，因為至少我安全，還可以接受基本教育。今天有許多年輕人沒有受過任何基本教育。」

投入人權運動不到一年，她在聯合國人權委員會上作證，走上國際舞台。她就當著緬甸大使面前，毫無畏懼地提出緬甸政權的犯行。姜冬說，「政權派了大使在那裡，這樣很好。他們這下應該知道，全世界事實上都會知道發生了什麼事，而且我們要把人民的聲音傳到國際社會。」

兩年以後，在她二十歲那年，姜冬決定想辦法讓其他年輕人也有受教育的機會。她成立撣族青年學校，從二〇〇一年起至少培訓了兩百六十名來自撣邦的青年，然後送他們回撣邦，以教師、醫護士、記者、婦運與跨邊界救濟工作者的身分，在撣族社區內或為撣族社區工作。這個學校每年至少收到一百份入學申請，最後接受三十人。

二〇〇五年，姜冬前往華府，在白宮橢圓形辦公室會見美國總統喬治．布希。安排這次會議的人原本以為會議頂多持續十分鐘，目的只在簡短交換一下意見，讓姜冬有機會向布希強調緬甸危機的緊迫性，然後照一張照片，搶佔一些新聞版面，如此而已。結果布希總統與姜冬談了幾近一個小時。她以典型的謙虛與低調口吻說，「與布希總統的會面是個令人鼓舞的跡象。他非常關心，問了許多有關緬甸境內人民情勢、有關美國與國際社會可以做些什麼的問題。它傳遞出世人與緬甸人民團結一致的訊息，它代表世人沒有忘記緬甸。」

姜冬獲得銳跑人權獎等等無數國際獎項，曾獲諾貝爾和平獎提名，獲《時代》雜誌選為亞洲英雄人物，還經《美麗佳人》雜誌選為「世界女性」。她繼續在世界各地旅行，向政界人物簡報。她在二〇〇六年往訪倫敦，出席下議院聽證會作證，會見當時擔任外相的傑克．史特勞，還有當時反對黨黨領、現在擔任首相的大衛．卡麥隆，以及影子外相威廉．海格等人。但儘管她已經累積如此國際聲望——或許也正因為她有如此聲望——緬甸政權從未放棄對她的騷擾。但她對他們的戰術嗤之以鼻。姜冬說，「任何群體，只要膽敢公開他們犯下的那些違反人權的罪行，他們就會想方設法進行騷擾。這是他們非常慣用的伎倆。對我們來說，我們必須繼續說出真相，這一點非常重要。」

她指出，倡導民主的少數族群文人社團已經開始在緬甸邊界運作，為婦女權益、環保、媒體以及更廣義的人權議題效力，同時他們大聲疾呼，反對緬甸政權的築壩專案、石油與天然氣油管，反對它的軍事攻勢。此外，他們不僅是反抗這個政權而已，他們還要提供積極而正面的另類開發構想。她指出，「我們比過去更有組織，我們現在可以為社區提供服務，而且一起工作……這些都是二十年來一點一滴累積的成果。在過去，這一切都不存在。」她說，「我們要讓我們的人民更有能力。以便日後有一天，當緬甸情勢出現改變時，無論誰組了民主政府，都不能在未與人民磋商的情況下，逕自修建水壩或取走所有天然資源。」姜冬並且強調，那些認為設在邊界的組織不過是「流亡」團體的人，沒有適當了解情勢。她說，「我們在緬甸境內工作。但緬甸內或緬甸外的問題並不存在，每個人都在為緬甸的改革而努力。我們或許在實體上駐在緬甸外面，但我們的網路與人員在裡面工作。」姜冬又說，設在邊界的這些團體，是掌握緬甸內部情勢的重要情資與文件記錄管道。

卡沙瓦等克倫人權鬥士付出的心血，也鼓舞了人心，引起世人對東緬甸苦難的關注。卡沙瓦生於仰光，自一九八八年起介入學生抗議運動，曾經被捕而受到酷刑折磨。他說，他會做今天他做的這些事，就是起源於這段經歷。他回憶說，「我在遭到酷刑後很憤怒，想做些事對抗對我濫施酷刑的當局。」他知道自己很容易再次被捕，於是離開仰光，逃往克倫邦的叢林。他說，「我一開始想加入克倫民族同盟或克倫民族解放軍，但之後我去了許多村子，與許多人交談，我見到許多可怕的事，與村民談到違反人權的問題。我因此想到我應該向國際社會揭發這些事件。」卡沙瓦隨即與加拿大人權人士凱文・黑普納聯手，建立「克倫人權團體」，開始記錄村落被毀、克倫人民苦難以及環境受摧殘的實況。

他在這段工作過程中邂逅美國人權律師凱蒂・雷福，與凱蒂結婚，兩人隨於一九九五年成立「國際地球權」組織，全力關注「對人權的保護與對環境的保護在本質上相互關聯」的領域；套用他們提出的口號來說，就是運用「法律的力量與人的力量，保護人權與環境」。今天，這個組織記錄破壞人權與環境的實況，推動國際倡導運動，訓練與動員少數族群，讓他們參與這類記錄與倡導行動，並且代表違反人權案件受害者在美國法院提告。一九九九年，國際地球權組織在泰國建了一所了不起的學校，訓練來自不同少數族群的人，讓他們學會如何記錄違反人權事件，如何領導他們的社區。

或許讓國際地球權名聲最打響的，是它控告美國加州聯合石油公司的那場官司。一群來自克倫邦的村民，在國際地球權律師，特別是在凱蒂・雷福的建議與支持下，控告聯合石油在亞達納油管附近地區與緬軍共謀，犯下奴工、強暴與謀殺罪行。亞達納油管是一個以聯合石油為首的財團與法國石油公司道達爾合作建造的油管。國際地球權律師以美國法律中的《外國人侵權法》為依據，並根據聯合石油聘用緬甸軍為油管提供安全保護的事實提出指控。大多數律師認為這場官司打不贏，但在二〇〇五年，加州聯合石油公司經過十年纏訟，同意與國際地球權庭外和解，這是一家公司在這類案件中庭外和解的有史以來第一次。電影《血淚石油》劇情講述的就是這件事。

二〇〇八年遇刺的克倫民族同盟秘書長曼沙的女兒卓雅，同樣也為她的族人帶來希望。卓雅於一九八〇年生在克倫總部馬尼巴羅，她的父母都介入克倫抵抗運動，但卓雅回憶說，直到一九九五年，她的人生「相對平和」。父親在不參加政治活動時會照顧他的花園，母親會照看他們養的雞。卓雅與她的姐姐娃娃，還有兄弟史隆與沙沙在河邊玩耍。但當緬軍攻擊馬尼巴羅，她與家人被迫逃難時，她的人生改變了。她回憶說，「緬軍用迫砲與空襲攻擊我們住的地區。炸彈墜落時，地都在動，我們孩子都嚇得面無人色。」卓雅一家人逃進叢林，在沒有食物、房舍及醫療的情況下生存下來。「我們只能在背上揹一點東西，在叢林裡走了幾星期，最後抵達泰國。」

卓雅在泰緬邊界沿線幾個難民營輾轉生活了五年，學英文與其他一些教育。難民可以獲得食物、配給、住屋與教育，情況雖較緬甸境內許多人好得多，但面對的限制也讓人受不了。卓雅告訴我，「難民營的生活非常困苦。幾千人擠在一小塊土地上，圍在鐵刺網裡，不准離營。那就像關人犯的拘留營一樣。」

卓雅在她的書《小女兒》中寫道，在美拉難民營，學校校訓是「學習，生活，服務」。[28]她在二〇〇〇年獲得一個難得的機會，可以上曼谷繼續學業，但由於身為難民，她必須在沒有任何證明文件的情況下前往泰國首都。她寫道，「我得靠別人用走私的方式把我弄出難民營。」[29]在「開放社會研究所」贊助下，卓雅進了聖德蕾莎理工學院。這是一所與英國布萊德福大學有往來的國際學校。卓雅就在這裡學會怎麼用電腦，東南亞國家協會怎麼運作，還有怎麼躲泰國警察。不過，唸商業行政與調適城市生活並不容易。她在書中寫道：「這一切對我來說都太怪異了。我不了解許多最基本的概念。我對國際商務的運作一竅不通。至於金百利商標與豐田或特易購商標的對比問題，更讓我一頭霧水。商標是什麼？超商是什麼？特易購、豐田又是何方神聖？」[30]

在留學曼谷期間，卓雅在一家叫做亞洲電訊的泰國電訊公司實習，而且公司還即將聘她擔任要職。但之後發生的三件事改變了她一生命運。她原本身體就不好的母親，這時因肝功能與心臟出問題而病重。她回到邊界照料母親，之後決定走訪克倫邦內部。她憶道，她要「進入媒體與人權工作者罕至的那些地區」。[31]她帶著父親的祝福、還有父親的手斧與蚊帳動身了。在那次行程途中，她見到因為即將遭到攻擊而嚇得失魂落魄的人，見到得了霍亂、慢性腹瀉與瘧疾，而且完全沒有醫療或教育機會的人。她回憶說「他們貧苦得衣不蔽體。他們什麼都沒有，什麼都沒有。沒有鍋碗，沒有毯子，能吃的東西也非常少。」卓雅說，眼見他們這些苦況，她決定放棄「輕鬆、多金、安適的未來」，回到族人身邊，加入他們的鬥爭。[32]

在母親於二〇〇四年去世後，卓雅接受一個獎學金，在英國東英格利亞大學攻讀開發與政治碩士。開學十個月以後，她參加在倫敦的一次示威，就此展開她的人權運動生涯。她寫道，「過去的我一直是受害者，但今天我第一次嘗到反擊的滋味。」[33]不到幾星期，她開始上ＢＢＣ節目受訪，開始領導在緬甸大使館與唐寧街十號英國首相官邸外的示威，開始在英國各地向群眾發表演說。她參與英國緬甸爭民主運動，成為緬甸流亡民運最著名的人士。

二〇〇六年，我在結束一次中緬邊界之行後回到昆明。我打開電郵信箱，見到英國保守黨工作人員發來的一份文件，說他們計畫邀請一位緬甸民運人士在那一年的保守黨大會中發表演說，但這位緬甸人士必須住在英國或英國附近地區。我想來想去，只有一個人最有資格：卓雅。幾個月以後，卓雅穿一套傳統克倫民族服飾，在影子外相威廉．海格發表演說之先，在全場數千來賓掌聲中走上布尼茅斯會議廳講台，以極具自信的神態，娓娓陳述她的故事。

我十四歲那年，士兵來到我們的村子。他們開槍。事先沒有警告。迫砲砲彈爆炸。我們開始逃命，不過許多人已經遇害。我們舉家逃亡，只帶了一些能揹在背上的東西。我們丟下了家，丟下了一切。我還記得我們村子被毀時那濃濃黑煙的氣味。但就在我們躲在叢林、無家可歸又擔驚受怕的同時，一個英國貿易代表團卻在仰光吃喝，與那個剛殺害我們同胞的軍事獨裁者坐著談生意。

不過，博得最熱烈掌聲，讓在場人士熱淚盈眶、激動不已的，是她向英國發出的挑戰。她問，「還要有幾代人受苦受難，才能喚醒世人，讓世人轉過頭來看看他們？」

身為來自緬甸的民運分子，國際社會的反應讓我困惑。任何一個政府，在訂定外交政策時怎能不以人權為優先考量？我們每個人都有和平生存、沒有恐懼的基本人權，還有什麼比這種權利更重要？當緬甸的無辜兒童被槍殺、只有五歲的女孩遭士兵強暴、成千政治犯每天面對酷刑凌虐之際，各國政府怎能袖手旁觀、無動於衷？為什麼聯合國安理會甚至只是要討論緬甸問題，就花了十六年？

卓雅用以下一段話作為這篇演說的結尾：「提倡人權與民主不是帝國主義，它不是一種文化議題，而是每個人的事。我相信每一個國家都應該以它為施政優先。今天能有機會向各位演說給了我希望。我希望各位的黨能協助我的同胞，幫他們在緬甸進行爭人權、民主與自由的鬥爭。」

那天在會議廳裡，幾乎每個人都紅了眼眶。演說結束後，代表們圍著卓雅，表示願意幫助她，向她示好。也由於她的演說太讓人感動，保守黨邀請她翌年再次親臨，在盧安達總統之前向大會致詞。她在這第二場演說中的表現也同樣令人激賞。但眼見她在台上如此從容優雅、如此意氣風發，鮮少有人知道就在她第一次出席布尼茅斯會議前一天發生的事。當時好幾千名與會代表的通行證還有待簽發，等著警方安全篩檢的案件堆積如山。當卓雅在之前一天傍晚抵達時，我帶她前往領取她的大會通行證。當時有許多通行證未獲批准，卓雅的就是其一，而且更糟的是，她當時的身分還是要求庇護的難民。儘管她是第二天就要在大會發表演說的保守黨大會貴賓，她仍必須接受英國警方讓人既沮喪又屈辱的盤查。當然，警方這麼做只是職責所在，他們對她也並不粗魯，但這些事讓我對卓雅在許多層面上必須面對的奮戰感同身受。她即將成為她的同胞在國際上的代言人，她正在完全不一樣的異國土地上調適人生，她仍然因喪母而哀痛，為父親的安全而牽掛，而且她還沒有國籍。有鑑於這許多因素，她第二天竟能在大會中有如此表現，更加令人嘆服。她自己也承認，在那段期間，對「一個來自叢林的人」而言，人生「非常有挑戰性」。

從那以後，卓雅獲得英國庇護，在歐洲各地旅行，爭取國際支持。她的父親在二〇〇八年遇刺的事件讓人震撼，但不意外。卓雅告訴我，「他知道那個政權有一套計畫。他在黑名單上。我們許多年來也都知道那個政權想除去克倫領導人。」緬甸政權也曾三度企圖暗算卓雅本人，但都沒有成功。在她父親去世後，卓雅、她的兩兄弟與她的姊姊成立曼沙夫婦基金會紀念他們的父母。卓雅說，「我們要繼續進行他們生前的志業——與貧窮戰鬥、發揚克倫文化、協助克倫民運人士與組織發展。」她所以這麼義無反顧地獻身民運，有幾個原因：「眼見耳聞這許多苦難事蹟，讓我們想做得更多。此外，世界各地友人的鼓勵與支持，以及政治運動團體與我們並肩奮鬥的事實，都支撐著我們，讓我們繼續前進。我們絕不會放棄——我們知道這世上有許多支持我們的朋友。」

辛西雅・孟博士是暗無天日的東緬甸的另一盞明燈。她是克倫族醫生，一九八八年逃離仰光後，在泰緬邊界美索難民營設立急診診所，治療逃避鎮壓的學生，原以為整個事件不出幾個月就會成為過去。二十多年後，她建了「梅道診所」與「背包醫療工作人員」訓練班。

克里斯・貝耶爾曾與她一起工作幾年，說她做的事「很了不起」。貝耶爾說，儘管這個案子「一開始，目的在於為一九八八年事件中的學生提供緊急醫療」，現在已經馳名國際的「辛西雅醫生」很快就發現「大家需要的不僅是急救而已」。梅道診所現在提供各式各樣服務，包括婦產衛生、牙醫、瘧疾醫護、眼外科、地雷受害人的義肢與復健、疫苗接種、各式公共衛生與基本醫療教育訓練班等等。貝耶爾說，「需求有增無已。到這裡求醫的人來自緬甸各地，因為緬甸的醫療系統已經私營化，但緬甸人民收入被剝奪，根本負擔不起醫療費用。」梅道診所現在為大約十五萬人提供醫療，包括難民與泰國境內的外勞，來自克倫邦的境內流亡人，還有許多從緬甸內陸深處、走了許多天來到診所求醫的人。

除了梅道診所以外，辛西雅醫生還成立至少七十五個背包醫療工作隊，在東緬甸衝突區工作。這些工作隊都在接受一年密集訓練之後，回到他們的社區，為當地人民提供基本醫療。他們做著非常重要的工作。貝耶爾說，「許多境內流亡人因完全可以治療的疾病而喪生，所以我們訓練來自少數族群團體的人，因為除了他們以外，沒有人能在內陸那些地方進進出出。」根據他們估計，生活在緬甸內陸而獲得背包工作隊治療的人至少已有十七萬——而這些人原本無望得到任何醫療。不過背包工作隊得冒生命奇險提供他們的服務。自二〇〇一年來已有七名隊員喪生，主要死因是踏上地雷。其中一名隊員因遭到緬甸政權邊界警衛毒打致死。

除了在叢林提供基本醫療以外，背包醫療工作隊還負責記錄有關東緬甸衛生議題的重要資料。在一篇名為〈慢性急診：東緬甸的衛生與人權〉的報告中，背包醫療工作隊指出，緬甸的衛生指數在東南亞地區倒數第一，東緬甸的情勢與獅子山、剛果民主共和國，以及波布垮台不久後的高棉差不多。工作隊在二〇一〇年發表的一篇名為〈關鍵診斷〉的新報告中說，五歲以下兒童有百分之四十以上嚴重營養不良，五歲以下兒童的死亡，有六成死於可以預防、可以治療的疾病。每十四名婦女中就有一人感染瘧疾，是全世界最高感染率之一。東緬甸婦女因難產死亡的比率是緬甸全國平均率的三倍。加州大學與約翰．霍普金斯公共衛生學院在二〇〇七年發表報告，為這場緊迫的危機提出進一步佐證。這篇名為〈醞釀中的風暴：緬甸的傳染病與人權〉的報告，記錄瘧疾、肺結核與愛滋病散布實況，達成結論說，這些疫情在緬甸邊界最為猖獗。

辛西雅醫生的工作普獲世人推崇——她獲得諾貝爾和平獎提名，得到拉蒙．麥格塞塞獎。但誠如貝耶爾所說，辛西雅自己也是難民，「她在泰國是非法居民」，也因此必須不斷面對挑戰。近年來，由於聯合國推動的安置計畫，移民成為她必須因應的又一項挑戰。貝耶爾說，她最優秀的工作人員有近半數移民海外，她必須訓練新人，但她展現了驚人龐大的能力。」

她的工作人員大多數是克倫人，不過有部分來自緬甸其他地區。他們有許多像辛西雅醫生一樣也是難民。其中有個難民原本是在克欽邦首府密支那工作的醫生。在一名外國人突然造訪密支那市立醫院、發現醫院情況極端惡劣之後，這名醫生被迫逃離。據貝耶爾說，密支那市立醫院「病患共用病床，沒有繃帶，沒有抗生素，用完就丟的一次性手套用了許多次」。這名醫生帶著那名外國人在醫院四處參觀，後來因此被判煽動罪，被迫逃離成為難民。

辛西雅醫生是緬甸政權最痛恨的對手之一。緬甸政權說她「是逃犯，是叛黨，是走私鴉片的恐怖分子」，還說想否認這些罪名「就像想用一張羊皮遮掩一頭大象腐爛的屍體一樣徒勞」。[34]但對緬甸境內與邊區數十萬百姓而言，她是希望之光。

「自由緬甸遊騎兵」是另一個為緬甸人民帶來真正希望的組織。曾在美國陸軍遊騎兵與特戰部隊服役的美國退伍軍人大衛．尤班克，一九九三年在泰國會見瓦邦外長。尤班克的父親是在泰國工作的傳教士，他本人也在美國傳勒神學院研讀過後成為傳教士。在威廉．馬可仕．楊（第一位在瓦邦傳教的傳教士）的故事鼓舞下，尤班克響應瓦邦外長要求各界支援之請，當時一名瓦邦領導人對他說，由於他過去的軍人資歷，尤班克「正是我們需要的一型傳教士」。[35]尤班克之後幾次往訪瓦邦，還走訪傳統的獵頭族，說這些獵頭族「對緬甸境內其他人非常不滿」。他在一九九六年前往仰光，與翁山蘇姬會面，也就此改變了他一生命運。身為虔誠佛教徒的翁山蘇姬當時告訴這名美國傳教士，她每天都讀聖經，而她最喜歡的經文是約翰福音第八章三十二節：「你們必曉得真理，真理必叫你們得以自由。」她隨即向他提出一項甚至對他來說都十分艱鉅的挑戰：她說她知道尤班克是基督徒，基督徒重視祈禱，她要求尤班克動員世界各地基督徒為緬甸祈禱。就這樣，應這位緬甸民主運動領導人與諾貝爾和平獎得主直接之請，大衛．尤班克將每年三月第二個星期日定為「全球為緬甸祈禱日」。翁山蘇姬還讓尤班克深感緬境各族人民必須團結一致。尤班克就此展開他在緬甸的使命。

一年以後，尤班克獲悉緬軍對克倫展開一項大規模攻勢，於是立即前往邊界地區。當時有數以千計克倫人逃往邊區，人道危機情況十分嚴重。他與幾名克倫志工聯手成立救濟組織「自由緬甸遊騎兵」——套用自由緬甸遊騎兵的口號來說——要為東緬甸衝突地區的居民帶來「援助、希望與愛」。自一九九七年起，自由緬甸遊騎兵已經訓練了一百一十個成員來自各少數族群的救援團隊，將克倫、克耶、撣族與巴奧團結在一起，近年來更結合來自緬北與緬甸西部的少數族群，包括克欽、欽族與若開族，組成聯合陣線。刻正行動中的自由緬甸遊騎兵全職團隊至少有五十五個，組成分子來自十一個少數族群團體。他們在衝突區完成三百五十次以上救援任務，每次任務通常持續一到兩個月，平均治療兩千名病患。每個團隊都有一名醫護士與一名負責記錄破壞人權實況的攝影與照相師，以及一名牧師或顧問。自由緬甸遊騎兵雖顯然是基督教團體，但團隊成員各有各的信仰，有佛教徒，也有泛靈論者。尤班克說，「讓我們團結在一起的是愛，是為緬甸爭自由、爭正義與和解的共同宗旨。」

除提供迫切需要的緊急救援以外，自由緬甸遊騎兵還記錄暴行，發表經常附帶照片與地圖的詳細報告。透過衛星通訊裝備，他們的報告可以在事件發生後不出數小時，從叢林直接送上世界各地人權團體、記者與政界人士的桌上電腦。這些報告的內容往往讓人髮指。舉例說，在二〇〇九年五月，自由緬甸遊騎兵與一名遭酷刑凌虐的克倫族男子談話。這男子被控在地上埋地雷、炸壞一輛挖土機。緬軍給他兩個選擇：要不就去毀了全村所有穀物，將村子燒了，要不付出三百萬緬幣（兩千四百美元）賠償挖土機。報告中說，緬軍「隨即用手槍壓在他的腦袋邊上，在左右兩側各開了兩槍，之後又在他面前對空開了六槍。緬軍接著把他綁在榴槤樹上。他認為他們就要殺了他，於是要求見他的太太與孩子。妻小們見到他的慘狀開始大哭，隨被緬軍趕走。緬軍用熱水燙他的兩腿與頭部，用槍柄打他的背，一名據他說喝醉了的士兵還用一把手槍搗進他的嘴裡。這些酷刑從下午一點一直持續到夜幕低垂，緬軍終於放了他」。[36]另一篇報告錄有一份與一名克倫族男子的訪談，這名男子曾眼見緬軍折磨他的父親。他告訴自由緬甸遊騎兵，「士兵先對他拳打腳踢，用木頭打他。他的臉孔被打爛，脖子與胸部也被打得傷痕累累。他們用火燒他的生殖器，將它一片片切下，還用刀插進他的嘴裡，一陣亂攪……士兵最後將他架走，並下令要我回家。不出幾分鐘我聽到兩聲槍響。我知道他被殺了。」[37]

為了進入緬甸衝突區協助需要協助的人，自由緬甸遊騎兵團隊冒了極大風險，幾名隊員還為此捐軀。例如，人稱「快樂先生」的蘇穆，就在二〇〇六年五月五日因踏在地雷上而喪生。蘇立雷耀在為克倫村民運交援品時遭緬軍逮捕。他被酷刑逼供了兩天，之後於二〇〇七年四月十日被處決。「明月」於二〇〇八年五月二十日因急性瘧疾病逝。疾病、地雷與緬軍，是自由緬甸遊騎兵隊員每天都得面對的危險。大衛．尤班克在寫到蘇立雷耀時說，「他是一位見到什麼都會笑的大好人；我們大家都想他。他認為做人就應該雪中送炭，而他也在進行這樣的義舉時被殺。他的死是悲劇，但他沒有白白犧牲。他用愛與服務讓那些獲得幫助的人享有新生，也為我們每個人的生命寫下新的一章。」

我曾與自由緬甸遊騎兵一起旅行，參觀過他們的訓練，見證他們超凡的勇氣、自然、謙和與熱情。他們是緬甸鬥爭的真英雄。對生活在自由世界、過慣舒適生活的人來說，友人暱稱為「瘋狗」的艾利亞是活生生的愛的典範。他是友人口中「笑口常開」的醫護士、訓練教官、廚子、歌唱家、藝術家與泰拳王。艾利亞與尤班克在一九九七年初會，是第一批加入自由緬甸遊騎兵的克倫人中的一員。尤班克還記得與他初會的情景：

在一九九七年緬軍發動的攻勢中，有一萬多人逃進泰國。我們旅經的邊界小路擠滿攜家帶眷、拎著全部家當逃難的人。我把我的卡車停在路邊，就在下車時見到一名男子從叢林中走出來。他身穿全套迷彩軍裝，肩帶上掛著一枚手榴彈，手上還握著一挺M16步槍。他臉上堆滿溫暖而開懷的笑，一隻耳朵上還掛了一個鮮紅的耳環。他看起來活像個海盜。他用英語對我說，「哈囉，我名叫艾利亞，是個醫護士。有什麼需要效勞的地方嗎？」艾利亞立即開始幫著尤班克，從卡車上卸下一箱箱醫藥補給。接著他攔下幾名正在逃難的克倫同胞，對他們說，「你們要逃可以明天再逃。但現在你們要停下來幫你們的同胞。」

從一九九七年起，艾利亞幫著治療了好幾千人，包括被地雷炸傷的難民。自由緬甸遊騎兵在一次探訪中見到一名十七歲的男孩蘇沙路。蘇沙路踏到一枚地雷。尤班克憶道，「他的小腿被炸碎，腿骨碎裂，只剩下一塊皮還連在大腿上。艾利亞立即掌控情勢，組織我們其他的醫護人員，展開搶救這男孩的工作……他止住斷裂處的血，打靜脈注射，開始用夾子與縫線縫合血管與動脈。他好言安撫那男孩，為他打點動身準備。蘇沙路就這樣撿回一命。」

尤班克還提到另一次事件，艾利亞在事件中表現的同胞愛更加令人嘆為觀止。那次事件發生在一個村子，當時自由緬甸遊騎兵一次北克倫邦為期三個月的任務已經進入尾聲。尤班克說，「攜家帶眷的村民絡繹不絕湧入小村，逃避來自遙遠北方的攻擊。我們的醫療補給都已用罄，只能盡可能治療他們，一面等候再補給。」在等候期間，有人告訴尤班克，說艾利亞出去替一個孩子看病。尤班克回憶說，「那男孩滿臉都是瘡，鼻涕與膿液從鼻孔中汩汩流個不停……他有許多天沒換衣服，也沒洗澡。他很髒，有病，而且很害怕。艾利亞就在那裡與他輕聲細語，想辦法讓他平靜。」這男孩在玩一支原子筆的時候把筆尖插進鼻孔，結果筆尖斷裂，卡在鼻管中。艾利亞說，「我會想辦法把它弄出來。」他先用鑷子嘗試，但忙了一個小時毫無進展。尤班克描述之後的情景如下：「他看著那男孩與男孩的父母，笑著說，『沒其他辦法了。』說完他彎下腰，把嘴湊上那男孩的鼻孔，開始吸吮裡面的鼻涕與膿液……他不斷吸吮，希望能將那斷裂的筆尖也吸出來。最後他終於取出了筆尖……我在一旁全程目睹，對艾利亞的愛與奉獻感佩、讚嘆不已。」

艾利亞最為自由緬甸遊騎兵同志們津津樂道的事蹟，或許是一次緬軍追逐自由緬甸遊騎兵團隊的事件。在那次事件中，一支自由緬甸遊騎兵團隊伴著九十六名有老祖母、有兒童與嬰兒的村民，從一處強制拆遷營逃出來，途中遭緬軍追逐，情勢極端危險。尤班克回憶說，「緬軍追我們，用五個營的兵力把我們包圍。」每個人都在躲，都在暗自盤算脫身之路。就在大家都彎著腰趴在地上的時候，艾利亞出現了。

他略彎著身，滿臉堆笑。他朝我俯下身子，臉上猶帶笑容，非常柔聲地唱道，「不要為明天發愁，只要好好度過今天。主就在你身邊，一直指引著你；要有信心，有希望，要慈悲，這麼做才能成功活著；我怎麼知道？因為聖經這麼告訴我。」說完這話，他又屈身來到下一個人身邊，笑著一一以柔和的聲音鼓舞他們。經他走過的每一個人也都向他報以微笑，叢林地上的氣氛立即完全改觀。用禱告，用克倫士兵的技巧，再加上艾利亞與其他人堅定的決心，我們最後終於脫險，帶著所有九十六人進入安全地區。[38]

不過無論從任何角度而言，艾利亞都不是唯一讓人鼓舞的自由緬甸遊騎兵人物。在克耶長大的克倫人杜沙，在建了一所活動診所以後，現在幾乎整年都待在克耶邦。他在一九九一年加入克耶民族進步黨當了兵，但一年以後他在前線中彈。他奇蹟般地康復，於是決定為同胞奉獻一生。他今天的工作不僅非常危險，也極度艱鉅。但他每想到同胞的苦難，總覺得自己身受的不算什麼。他說，「我們住在與村民一樣的生活條件中，這樣很好。我們每個小時都會凍醒，但這比睡得沉好，因為我們時時刻刻都得準備動身……我總是把我的吊床掛得低低的，這有四個原因：打來的槍彈比較容易從它上面飛越，砲彈爆炸時遭彈片擊中機率較低，接近地面比較暖，它如果斷了，與地面的距離也較近！」[39]

杜沙在二〇〇五年發給我的一封電子郵件，將他的精神展現無遺：「獨裁者已經用許多形式壓迫全緬甸人民那麼多年，我會遵從上帝旨意，盡我所能、永不放棄地與他們戰鬥。我也會不斷想辦法幫助那些受壓迫的人……對那些受壓迫的人，我能給予的最大贈禮就是『免於恐懼的自由』……我會竭盡所能，直到最後一天。」

對於促進各少數族群團體之間的團結，自由緬甸遊騎兵也厥功甚偉。自一九九七年起，尤班克與他的團隊籌辦了多次少數族群團結研討會，讓包括停火團體在內的所有重要團體共聚一堂。尤班克說，「大凡不能團結，在一開始，都是個人缺乏信心、認為自己做的已經夠多而造成的。你如果沒有信心，就會見到什麼抓什麼，這使你更自私，更沒有安全感。你見到其他人得了這個又得了那個，於是心生嫉妒。此外，資源不平等、無法就怎麼往前走的問題達成協議，一個人要往右走，另一個人要往左走，也會造成不能團結。」相互爭逐的政治與宗教理念與部族認同，也造成緬甸人的不團結。尤班克認為，緬甸人雖然有共同敵人緬軍，但如果缺乏對緬甸政權一旦垮台以後緬甸前途的共識，他們還是無法團結一致。他又說，在自由緬甸遊騎兵召開多次少數族群團結研討會以後，各族群相互間「更尊重、更了解了」。

在自由緬甸遊騎兵的奔走努力下，緬甸不同族群團體簽署了幾項支持聯邦式民主的協議。一九九二年，「緬甸民主聯盟」與「全國民主陣線」等兩大族群聯盟，與「緬甸聯邦全民聯合政府」以及流亡的全國民主聯盟一起簽署馬尼巴羅協議。四年後，全國民主聯盟表示支持少數族群團體自治，支持「彬龍精神」。一九九七年，在自由緬甸遊騎兵召開的一項會議中，少數族群團體簽署梅沙羅塔協議，宣布他們「一致同意建立真正的聯邦」。一九九八年十二月十四日，流亡的全國民主聯盟、流亡的國會議員以及少數族群團體簽署屠維洛協議，再次宣誓支持聯邦式民主。

二〇一〇年十一月，少數族群武裝團體——包括已停火與仍在繼續戰鬥的團體——組成一個聯盟，自稱聯邦國建國委員會。三個月以後，它宣布解散，並成立一個更廣的聯盟取而代之。新聯盟叫做聯合族群聯邦理事會，組成分子包括除撣邦軍以外大多數少數族群團體。它的目標很明確：成立聯合陣線，支持以政治途徑解決少數族群團體問題。

對克耶領導人雷蒙．圖來說，少數族群的團結至關重要。他告訴我，「我們不能單打獨鬥，我們需要與其他少數族群聯手，需要來自國際社會的鼓勵。」他同時也強調，現在他們爭的是建一個自由的、聯邦式的緬甸。「在這場革命之初，我們爭的是獨立。包括撣人、克倫人與克耶人在內，每個人都要獨立。但現在，所有少數族群團體都結合在一起，我們強調聯邦式統一。我們不會讓聯邦分裂。緬甸政權總是說我們搞分裂，但這並非事實。聯邦制是緬甸和平的唯一途徑。」

自二〇一一年起，緬甸總統登盛改變政權對少數族群團體的用語，開始推動停火談判。在二〇一一年三月三十日的一篇國會演說中，他保證「以全國團結為最高優先」，克服幾十年戰亂帶來的「無可言狀的人間煉獄般慘痛」。[40]但之後幾個月，事情的發展令人困惑。登盛不再像過去那樣限令少數族群團體投降，他將邊防軍部分置於緬軍控制下，並且提出和談建議；但同時他破壞與兩個重要族群團體維持了很久的停火協議，對克欽與北撣邦的平民百姓發動新攻勢。但無論如何，儘管新戰事出現在這些地區，到二〇一二年年初，緬甸政權已與克倫民族同盟、南撣邦軍等幾個關鍵性族群團體達成初步停火協議。這項和平進程很脆弱，成敗端看能不能建立一種具有包容性的全國性長程政治程序，解決各少數族群團體的政治需求。在沒有政治協議的情況下，停火不過是暫時停止戰鬥而已，不能保證真正和平。

東緬甸情勢一直是全球最嚴重的人道危機之一，而且也是最鮮為人知的一項危機。自一九九六年以來，東緬甸境內有三千七百多個村子被毀，規模與發生在蘇丹西部達佛的種族滅絕暴行不相上下。境內流亡人口超過五十萬。緬甸流亡作家帕斯卡曾說，發生在東緬甸的悲劇是「波布的慢動作版本」。國際特赦組織、「人權觀察」以及一些著名的國際法學者稱它是「反人類罪行」。聯合國緬甸人權特別報告也要求對這些事件展開調查。

第四章

北方的無聲吶喊

我們只知道……邪惡總是挾著龐大權勢與無止境的成功而來——但一切只是徒勞：要隨時做好翻土準備，讓突如其來的善的種子生根發芽。

——托爾金，一九四四年

為了見一個特別從克欽邦首府密支那趕來與我會面的男子，我進了一家飯店，半小時以後，接待我的克欽人為我通風報信：「我們剛接到消息，緬甸軍北軍區司令與克欽邦司令將從城裡路過，在這個飯店進午餐。無論發生任何狀況都不要離開你現在停留的房間，等候我們通知。」我早先搭乘一輛車窗遮光的車子來到這裡，從後門溜進這家飯店。現在，就在兩層樓下面，軍政權兩名最高級的軍官就要聚在一起，我很想下去與他們一起共進午餐，與他們對話一定非常有意思，但我也知道如果我的行蹤曝光，招待我的幾位克欽人一定會有嚴重後果，於是我一直躲在房裡。又隔了一些時候，我向窗外偷看。整個院落擠滿國防軍官兵，他們的槍在中午豔陽照耀下閃閃發光。

這就是當時的事實狀況。儘管當時克欽族主要抵抗團體克欽獨立組織已經與緬甸政權簽了停火協議，而且根據停火協議條件，這個地區應由克欽獨立組織控制，但事實狀況就是如此。克欽獨立組織在一九九四年與緬甸政權簽署停火協議，讓武裝衝突、大規模流離遷徙、村莊的毀滅，以及遍地傳出的殺戮告一段落，讓克欽獨立組織得以投入一些業務，建立一種雛型市民社會。但這樣的和平永遠脆弱，整個氣氛是一片恐懼。就像我在那天見證的情況一樣，國防軍在克欽獨立組織控制的地區進進出出，我那些克欽友人雖然高興與我相會，但我的行蹤可能曝光的事把他們嚇得半死。甚至在這段停火已經生效、理當承平的時期，違反人權，特別是強暴、奴工、宗教歧視與土地沒收等事件仍然層出不窮。我在本章要講述的就是這些狀況。但像多年來一樣，克欽人不敢聲張緬甸政權加在他們身上的這些暴行，因為他們擔心向國際社會揭發這些暴行會危及停火。

不過這一切委曲求全，都因為緬甸政權破壞十七年來的停火、對克欽人大舉發動攻勢，而於二〇一一年六月劃下句點。至少有六萬克欽百姓被迫離開村子，逃到接近中國邊界、設於克欽獨立組織總部附近的臨時營區。駭人聽聞的有關強暴、奴工、酷刑與殺戮的故事傳開來。幾所教堂遭到攻擊，牧師與神職人員被打；在至少一次事件中，士兵向正在做禮拜的教堂會眾開火。若干報導甚至說緬軍動用化學武器，儘管這些報導迄未獲得證實，它們與多年來從其他少數族群地區傳出的類似報導若合符節。克欽獨立組織副參謀長甘貌將軍，將緬軍這項攻勢比喻為「外國入侵」。[1]

就在新攻勢展開六個月後，我回到這時已經淪為戰區的克欽邦，訪問境內流亡人收容營。擠滿了人的收容營，設在舊倉庫、舊工廠，環境很惡劣。村民就睡在薄褥與冰冷的水泥地上，領著最起碼的糧食維生。國際社會幾乎沒有提供任何援助——只有幾個援助機構提供些許援助，聯合國也派來一支小型卡車隊，載來充其量只夠八百個家庭使用的基本物資。收容營裡的村民，主要靠的還是他們自己的克欽人。一群了不起的克欽青年，在拉咱附近建了一個叫做「境內流亡人與難民救濟行動」的衛星組織；另一個叫做「克欽之光」的組織，也在地處更南方的麥札央附近設營，協調人道援助。

與我晤面的二十名境內流亡人士，約有七成的人都談到緬軍殺害平民的暴行。一名十二歲的男孩告訴我，他的母親如何在收拾財物、準備將家門鎖上時遭到槍殺；一名婦女帶著她八歲大的兒子，向我訴說她的先生如何在稻田被槍殺；一名帶著三個子女的婦人對我說，緬軍先將她先生砍去雙手雙腿，然後槍殺。還有一名婦女回憶說，為了躲避軍人，她在一張床底下不吃不喝、躲了兩天兩夜。這婦人當時懷有身孕。她還記得子彈在她身上飛過發出的聲響，還記得聽到一名緬軍軍官對部下士兵說，「只要看到人，殺就對了。」一名中槍但沒有死的男子向我出示那枚擊中他的子彈。另一名男子告訴我，「我的祖父曾經在二次世界大戰打過仗，他說，就連日本人也沒有緬軍那麼殘忍。」

訪問過克欽地區、特別是克欽獨立組織控制區的外國記者與人權人士寥寥無幾，克欽人也因此覺得世人不知道他們的悲慘命運。在我第一次往訪當時還處於停火狀態的克欽地區時，一名克欽牧師告訴我，「很長一段時間以來，我們一直在呼籲像你這樣的人能幫我們。我們覺得我們已經被遺忘，我們孤立無援。」

一八八五年遭英國兼併的克欽山區，在一九三〇年代以前一直享有自治。[2]克欽人在二十世紀之初，受美國浸信會傳教士影響開始皈依基督教，絕大多數是基督徒。他們的總人口約有一百萬，分為六個次族群：景頗、傈僳、馬魯、勒期、阿齊與日旺。[3]根據聯合國開發計畫署在二〇〇五年的一篇報告，[4]克欽邦有人口一百三十萬，約占緬甸總人口百分之二點五，但其中只有五十萬是克欽人（其餘或許是緬族、撣族與其他少數族群）。另有十七萬五千克欽人住在撣邦北部，三萬二千克欽人住在曼德勒省，在與中國交界的半自治邊區也住有十二萬克欽人。此外還有幾千名克欽人住在印度，還有一些克欽人以難民身分逃進歐洲與美國。

像克倫人、欽人與緬甸其他少數族群團體一樣，克欽人在二次大戰期間，也曾與盟軍、特別是與

「醋罈子」史迪威率領的美軍一起英勇並肩作戰，對抗日軍。他們在緬甸獨立以前參加彬龍會議，在彬龍協議上簽字。到一九五〇年代，一些克欽人已經迫不及待，想立即取得真正自治。又由於篤信佛教的總理吳努於一九六一年主張以佛教為國教，幾乎全部是基督教徒的克欽人遂起而造反。一九六一年二月五日，趙盛成立克欽獨立組織。尼溫於第二年發動政變奪權，暫停憲法，廢止彬龍協議訂定的聯邦與平等權原則，克欽人於是展開持續三十二年的武裝鬥爭。

曾是尼溫政權高官的齊曼，認為吳努宣布以佛教為國教的決定是一項錯誤。他在接受「緬甸辯論」頻道訪問時說：

> 我個人認為那實在沒有必要。我是佛教徒，而且儘管身在軍中，我對宗教事務的參與仍然非常積極。但我們不需要國教……我以旅長身分在克欽邦服過一年役，從來沒有與克欽人發生過任何爭執。當身為總理的吳努準備宣布以佛教為國教時，軍方曾呼籲他不要這麼做，但他說，那是他在競選期間許下的承諾，他不能食言。[5]

在與國防軍的三十餘年衝突過程中，克欽人淪為緬甸政權「四絕」政策的犧牲品。所謂「四絕」政策，就是設法斷絕克欽獨立組織與（克欽獨立組織武裝部）克欽獨立軍的糧食、資金、兵源與情報。克欽獨立組織說，到一九九四年，克欽人有三分之一淪為境內流亡人；緬甸族群研究團則認為，在一九九四年有六萬四千名克欽人境內流亡，自一九六〇年代以來，境內流亡的克欽人至少有十萬人。[6]根據克欽獨立組織提供的資料，在一九六一至一九九三年間，六百五十八座克欽村落被毀。國防軍在一九九一年四月發動的所謂「破壞作戰」與「一百前哨作戰」造成二十八個村落強制拆遷。[7]從一九九一年三月二十日到同年五月二十五日，貴街縣有三百二十四個村莊被毀。[8]在這場歷經三十二年的爭戰中，據信有十萬名百姓喪生。[9]克欽獨立組織副外交事務發言人詹姆斯·魯道說，「軍政權與我們雙方都輸了，不過輸得最慘的是人民。」

在一九七〇年代與一九八〇至一九八一年間，克欽獨立組織曾經設法與軍政權談和，但都沒有結果。但在一九八九年，緬甸軍情局長欽紐中將開始與不同武裝團體分別議和，談判停火。緬甸政權祭出「分而治之」戰術，不談全國性停火，只與特定團體談判個別停火協議。到一九九五年，緬甸政權已與二十五個武裝團體達成停火協議。克欽獨立組織於一九九二年加入這項談判。一九九四年，在克欽浸信會秘書長薩博維長老，以及薩博維的弟弟、身為大商人的昆滲，還有前緬甸大使、本身也是克欽人的拉沃等人的斡旋下，雙方達成停火。[10]克欽獨立組織主席布染盛也在同一年去世。

據緬甸政權發言人說，克欽獨立組織是唯一與緬甸政權簽有書面停火協議的團體，所有其他團體與緬甸政權達成的只是「一項諒解」罷了。[11]克欽獨立組織達成的這項協議內容未經公布，但據信包括以下要點：議定全國性停火；宣布大赦；進行三方面對話；在克欽邦展開開發活動；在新憲法反映它提出的各項要求以前，克欽獨立組織保有它的武備。[12]其中前三個要點未經緬甸政權兌現，新憲法雖然推出，但內容與克欽獨立組織要求的相差過遠。唯一成為事實行動的要點是「展開開發活動」，但結果造成嚴重環境衝擊，這一點留待本章後文再敘。根據這項停火協議，克欽獨立組織與它成員六千人的克欽獨立軍享有一萬五千平方哩（三萬九千平方公里）土地與三十萬人口的控制權，[13]不過它的控制區由許多主要位於偏遠地區、彼此不通聲息的小塊土地，已及中緬邊界沿線的一塊長條形地區組成。克欽邦大多數城市地區仍然在國家和平與發展委員會控制下。[14]克欽獨立組織開始擴大它在玉石開採與伐木方面的利益。[15]

不過這些利益造成一種假象。克欽獨立組織儘管因這項協議得到一些組織空間，克欽人也可以建立文治社會，大量百姓被殺的情事終於不再發生，但只需稍加探索，不難發現克欽邦就算在停火期間，情況也遠遠稱不上好。

我在二〇〇九年四月進入克欽邦，見到一名在聖經學校研讀的二十一歲克欽婦女。[16]她平和而安詳地對我說了她的故事。二〇〇八年十二月，她參加聖經學校主辦的佈道活動，與同是克欽人的教友一起唱聖詩，一起聽道。所有參加活動的人都穿專門的制服。十二月二十六日，她參加在密支那舉辦的活動，第二天她聽說家人生病，她很擔心，於是決定返回村子。她搭了下午三點從密支那開出的火車，當火車駛近她住的村子時她看了一眼手錶，當時是下午六點鐘。火車不會停在她的村子，但在快進入村子時會慢下來，於是她在火車剛到村口時就跳了下來。隔壁一節車廂也同時跳出來兩名士兵。她向我說了隨後發生的事：

我跳下車以後覺得非常暈，看不清身周景象。那兩個也從火車上跳下來的兵朝我走來，問我有什麼問題。他們裝出一副關心我的模樣。我告訴他們說我覺得頭暈，我隨即在車軌邊坐了下來。那兩個兵問我覺得怎麼樣。其中一個大個子開始按摩我的頭。隔了幾分鐘，我覺得好多了，就對他們說，「不要再碰我了，我已經好了。」之後我問那兩個兵，我的行李在哪裡。我原先還在火車上的時候，就拜託我旁邊的一名女乘客，要她幫我把行李丟下火車，但我記不起來她把我的行李放哪裡了。那兩個兵非常好心，要幫我忙，指著火車後面說我的行李就在那裡。這時他們又想碰我，我要他們不要碰我。那大個說，「我們是愛國的人」，我信了他們，以為他們真的是好人。那時天很快黑了，於是我決定先回家，明天早上再回來找行李。

就在這時，其中較年輕的一個兵抓住這名少婦，那個大個把她推倒在地上。她以極其莊嚴的口吻繼續這段慘痛的告白。「他強暴了我。然後他勒緊我的脖子，想勒死我，我拚命奮力掙扎。兩個兵說，他們有刀，會將我殺了。我終於因為被勒脖子而失去知覺。不記得之後發生什麼事。」她在晚上十點三十分恢復知覺，發現自己躺在叢林泥巴地上。她回憶說，「那兩個兵一定以為我已經死了，把我丟進樹叢裡。我的裙子與內衣褲都不見了，我衣不蔽體。」

我不知道自己身在何方。我用我的佈道會制服遮住下半身，沿著鐵軌往前走。途中我遇見一名村子裡來的老人，向他求助。我對他說，「我遭了禍，請你幫我。」他看我赤著腳，半裸身子，由於遭到強暴身體疼痛，走路又慢，一定把我當成一個瘋子。不過他從我的聲音中聽出我的痛苦，對我表示同情。他指點我回家的路。我一個人往回家路上走。又走了一會兒，我遇到地方上的管理委員會幹事，他把我送回家。

直到這一刻，她才察覺自己什麼都沒有。「那兩個兵把我的戒指、錢包、手錶與登記卡都拿走了。我回到家先想洗去身上的汙泥。水非常冷，我沒辦法洗盡身上的泥。有些泥還藏在頭髮裡與背後，怎麼也洗不掉。在我洗的時候，姊姊持著一根火把走來問道「是誰在那裡？」我說，『是我，不要用火把光照我。』之後我上床睡覺。姊姊一問再問，問我究竟出了什麼事，但我羞愧得說不出口。只告訴她我丟了行李，要她幫我找回來。」

第二天一早，她姊姊去找她的行李，發現她的內衣褲、籠基與散落一地的其他衣物。這名聖經學校的少婦回憶說：

她把衣物收齊了，一起帶回家。她一再問我究竟出了什麼事，但我羞愧得說不出口。姊姊與鄰居不斷追問，但我既憤怒、又生氣、又沮喪、又羞愧。最後我決定向地方上的管理委員會書記報案。十二月二十八日，我與姊姊一起去找那兩個兵。約於下午二點，我找到他們，指認了他們。我的家人與地方當局問其中一個兵，有沒有強暴我，但他矢口否認。他說，如果我們敢告他，他就要告我們損害他的名譽。但我記得他——他有一口爛牙，想賴也賴不了。

彷彿她受的罪還不夠似的，循法律途徑伸張正義的決定，讓她的苦難接踵而至。在與強暴她的人當面對質以後，地方上輕步兵營營長召她面見。村子的長老、教會牧師、她的兩個姊姊、還有地方管理委員會會長伴著她，一起面見那營長。她回憶說，「我們告訴那營長，說那士兵強暴了我。但營長說那不可能，那個兵對人態度很好。」

我們於是前往鎮警察局提出告訴。但當我們在那裡時，我感到不舒服，我的頸子腫起來，我開始嘔吐。那兩個兵否認把刀插在我嘴裡，但他們確實幹了這事。我到醫院驗傷，之後回家。我們家沒有錢讓我接受醫療，但我又去了醫院做進一步檢查。第二天，地方國防軍主官下令，要我們在軍事基地見他。我雖然身體狀況很差，還是遵命前往。他告訴我不得張揚這個案子。他說，由於我是學生，在神學教育過程中受的壓力太大，這個案子應該妥善解決。他給我十萬緬幣補償我的驗傷費用。他說，他已經下令其他軍官，要他們盡快解決這個案子。

不過她的磨難並沒有結束。雖然有一名軍官想用錢將這案子私了，另一名少校卻把她召到基地，強迫她從一隊士兵中指認攻擊她的人。「我正確指出那個兵。但那少校隨即下令要那隊士兵換另一套制服。他們一連換了三次。第一次他們穿的制服有軍階，有隊章，第二次他們換上私人衛隊軍服，之後還換上便服。每次我都能正確無誤地指出那個兵，但最後我不省人事，什麼也記不得了。」

一周以後，村子一名長老奉命前往基地，在基地遭到一大堆與案情毫不相關、目的只在於騷擾的盤問。又隔了幾天，一名上尉到醫院訊問這名受害的少婦。他要她六天以後再次接受他們訊問。她回憶說：

他問了我一大堆問題，甚至還包括聖經裡有多少章！他在一月二十二日那天，從午夜一直問我問到凌晨兩點。整個過程中，他都抽著菸，一個接一個問著問題。他點燃一根菸，坐在那裡一言不發地抽著，抽完了又問另一個問題。他的大多數問題與這個案子根本無關。到凌晨兩點，他問我餓不餓，但我在那天晚上什麼也吃不下。我病了，身體非常不舒服。第二天，調查繼續展開。我又病了。

這一次換了一名上尉主持調查。這一切顯然就是玩假的，目的只為了搪塞而已。這上尉還在傷口抹鹽，把少婦召來，進行又一次指證「閱兵」——不過這一次她見不到那些有待她指證的兵。這上尉下令那些兵唱軍歌，要她聽憑他們的聲音指證強暴她的人。「我告訴他我是個學生，我沒有錢，沒有時間，我不能成天來這裡做調查。他於是說，這案子結案了。」

這名少婦在慘遭強暴之外，竟還得忍受如此荒誕的虛假，整件事的過程簡直令人匪夷所思。她最後說道，「我出了三個不同的軍事法庭與調查，而直到今天軍方沒有採取任何行動，沒有賠償，沒有同情。我只收到十萬緬幣醫療費，軍區戰略長送了一袋米與一瓶烹飪油到我家。軍方袒護那強暴我的兵。我聽說他已經強暴了許多女孩，但軍方沒有對他採取任何行動。每個婦女都必須小心。我的經驗可以作為其他女孩的借鏡。我要求還我公道。」

她的遭遇在克欽邦絕非孤立事件。二〇〇八年七月二十七日，十五歲女學生坤康丁遭輪暴，最後還慘被殘殺。坤康丁是在送飯給在田裡工作的兄弟時，在八莫縣納塞村附近遇襲。警方在晚上九點接獲她失蹤的報案，三天以後，她的裸屍被人發現，位置距一處軍方檢查站只有兩百公尺。她的衣物、拖鞋與飯盒也找到了。當地一名村民作證說，曾見到幾名國防軍士兵尾隨坤康丁。在找到她的屍體以後，另有幾人作證說，曾見到幾名士兵在她失蹤以後離開發現屍體的地區。她的家人說，坤康丁的頭骨被搗得稀爛，眼睛被挖出，喉管被切斷，被捅了許多刀，整個臉「面目全非」。地方當局不肯採取任何行動。[17]

二〇〇七年二月，四個克欽女孩在普道鎮遭國防軍輪暴。但當受害人報案、引起國際關注時，這四個女孩被捕下獄，那些犯了罪的士兵卻逍遙法外。這四個女孩最後獲釋，逃到泰國。事隔一年以後，我在一處秘密地點會見其中兩名女孩。見到她們悲痛欲絕自不足為奇。兩名女孩就坐在那裡，因為不敢與人正眼相望而低著頭，邊飲泣，邊掙扎著說出一些事件經過。要她們一一還原事件過程太過殘忍，所以我只對她們說，她們不需要說任何事，我見她們的目的只是想幫她們。但我內心怒不可遏，一個疑問讓我百思不解：世上怎會有這樣的政權，以政策手段不僅在肉體上，還要在心理與情緒上撕碎年輕婦女的一生？

在整個緬甸地區，只要駐有國防軍，強暴事件就層出不窮。而在克欽邦，國防軍進駐的兵力大幅增加。根據克欽開發網路集團的數據，甚至是在一九九二至二〇〇六年的停火期間，國防軍派駐克欽邦的兵力從二十六個營增加到四十一個營。[18]跨國研究所也提出報告，對此表示贊同說，「停火團體提出投訴說，駐在他們周圍的緬軍步兵營數目，在停火以後增加了」。報告中並引用一名克欽開發工作人員的話說，「許多軍營與基地在施工興建，駐在克欽邦境內的軍事基地現在比停火以前多，這一點沒有人不同意。」[19]如果緬甸政權真心想和平，為什麼要增加駐在停火地區的兵力？事實是，國防軍在停火期間仍不時對克欽獨立軍發動攻擊，二〇〇一年三月二十一日的事件就是例證。在這次事件中，國防軍將九名克欽獨立軍士兵與兩名百姓酷刑折磨致死。[20]二〇〇六年一月二日，它殺了五名克欽獨立軍士兵，[21]還放火焚燒他們的屍體。[22]二〇〇七年十一月，和平與發展委員會在拉咱克欽獨立組織總部附近攻擊一處獨立軍哨站，逮捕六名獨立軍士兵。[23]誠如一名克欽人權分子所說，「停火是一面倒。它不能帶來和平，不能促進和平。由於存在政治僵局，想在政治上有所改善根本辦不到。」[24]自緬甸政權破壞停火以後，進駐克欽邦與北撣邦的緬軍兵力增加到至少一百五十個營，在已經重兵部署的地區更進一步大舉增兵。

就像強暴一樣，強制奴工也隨緬軍駐軍克欽邦接踵而至。村民經常奉命提供「勞力奉獻」，特別是生活在國防軍基地附近的村民尤其成為這類干擾的對象。村民奉命在營區邊挖掘工事，建構營房與柵欄，奉命清掃城鎮鄉村，甚至奉命建造整個軍營。無法協助或不願協助的村民會遭到重罰或坐牢。

強制奴工的徵召時間往往故意定在星期日，因為克欽人基本上都是基督徒，基督教信仰已經成為他們的認同與文化中一項不可分割的要件。誠如一名年長的牧師對我所說，教會是克欽社會的核心，它提供一種結構，「我們的認同、我們的生活方式就構築在這結構上。」[25]緬甸境內的基督徒，包括克欽邦基督徒，雖說大體上可以在主日進行崇拜，但緬甸政權對他們有一種不很明顯、有時甚至變得明目張膽的敵意。二〇一二年一月，一名婦女在境內流亡營中告訴我，「我要告訴世人，緬甸軍歧視我們。我們從不搶劫、毀壞、或對佛教寺廟有任何不敬，但他們用這些手段對付我們的教會。宗教歧視現象非常普遍。我們總是為克欽的自由而祈禱。請你們也為自由祈禱，特別是為下一代的自由而祈禱。」一名天主教神父說，「他們不尊重教堂。他們留在教堂裡（把它當成軍事基地），他們還會搗毀神像，對教堂開火。」

據一名牧師說，在停火期間，與欽邦相形之下，克欽邦境內宗教迫害情事「沒有那麼狠、那麼兇」，不過即使在停火期間，宗教歧視暗潮依然洶湧。一名克欽牧師告訴我，克欽邦「沒有宗教自由」，因為教會表面上雖可以在星期日做禮拜，但必須受各式各樣限制、歧視與騷擾。這名克欽牧師對我說，國家和平與發展委員會痛恨克欽人與欽人，因為我們是基督徒。」又一名克欽牧師說，「緬甸政權要緬族的佛教主控一切。他們要每個人都信佛教，所以用歧視手段對付其他宗教權益。」[26]第三名克欽牧師說，「基督徒被迫接受佛教傳統，被迫唸佛經。這個策略很聰明，意在以不著痕跡的方式強制皈依。」[27]

在停火期間，緬甸政權的這類作法還有些躲躲藏藏。舉例說，雖然很清楚周日是克欽基督徒休息、做禮拜的日子，地方當局經常在周日舉行政府公務員會議與集訓。在政府工作的基督徒——包括學校教師與醫生——於是被迫選擇：出席這些會議，但不能參加教會在周日的儀式，或者也可以拒不出席政府的會議，不過可能因此遭到解職。基督徒公務員一旦遭到解職，遺缺一般而言都由佛教徒遞補。

想建造新教堂、想裝修或擴展現有教堂，或想舉行非周日儀式，申請許可之難恍若登天。克欽浸信會在二〇〇三年向國家和平與發展委員會提出舉行大會的申請。克欽浸信會一般每三年召開一次大會。主管當局將申請案拖延了幾個月，直到最後終於批准，但會議被迫易地舉行。這類拖延是有意為之，目的在阻撓、攪亂教會活動，但不完全禁止這類活動。

二〇〇六年，八莫一所教會接到地方當局來信，下令他們停止建造新教堂。這所教會在欽紐將軍當權時，曾獲得欽紐准許他們興建新教堂的口頭許可，但欽紐遭到罷黜，這口頭許可似乎也已不再作數。宗教事務部發布一項新命令，禁止建造新教堂或新清真寺。相形之下，新佛塔的興建不受任何限制。克欽邦境內在之前一年就建了一座佛塔，當地基督教村民還在槍尖下捐獻建佛塔的建材。

二〇〇五年十月，緬軍北方軍區司令翁敏准將，在密支那市政廳舉行的克欽邦和平與發展委員會第二季執行委員會會議中，當著其他地方高官的面發表演說。他把緬甸政權對克欽基督徒的看法向在場每一個人闡述得一清二楚。他首先強調當局的一道命令，命令內容是每一個村子必須建一塊招牌，註明村名與人口統計數字。他接著宣布：

> 沒有一個村子已經執行這道命令。但放眼望去，我們只能見到十字架宗教標誌。這類宗教標誌有些還是用水泥、石塊與磚頭砌成的。密支那最高峰（兩千八百八十五呎）山頂上就矗立著一座大十字架，上面還有基督受難像，這座十字架距市中心只有五英里。奇的是，甚至當基督徒在山上舉行大規模宗教慶祝活動時，克欽邦和平與發展委員會官員都未獲得通知。他們不可以在克

欽邦到處建造克欽文化象徵與十字架宗教標誌……我們絕不能容許教會未經合法許可就到處建教堂。

翁敏指控克欽人因循「一種殖民傳統」，暗示克欽人因宗教信仰而對緬甸不忠。他並且以同樣嚴厲的語氣，攻擊克欽人可能抱持的任何自治幻想。他說，「我們必須重建緬馬統一的精神……我們無論如何不能接受國家的分裂。只要緬馬存在一天，就絕對不容分裂。搞國家分裂是絕對不能接受的。我們因此必須消滅這類想法。」

翁敏更熱衷的一件事，是打擊克欽邦境內民主運動。他告訴政府官員，「我們要做好什麼都知道的準備，這樣才能搗毀他們，把他們連根拔除。」他說，國家和平與發展委員會必須舉行大規模群眾會議以展現實力，「我們不能只是唸完演講稿就算了事，還要說服民眾，讓民眾相信我們所作所為都是對的。」翁敏還強調，政府官員必須遵命行事，「所有政府部門的主事官員必須服從法律，要不領導，要不被人領導，那些既不能領導，又不能被人領導的官員會受懲罰。」[28]

沒收土地的情事也很普遍，並且常衝擊到宗教自由。二〇〇二年，位於密支那／八莫公路上、拉咱境內，一座屬於多朋央教會、距克欽獨立組織總部非常近的祈禱山被國防軍佔領。山頂的一座十字架與祈禱室被毀，據信緬軍還在山上設立俄製火箭陣地，對準克欽獨立組織。之後村民被迫在山頂建造直升機著陸場，據說丹瑞將軍與當時擔任總理的梭溫曾數次造訪當地。

二〇〇五年聖誕夜，普道縣一個村的村民奉命拆遷，還要拆毀他們建的教堂。那年早先，另一地區的一塊農地，包括一名教會牧師擁有的一座四十畝大、種橘子與芒果的果園，遭輕步兵四三八營沒收。[29]

宗教歧視、土地充公與環境的破壞，是克欽在停火期間面對的三大挑戰，而三者彼此之間都互有關聯。緬甸政權、緬甸政權辦的企業，以及中國人擁有的企業，都在克欽邦土地上積極掠奪，開採柚木與其他天然資源。森林濫伐情事很普遍，而且當局對遭到濫伐的森林全無任何補救措施。建水壩的工程也讓人關切，因為這類工程會迫使村子拆遷，而緬甸政權計畫在邁立開江、恩梅開江與伊洛瓦底江沿線建立多處水壩。金礦開採造成的禍害尤其嚴重，因為它不僅帶來環保災難，還會造成大面積的流離遷徙。一名克欽人告訴我，「礦採完了以後，土地已經被毀，汞汙染了河川，地上沒有樹——但隨後當局就對村民說，他們可以重返家園了。你從表面上觀察這個政策，它像是一種開發，但細看之下，你會發現它其實等於土地充公與無家可歸。」

或許在這類現象中，最讓人觸目驚心的例子是胡康河谷的開發，特別是與丹瑞將軍有親密關係的優斯納公司，作為尤其惡劣。優斯納的業務遍及橡膠、蓖麻籽、柚木、木薯與甘蔗養植，在胡康河谷沒收了大片土地，但沒有為當地人民提供任何補償。二〇〇七年六月，一名克欽男子發起一項請願行動，蒐集了一千三百個簽名，要求當局將三十六畝水稻田農地還給他們。他寫了請願信給丹瑞，還將副本抄送幾個政府部門，也因此立即被捕，遭到拘禁、盤查與騷擾。他逃出牢籠躲了起來。讓人稱奇的是，他隨後露面，與地方當局會晤，還與當局簽下一紙協議，當局同意將部分農地歸還地方農民——這樣的結果，在緬甸簡直稱得上天方夜譚。[30]

如果登盛總統暫緩密松大壩工程的決定有任何指標意義，緬甸今後在推動開發計畫時可能會將輿論納入考量。二〇一一年九月，在歷時幾個月、主要由克欽人領導的請願與抗議之後，登盛宣布暫緩密松大壩施工。這項水利工程總經費三十六億美元，原定於二〇一九年竣工。[31]儘管登盛只是將施工日期壓到他的任期於二〇一五年屆滿為止，這項決定仍然讓許多人感到意外，而且絕不只是因為它讓中國憤怒而已。中國是這項水利開發案的另一重要投資人。不過，納入輿論考量也不可能是登盛這麼做的唯一解釋。登盛希望帶緬甸疏遠中國，爭取華府、德里與布魯塞爾的友誼，很可能也是一項考量。二〇一五年過後的情勢發展對緬甸是一大考驗。

對克欽人來說，拐帶婦女是另一項重大社會挑戰。這個問題雖說不是緬甸政權直接造成的，但它是緬甸政權經濟政策失策、未能投資教育與就業開創而導致的後果。更由於緬甸政權對這個問題完全不聞不問，結果是，據克欽人士說，婦女失蹤案件「幾乎每天都發生」。自二〇〇六年以來，登記有案的婦女拐帶走私案件超過一百三十八件，大多數涉及十五與三十歲之間的婦女。不過未報案的件數比這多得太多。

由於中國工資比克欽邦本地的工資高，一般而言，引誘婦女上鉤的，都是能在中國找到好工作的保證。但一旦到了中國以後，她們往往會被送到好幾千哩以外的北京、湖南、山東與東北地區，或賣入妓院，或賣給中國男人當「妻子」。她們往往還會被買家轉手許多次。

那些被賣入娼門的婦女，經常淪為暴力剝削與殘酷虐待的犧牲品。有個十三歲的女孩，在終於獲救後說自己曾被迫與狗性交，當然這是個極端例子。還有個女孩在遭到十名男子輪暴之後，主人認為她不再討喜，要她償還他為她付出的買身錢。這女孩告訴那主人，說自己沒工作，沒辦法還錢，那主人於是幫她找了一份工作，她做了二十八天。她後來說，在這二十八天中，她每天晚上都遭到輪暴，最後她再也無法忍受，於是逃跑，還遭到黑幫放狗追逐。她逃進森林，在森林不吃不喝流浪了五天，終於來到一座小鎮。她找到警察局，於是獲救，回到克欽邦。

大多數案件涉及婦女，但也不乏兒童遭走私拐帶情事。在二〇〇八年年底，拉咱一名五歲男童失蹤，密支那有一個嬰兒被拐走出售。二〇〇九年，一名十一歲男孩被帶到距離邊界三小時車程的中國雲南省盈江縣。幾名潛在買主過來「驗貨」。他們檢查男孩的身高，發現男孩比他們要求的高，於是都走光了。這男孩一個人流落盈江縣，不知自己身在何處，於是坐下大哭，所幸遇上一位好心婦人，幫忙將他送回緬甸。

為協助被拐帶婦女而成立的克欽團體說，中國當局非常合作，幫著他們救出許多婦女與兒童。遭拐帶的人只要能打一通電話，中國警方往往就能追蹤線路，找到電話打出來的地點。在許多案例中，被拐的婦女遭到監禁，不能外出，不過她們偶爾也能出來散步，而遭警方或地方人士發覺她們不是本地人。

不過，將獲救的婦女送回緬甸所費不貲，中國當局現在說，除非能收回遣返所需旅費開支，否則他們不願再進行救援。但遣返一名婦女往往要花一萬元人民幣（約一千五百美元），更何況獲救婦女通常沒有任何衣物，因此她們在旅途中的吃與穿也是一筆開銷。

緬甸政權沒有採取任何打擊這類罪行的防治措施，有好幾次還矢口否認有這種事。二〇〇七年，一名獲救婦女在回到密支那以後找到拐帶她的嫌犯，提出告訴。根據報導，走私犯後來打贏這場官司，這婦人卻因違反移民法、非法越界等罪名被關了一個月。司法淪喪，竟至於此！在獲釋以後，由於住在密支那過於危險，這婦人被迫搬到另一地點。克欽邦婦女事務組織主席——她也是克欽邦國防軍駐軍司令的妻子——雖接獲通報，但否認有這件事。[32]

就好像強暴、奴工、強制充公土地、宗教歧視、環境破壞與人口走私還不夠一樣，克欽邦還成為緬甸毒品走私與毒癮氾濫的中心。許多克欽人相信，毒品氾濫是緬甸政權刻意造成的。據說，政府官署經手毒品分銷，而且只有緬族人吸毒才會被捕。密支那大學的克欽學生可以公開吸毒，而不受任何懲罰，而且據說警方只會在毒販不販毒的時候才會逮捕毒販。有人對我說，「這是一項刻意安排的政策，意在透過毒品氾濫而毀掉克欽年輕人。他們發現不能用軍事手段摧毀我們，於是改採毒品手段。」

由於毒品交易，娼妓與婦女走私情況猖獗，愛滋病在克欽邦瘋狂氾濫。在克欽獨立組織控制的拉咱，最大的一家醫院在二〇〇八年登錄了一千多名愛滋病病患，他們大多是用靜脈注射吸毒的人。根據無國界衛生組織的報告，在克欽獨立組織控制的麥札央，十名靜脈注射吸毒犯中有八個呈愛滋病陽性反應。無國界醫生說，緬甸境內在二〇〇七年有兩萬五千人死於與愛滋病有關的疾病，遭愛滋病病毒感染的人至少有二十四萬。[33]

二〇〇九年四月，我又一次走訪克欽獨立組織控制的克欽邦地區。在四月二十八日抵達當天，我聽說克欽獨立組織高級官員被召到密支那，與緬甸政權官員開會。這些克欽官員在第二天返回以後，邀我與他們會面。他們告訴我，緬甸政權已經向他們、還有其他所有停火團體下達最後通牒：他們要成為國防軍監控的邊界防衛軍的一支，管轄範圍只限於與中國邊界沿線一塊十公里寬的地區。根據這項提議，克欽獨立組織與它的武裝部克欽獨立軍必須投降，將軍隊與武器交給國家和平與發展委員會。

當我會見他們時，克欽獨立組織與克欽獨立軍領導人堅決表示不能接受這項提議。一名非常資深的領導人說，「要我們解除武裝卻不解決政治情勢，是在騙我們。他們不討論政治解決辦法，但要我們把武器交給他們。他們不但要我們繳械，還要我們交出軍隊。這簡直是在開玩笑。」他又加了一句：「這要求顯示，這個政權心術不正。」但緬甸政權豈止是心術不正而已。

根據一九九四年簽署的停火協定，克欽獨立組織與克欽獨立軍可以保有武器，直到新憲法的協議達成為止。克欽獨立組織已經一再表示，二〇〇八年推出的新憲不能讓他們滿意。克欽獨立軍一名高級軍官警告我說，「緬甸政權這項最後通牒可能破壞停火。如果政治情勢能妥為解決，我們也不想保有武器。但我們等待一個真正的聯邦已經等得太久。國家和平與發展委員會正在摧毀聯邦的本質。我們儘管努力談著聯邦，他們不談……政府正在製造一種情勢迫使我們重開戰火。我們不要戰爭，但他們可能迫使我們開戰。」兩年以後，事實證明他這項預言完全正確。

在二〇〇九年這次訪問過後僅僅四個月，在中緬邊界沿線的更南方，緬甸政權又對一個少數族群團體，採取了一項克欽人認為可能會發生在他們身上的行動。這個少數族群團體是屬於華人一支的果敢族。果敢族與緬甸政權簽有停火協議，雙方相安無事了二十年。但在它拒絕成為邊界防衛軍一部分之後，國防軍對它發動野蠻的軍事攻勢，造成多年來逃離緬甸的最大一波難民潮。果敢人，以及他們的緬馬民族民主聯盟軍，過去屬於老緬甸共產黨，他們的領導人涉入毒品交易，在控制區內設了一座海洛因提煉廠。儘管停火已經維持二十年，緬甸政權本身也在毒品交易中參了一角，緬甸政權仍然用這個藉口發動攻擊，還對果敢族領導人發出通緝令。

二〇〇九年八月，至少有三萬人逃進中國，迫使中國當局開了七個難民營，提供食物、飲水、住處與急救。[34]在打了三天以後，緬甸軍控制住果敢地區，迫使彭家聲領導的叛軍逃入中國。國家和平與發展委員會以忠於緬甸政權的白壽謙為首，在果敢地區建立新領導層。據報導至少有五百人遇害。[35]

克欽獨立軍與附近另一個少數族群團體佤邦也高度警戒。緬甸境內規模最大、裝備也最好的武裝組織佤邦聯合軍，認為自己是緬軍攻擊的下一個目標，於是進入備戰狀態。[36]據估計，佤邦聯合軍擁有兵力約兩萬人。克欽獨立軍參謀長鯀湯剛雙少將下令部下軍隊，如果緬軍進入克欽獨立軍控制區就開火。[37]中國對這一切發展特別不滿，召見緬甸駐北京大使，要大使解釋緬甸政權的這些行動。讓中國最為光火的是，這些行動造成中緬邊界動盪不安，對華裔少數民族與中國在當地的商業利益形成威脅。中國外交部發言人說，中國已經就這些行動「對緬馬境內中國公民權益造成的危害表態，重申中國的立場，要求緬馬迅速調查、懲罰不法分子，向中國報告處理結果」，緬甸政權「應該採取立即措施，誠心保護緬馬中國公民合法權益，並確使類似事件不再發生」。[38]

對果敢的攻擊，以及克欽邦境內持續的暴行，說明停火協議不僅脆弱，而且沒有任何實質意義。

自二〇〇八年以來，克欽獨立組織與緬甸政權間的關係持續惡化。二〇〇九年十月七日，克欽獨立組織主席宗喀致函丹瑞將軍指出，軍事執政團圖謀「清算我們的組織」。他以極度克制、但也同樣無畏的詞藻繼續寫道，「也因此，我們覺得，應該讓你注意到與我們的地位直接有關的一切事實。」宗喀強調克欽獨立組織對和平的承諾，並提醒丹瑞，克欽獨立組織曾「在九個場合」向緬甸政權說明它的立場，解釋它何以不能接受緬甸政權的建議、成為邊防軍的一部分。在沒有達成一項相互可以接受的政治解決辦法以前，這樣的建議構想「很不實際」。[39]

緬甸政權的答覆是，切斷與克欽獨立軍的一切溝通，[40]說克欽獨立組織與它的武裝部是「叛軍」。自停火協議簽署以來，緬甸政權已經有很長一段時間不用「叛軍」這個名詞描述克欽陣營。[41]國防軍突襲克欽獨立組織聯絡辦事處，一名前克欽獨立組織資深領導人創辦、準備參選的一個新政黨，遭當局拒絕登記。克欽人組建的另兩個政黨也被擋在參選登記處門外，十五名親克欽的獨立候選人失去參選資格。克欽獨立組織控制下的幾個村子還被禁止參加投票。[42]對克欽的壓力不斷升高，直到二〇一一年六月戰火終於引爆為止。經過十七年弱的和平，克欽人終於再披戰袍。宗喀告訴我，「我們不想拿武器，我們不是那種好戰的民族。我們只是要爭取我們的政治權益而已。我們要求政治談判，而政府的答覆是戰爭。」[43]

七月二十八日，翁山蘇姬寫了一封公開信給總統登盛，與克欽獨立組織、克倫民族同盟、新孟邦黨與撣邦軍等四個武裝團體，呼籲「立即停火與和平解決衝突」，並且自願充當調人。[44]之後五個月，政府對這項呼籲始終沒有回應。不過在二〇一一年十二月，克欽獨立組織接獲一封來自內比都的公函，要求舉行正式和談。一個月以後，雙方代表在中國的瑞麗開了兩天會。我由於當時正在來咱與克欽獨立組織共處，得以密切注視和談進展。克欽獨立組織的立場明確而堅定：這一次，他們對經濟開發與暫時停火的建議不再有興趣了。十七年來，他們一直遵守停火協議，希望政府能實現協議中的關鍵承諾，展開政治程序、促成政治解決。他們空等了十七年，現在他們不準備再定這樣一種不能令人滿意的停火協議。他們要和平，但要的是真正而又有保障的和平，但只有在政治進程與停火協議雙管齊下的情況下，這樣的和平才有可能。最重要的是，他們告訴我，他們要發揚「彬龍精神」——建立聯邦式民主，讓他們與其他少數族群團體都能在聯邦制的緬甸境內享有若干自治與平等權。克欽獨立組織一名資深領導人向我強調，「我們承諾要建一個聯邦制的緬甸。我們並不想分離、獨立。」[45]

第五章

西緬甸背負的十字架

我們不僅只是為不公義輪下的受害人裹傷而已，我們還要把一根椿插進那輪子。

——迪特利・潘霍華*

一九九三年，牧師張國雷被國防軍逮捕逼供。由於他的答覆讓逼他供的人不滿，他們就將他的嘴切開，一直切到他的脖子，還對他說，「看你以後還能不能傳教。」[1]

以如此野蠻的手段懲罰宗教活動雖是極端例證，但基於種族、宗教與政治三個理由，生活在西緬甸的欽族人正遭到緬甸政權不人道的對待。在一種法西斯心態作祟下，緬甸政權對非緬族人與非佛教少數族群與宗教團體的態度讓人聯想到希特勒與納粹黨。緬甸政權有一句口號，可以總括這個心態：「一個種族，一個語言，一個宗教。」身為非緬族人少數族群團體的欽族人受到歧視。又因為屬於非佛教宗教團體——欽族人絕大多數是基督徒，基督教信仰早已融入他們的認同與文化——他們遭到宗教迫害。欽族人建了幾個主張民主的組織，其中還包括幾個武裝組織，緬甸政權一直將欽族視為異端。讓欽族人命運更加悲慘的是，欽邦是緬甸最貧窮、最遙遠、開發程度也最落後的地區。欽邦境內幾乎沒有醫療設施，天然資源也非常貧乏。境內沒有可供十五歲以上學生進學的中學，沒有大學。據欽族人士說，人口大約一百萬的欽邦，據估計共有一百八十四所幼稚園，一千一百六十七所小學，八十三所中學與僅僅二十五所高中。[2]

欽族人由許多次族群與部落組成，有各式各樣多種方言。最早屬於藏緬族群的欽族，據信從華西地區與西藏東部移居緬甸。一般認為屬於欽族的族群團體數目太多，無法一一詳述，但大致上主要包括阿紹、高族、克瓦米、萊米、米佐、魯西艾、佐米、庫基與馬拉等。[3]他們分布的地區遍及緬甸、印度與孟加拉邊界之間，所以緬甸境內的欽人與印度米佐拉邦的米佐人關係很親。根據沙空在他所著《欽族認同探索》書中所述，在欽邦境內，每一族群各有自己的方言與特定文化，全憑一個共同因素而結合在一起成為欽族，這個共同因素是：他們都深信兒歌與民俗傳說中一項有關他們源起的神話。沙空寫道，「『欽』這個字與『共同出身』與『共同起源』的神話盤根錯節、無法分割。根據起源神話，欽人從大地深處，或一處洞穴或一塊稱為『欽隆』的巨岩中來到這個世界。」[4]

直到英國於十九世紀末葉侵入「欽高原」、與當地土著展開一連串戰鬥以前，欽人一直享有全面自治。沙空在書中指出，[5]「周遭列強，例如孟加拉、印度或緬甸，都不曾征服過欽的土地。」[6]基於這個理由，欽人從未皈依周遭國家信仰的任何重要宗教，包括佛教、印度教與伊斯蘭教等。欽人有他們自己的傳統信仰，即所謂「風拉」，亦即「生命之道」。[7]這是一種一神論，以一位最崇高的神、靈魂以及死後的生命為信仰核心。[8]或許正是基於這些理由，當基督教傳教士抵達欽族聚居的土地時，欽人成群結隊「集體」皈依基督教。

據信欽人與英國人第一次接觸，是在一七六〇年當英國東印度公司佔領今天屬於孟加拉的吉大地區之際。不過雙方有紀錄的最早一次接觸發生在一八二四年，當時欽人村民殺了幾名進入欽人土地收集竹子與木材，但不肯向地方繳稅的英國商販。[9]之後幾年，欽人一連幾次襲擊英國占領區，導致一

＊ 編註：德國牧師，因計畫刺殺希特勒失敗而被處死。

八六〇年一項稱為「大庫基入侵」的戰事。在這次事件中，欽人搗毀今天位於印度境內的區普拉地區的十五個村落，一百八十五名英國人被殺，約一百人被俘。[10]套用沙空的話說，「英國人不能容忍欽人這樣騷擾、殺害、俘虜他們的臣民，不能容忍這種對他們主權的挑戰。」[11]一連串戰鬥於是展開，據當時一名英國軍人的說法，英軍進行這些戰鬥的目的「不在於消滅這些邊陲部落，而在於讓他們皈依，成為我們的盟友」。[12]事實證明欽人是勇猛、戰技精良的鬥士，他們不斷切斷英軍路線，一再發動伏擊。[13]當時英軍領導人之一的喬治．懷特爵士說，欽人「是我曾經交戰過的對手中，最神出鬼沒，最難纏的敵人」。[14]到一八九六年，英國已經佔領欽族土地，[15]以及緬甸其他地方，並採取「一種透過永久佔領推動安撫的政策」。[16]英國頒布欽族山區法規，成立一個基本上是殖民統治的政府，管理整個欽族地區。[17]不過，讓欽人敗陣的，不是英軍軍事力量而是饑荒，他們因與英軍作戰而無法耕田，英軍又燒了許多欽人村落與穀倉。[18]一個世紀以後，飢饉、村子被燒與米倉被毀又一次成為欽人日常生活之痛，這一次是因為遭到國防軍壓制。

耶穌會教士於十六世紀跟隨葡萄牙探險家與傭兵德布里托抵達緬甸，這是基督教傳教士抵達緬甸的先聲。德布里托最先受雇於若開王明耶沙旨。[19]之後，他與一名從佛教皈依基督教的若開人奈辛農遭阿瓦王馬哈達瑪以妖言惑眾罪名釘死在十字架上。馬哈達瑪認為，奈辛農的皈依是對佛教的侮辱。[20]義大利教士於一七二〇年抵達緬甸，桑吉曼諾神父在一七八三年抵達緬甸後，出版了一本有關緬甸歷史的最早期著作。[21]一八〇七年，倫敦教會協會派出的第一批清教徒傳教士抵達緬甸。不過，對緬甸影響最深遠、造成衝擊最大的，是第一個進入緬甸的美國浸信會牧師艾杜尼拉．祖森與他的太太安。[22]祖森夫婦於一八一三年抵達緬甸，他們對緬甸貢獻良多，除翻譯聖經以外，還編了一本直到今天仍然沿用的緬英字典。[23]隨祖森夫婦之後來到緬甸的浸信會牧師，在亞瑟．卡森牧師與他太太蘿菈領導下，於一八九九年進了欽高原。[24]

儘管在緬甸大部分地區，英國殖民當局不歡迎傳教活動，有時還反對這類活動，但在欽高原，傳教士獲得英國殖民當局邀請。根據沙空的說法，英方這麼做的主要目標是「安撫」欽人，他們相信傳教士能幫忙做到這一點。有人認為，英國當局相信「如果欽人大多數都能皈依基督教，則他們很可能也會歡迎其他一切改變」。[25]事實證明英國人判斷正確，醫生傳教士伊斯特於是繼卡森知後來到欽高原。[26]

不過欽人並不是在未經掙扎的情況下、立即歡迎傳教士或擁抱基督教的。由於與英國的戰爭，饑荒與疾病在欽高原極為普遍，殖民佔領也造成欽人社會傳統權威結構的瓦解。沙空在他的書中指出，「生活中的危機與皈依基督教……變得多少有些息息相關」。[27]以第一個皈依基督教的佐米人順韓為例，就是「在遭到重大經濟與社會地位的損失以後」，經過慘痛掙扎才皈依基督教的。[28]順韓的長子得的病不僅讓人皮肉受苦，還讓人成為社會棄民。他的另一個兒子也患了「脊髓結核」的病。這兩個兒子的病都醫好了：大兒子的病經伊斯特醫生動手術醫好，另一個兒子的病似乎在經禱告之後不藥而癒。沙空指出，「欽人現在認為，這樣的事是他們歷史上出現的那種『偉大的神蹟』。」[29]順韓在一九〇六年由伊斯特醫生施洗成為基督徒。[30]

在早期，皈依基督教的欽人必須面對來自本身社群內部的迫害。欽人認為，皈依是對他們本身傳統文化與信仰的背叛。舉例說，第一個皈依基督教的布瓦人桑康，就被三名男子用竹竿打，每一名男子奉命要打他十五下。桑康在被打到一半的時候，要求那三名男子暫時住手，然後他禱告上帝賜他力量，讓他忍受這些折磨。他不斷重複耶穌基督在十字架上、與聖史蒂芬唸的那段祈禱詞：「天父，不要怪罪他們，因為他們不知情。」根據沙空的說法，桑康在禱告結束後要那三名男子繼續打。蘿菈・卡森寫道，把下令進行這項懲罰的村長「嚇得魂飛魄散」，「沒有人敢再打下去了」。[31]

不過，欽人逐漸開始接受基督教了，部分原因在於基督教與他們本身的傳統信仰近似，部分也因為傳教士對欽人社會貢獻良多。特別是因為傳教士重視教育，替欽人研發出一套過去不存在的文字，他們為欽人提供醫療，協助生活在欽高原、原本各不相干的部落建立共同的欽族認同，這一切遂讓基督教越來越受欽人歡迎。如沙空所說，百年來，基督教已經與欽族認同「密不可分」，「不僅在宗教生活，在欽人的社會與政治生活中也扮演非常重要的角色。」[32]

基督教團體在緬甸境內遭遇的限制、歧視與迫害程度不一，但緬甸當局對欽人的宗教容忍度最低。欽人根據慣例，會在山邊與山頂建十字架，以展示他們的信仰與文化。但近年來，國防軍已經幾乎把這些十字架完全拆了。在許多案例中，信仰基督教的欽人村民還在槍尖下，被迫拆毀他們的十字架，並在原址建造佛塔。他們不僅被迫拆除代表他們本身信仰、與他們的文化認同切合的象徵，還被迫付出勞力與資源、建造佛教象徵，而壓迫他們的人信的正是佛教。根據良孟的說法，「拆毀十字架的行動約於一九九〇年代初期展開，欽邦所有九個縣份的幾乎每一個十字架都遭緬甸政權拆毀……許多被拆毀十字架的原址，改建了佛塔與佛教僧侶塑像。」[33]

舉例說，欽邦北部洞贊鎮的一所地方天主教會建了一個十字架，地方當局下令將它拆除。教會拒絕，鎮當局與當地警方遂於五月十六日午夜把十字架焚毀。[34]翌年，欽邦首府哈卡一座建在陸文山上的十字架被拆除，哈卡浸信會想重建十字架，卻接到不得重建的命令。幾年以後，原址立了一座佛教僧侶塑像。[35]一九九九年一月五日，欽族基督徒在丹良西部一座山頂建了一個大型紀念十字架，慶祝基督教在欽邦傳教一百周年。就在當天晚上，當局下令將它拆毀，並強迫由建這十字架的人動手拆毀。但這些欽人拒不從命，警方於是自己動手拆了十字架，還逮捕六名牧師。[36]三年以後，當局下令拆毀欽邦南部巴杜比縣境一座高三十英尺、建於一九八四年的十字架。[37]二〇〇五年，波義山山頂那座高五十英尺、據信是欽邦境內碩果僅存的最後一座十字架也在劫難逃。[38]一般認為，下令拆除這座十字架的是一名國防軍高級軍官，據良孟說，「在將十字架毀了以後，三〇四輕步兵營的官兵還在現場升起一面緬甸國旗，作為他們在欽邦戰勝基督教的象徵。」[39]

在十字架拆除後的原址，緬甸政權建了無數佛塔，往往還迫使欽族基督徒村民貢獻勞力、金錢與建材。欽人說，對緬甸政權而言，建佛塔是一種控制與佔領的象徵，既具有政治、也具有宗教意義。他們在緬甸第三高山維多利亞山山頂建了一座大佛塔，陸文山那座十字架拆除以後，緬甸政權在原址建了一座大佛像與佛塔。

國防軍在欽族地區摧毀的不僅是十字架而已。教堂也在劫難逃。國家和平與發展委員會在一九九八年下令毀了幾座教堂，二〇〇〇年，緬甸政權建設部長貌敏，下令拆毀馬圭省達武縣敏達村一座緊靠欽邦的教堂。又過一年，他強迫村民摧毀達武縣內另兩座教堂。迪登縣境內教堂施工在二〇〇〇年奉命告停，達武縣境內所有基督教學校被迫關閉。[40]據一名牧師說，「現在想建一座教堂，已經完全不可能了。」[41]在欽邦印聖經屬於非法，欽人只能在印度印好聖經，然後走私帶進欽邦。據報導，緬軍在二〇〇〇年沒收、燒毀了一萬六千本聖經。

緬甸政權採用各種手段迫使欽人基督教徒皈依佛教。在有些地方，基督徒如果皈依佛教就可以領到免費米糧，他們的孩子還能因此上學。許多來自欽人基督教家庭的孩子，就這樣進了佛教寺院上學。但一旦進了寺院，這些孩子被迫參加佛教儀式，往往還被迫剃頭成了見習和尚。克欽邦境內情況也如出一轍。

牧師與教會工作人員，如果表現得太積極、太有影響力、或對緬甸政權太過抗拒，就得面對奇險。欽族人權組織說，在幾次事件中，牧師遭國防軍「綁架、酷刑折磨，甚至殺害」。[42]良孟在參加一次抗議拆毀巴杜比山十字架的活動中說，緬軍對一切基督教活動設限。他說，「他們甚至不讓我們在國內印聖經。緬甸軍方正在毀滅我們的宗教與我們的文化，還想將整個欽族人口同化，納入緬族主流文化……我們得想個辦法才行。」[43]

在緬甸其他地方，基督徒——特別是來自欽人社區的基督徒——遭宗教歧視與迫害的情況尤其嚴重。在馬圭省一個縣城，地方上親緬甸政權的佛教和尚發了一道命令，禁止縣城內一切基督教儀式。在仰光，沒有登記的教會不斷遭到打壓。根據報導，在二〇〇九年初，至少有一百所教會奉命關閉；還有人說，仰光城內教會有百分之八十遭到波及。當局至少抓了五十名牧師，強迫他們簽下至少五份文件，保證結束他們的教會服務，還警告他們說，若不聽命就得坐牢。遭到鎮壓的，不是那些擁有多年老建物的歷史性教會，而是那些在私人寓所、辦公室或其他私有房地產上聚會，歷史也較新的教派。一名牧師說，「基督徒擔心，他們今後就連在自己家裡也不能做禮拜了。」欽族流亡牧師施基哈彭告訴我，當局所以在二〇〇九年大舉鎮壓教會，原因是教會積極救助颶風納吉斯的受害人，佛教徒也獲得基督教會援助，這觸怒了緬甸政權。他說，「緬甸政權不願佛教徒在基督教會進進出出。它不願讓基督教在緬甸成長。緬甸政權的最終目標是摧毀基督教。軍方有一項阻止基督教成長的極機密計畫，這次鎮壓就是這項計畫的一部分。」[44]

馬丁・史密斯說，今天在緬甸境內，老師對學童說，殖民主義有所謂三個M的三大利器，即傳教士（missionaries）、商人（merchants）與軍隊（military），基督教會不過是傳教士的代表罷了。[45]在欽邦，當局說，他們最關心的是ABC三件事：A是愛滋病（AIDS），B是B型肝炎（Hepatitis B），C是基督教（Christianity）。一份題為〈毀滅緬甸境內基督教方案〉、據信來自宗教事務部的文件，在緬甸廣為流傳。這份包括十七點內容的文件，在一開始就說，「不能讓緬甸境內有替基督教宣教行道的家庭，不能讓緬甸境內有家庭接受任何有關耶穌的教義。」文件中隨即詳述如何用佛教排除基督教的各種步驟，這些步驟條理紊亂不清，有些很暴力、很兇殘，有些比較不露痕跡，甚至荒誕可笑。[46]

我在二〇〇七年寫了一篇題為〈背負十字架：緬甸政權對緬甸基督徒的限制、歧視與迫害行動〉的報告，由「全球基督徒團結組織」發表。我在報告中列舉緬甸政權違反宗教自由的許多證據。緬甸政權的反應猛惡得出奇。幾近一連兩星期，它利用《緬馬新光報》每天以整版篇幅譴責這篇報告，還在國營電視台發動反擊。這些報導用的標題包括，「全球基督徒團結組織的報告內容，是對緬馬捏造的指控」，「一些大國捏造緬馬剝奪宗教權益的假故事，企圖以此干預緬馬內政，謀取政治利益」，「宗教應以大慈悲為本，任何人不得將它染上政治色彩」等等。緬馬天主教主教會議與緬馬教會理事會被迫發表聲明，表示他們與〈背負十字架〉這篇報告無關，緬甸政權還在欽邦組織群眾大會，迫使一些牧師公開譴責這篇報告，表示他們擁有一切宗教自由。

兩年以後，我在吉隆坡見到一名一個月以前剛從緬甸逃出來的欽族婦女。身為受命牧師的她，原是哈卡浸信會婦女部書記。她在二〇〇七年三月奉命出席一項公開會議，並且在會中宣揚緬甸的宗教自由。她說，「他們告訴我，會把要我在會中宣讀的資料準備好。之後他們給了我一張紙，要我照著念。紙上寫的完全是一派謊言。但他們告訴我，如果我不完完全全照唸，我會被捕。」那次事件以後，她冒著絕大風險把那張紙藏在胸罩裡，然後逃了出來。她說，「我當時向自己許諾，一定要逃出這個國家，向世人揭發它迫害宗教的真相。」

像緬甸其他地區一樣，欽邦境內強制勞工的現象也很普遍，但如同克欽邦，這類現象往往與宗教歧視掛鉤。國防軍經常下令村民在周日與基督教節慶日為軍方工作，故意破壞教會活動。以沙邦村為例，村民奉命從二〇〇三年十二月二十日到二〇〇四年一月十九日為軍隊當挑夫，換言之，他們不能慶祝聖誕節與新年。二〇〇三年六月，士兵在一次主日崇拜儀式中，闖進穆和的一座教堂，命令主持禮拜的人跟他們走，當他們的挑夫，讓儀式無法進行。

二〇〇四年，我第一次前往印度米佐拉邦，造訪生活在印緬邊區的欽人。欽人向我出示國防軍一名連長致南欽邦牙拜村長老的信，發信日期註明是二〇〇三年十二月十三日。信中要求牙拜村提供四十名挑夫，沙巴村也要提供三十名挑夫，向附近緬軍軍營報到，替軍方運送米糧補給。村民又給我看了另一封信，這第二封信註明日期為二〇〇四年一月十九日，發信人是北欽邦法蘭市國防軍268營營長，信中令村領導人出席六天以後召開的每月性例會，討論新的邊界開發專案。信中還指示村領導人，要他們帶一隻雞與會。

我會見了一名自一九八九年起就加入全國民主聯盟的欽族農人。他在一九九五年被迫參加吉靈廟到坎考鐵路修建工程，幾乎做了一整年。在他那個村子，每一個家庭都必須出一個人參與強制勞工。鐵路修建工程毀了附近地區的稻田，他也因為必須參加這項工程而無法下田工作。他告訴我，「這影響到村子的生存。」他問那些兵能給他多少工資，那些兵說「我們不管發工資」，然後把他毒打了一頓。他的手臂齊肘被打斷，幾顆牙齒被打斷，還被挖下一個眼珠。軍方關了他五個月，不讓他見他的家人。他在獲釋以後又開始參加全國民主聯盟的活動。二〇〇三年，當翁山蘇姬來他的村訪問時，他想見她，結果遭到攔阻沒能成功，他的兩個友人因設法見翁山蘇姬而被當局逮捕。他逃出來，跑到印度。他在二〇〇四年說，「現在沒有人敢加入全國民主聯盟了。大家連『民主』這兩個字都不敢提。」

欽人社區傳統上不容喝酒，不過現在許多年輕一代欽人確實喝酒。緬甸政權於是抓住這個把柄，發動攻擊。我在二〇〇四年初訪欽邦時就聽說，軍方自一九九二年起就刻意將一種名叫「OB」、極易致醉的酒，大量送進欽人居住的城鎮，特別選在居民上教堂的周日在街頭兜售。他們將這種酒以每瓶一千緬幣（一塊一毛美元）的賤價賣給年輕人，包括只有十二歲的孩子。當時與我同行的兩名英國醫生估計，這種劣質酒品很可能只是甲醇與食用酒精調製的產物，在西方國家會遭全面禁用。這種非常容易讓人上癮的酒品能導致社會與家庭瓦解、犯罪、最後還能奪人性命。它造成的生理效應包括肝功能敗壞、黃疸與腦損等等。醉酒的人會遭當局逮捕，必須繳交五千緬幣才能獲釋。一名欽人基督徒就說，它造成「身、心、精神與社會的崩潰」。[47]

像在緬甸其他地區一樣，緬軍士兵強暴事件在欽邦也很普遍。欽地婦女會將許多事件彙整，發表一篇題為〈不安之邦〉的報告。在其中一次事件中，緬軍士兵在將一名婦人的兒子殺害後，又將這名婦人輪暴，並且將她吊在十字架上。欽地婦女會協調員琪莉．札浩說，「這婦人就在冰冷的冬天被他們吊在營房外十字架上，整整吊了一夜。他們為什麼要用十字架來吊這婦人？十字架是欽邦基督教的象徵，他們這麼做意在嘲弄欽人的宗教信仰。」[48]

所有這些犯行，都是緬甸政權在欽邦大舉增兵的直接後果。短短幾年間，欽邦境內緬軍兵力大幅提升。據估計，欽邦境內在二〇〇七年有三十三座國防軍軍營，現在至少有五十五座。人權觀察組織指出，在一九八八年以前，國防軍在欽邦境內沒有進駐營級兵力，只在實皆省的吉靈廟與馬圭省各駐了一個營，負責欽邦境內任務。現在，國防軍在欽邦境內駐了至少十四個營，每一營都有近五百人兵力。[49]單在吉靈廟一地就駐了超過九個營。琪莉．札浩說，「只要有緬軍進駐，就少不了性暴力。」[50]

欽人也面對許多人所謂的「文化」滅絕。緬甸當局積極鼓勵緬軍官兵娶地方上的欽人婦女，娶欽人為妻的官兵可以獲獎。以駐巴杜比緬軍司令山昂上校為例，就懸賞十萬緬幣與一頭豬，給娶到地方欽人女性的士兵。在吉靈廟，據說軍方還特別設了一個營，專門撮合士兵娶欽女，尤其是欽人牧師之女。這些措施的目標是「稀釋」欽族特性，讓欽人皈依佛教。不過這策略有時也會弄巧成拙，娶了欽女的緬軍反被妻子說服、皈依了基督教。緬甸當局的對策是，將皈依基督教的士兵調往其他地方，永不升遷，說服妻子皈依佛教的士兵可獲晉升。

學校裡面禁止使用欽語，欽邦境內緬人教師數量大增。一名欽族女性民運人士告訴我，「緬甸政權想將欽邦同化。學校裡只能使用緬文，我們想將欽語當成一門課來教，當局都不准。只有透過教會，我們還能安排一些額外的欽語課程。緬甸政權想將欽語封殺。」

一名欽族大學生告訴我，歷史遭到扭曲，學校裡不教少數族群的歷史。他說，「我從小就知道我們是『一統』之國，但所謂『緬甸統一』這個概念讓我大惑不解。我們所以不了解，原因就在於我們在學校只學緬甸史，而且學校教我們的是錯的歷史。」教師從不告訴欽族學生，在英國於十九世紀殖民緬甸以前，欽族一直是完全獨立的實體，緬甸王從沒有統治過欽族。他說，「學校完全不教欽族史，只教我們有關《三十同志》與《我們緬甸人》（緬甸第一首國歌）那些事。也因此，多數民族與少數民族彼此分割，我們有軟弱無力、容易受害之感，因為我們的欽族史不被承認。」在一次考試中，這名學生決定寫一篇討論緬族與欽族文化差異的文章，還在卷子上寫道，「我不是緬人，我是欽人。」他警告，如果用這種方式將歷史繼續教下去，種族與民族認同意識都將流失。他說，「我恨緬化。」他的歷史教授把他叫進辦公室，對他提出警告說，如果繼續這樣作答，他的每一門課都會被當掉。他告訴我，「教授說，他可以把我寫的答案都劃掉，讓我重寫一張試卷過關。但我不願讓他劃去我的答案，於是我被當了。」我看著他，只見他眼神中閃耀著無畏抗拒的光芒。「我們在我們國家不能學到真的歷史。市面上找不到真正的歷史書，我們不能出版真正的歷史，不能在學校學我們自己的語言。」最後他說，「請幫助我們爭取我們的原住民權益。我對我們在緬甸的前途既關切又憂心。緬甸的政治危機不僅是民主問題而已，它同時也是一個種族與憲法問題。」[51]

一般都認為欽邦是緬甸最窮的一部分。緬甸政權刻意不在欽邦進行醫療與教育投資，而且與克欽或撣邦不同的是，欽邦還缺乏天然資源。儘管已經窮苦到這種地步，大約每隔五十年，一種欽人叫做「毛丹」，意即「死竹」的自然現象就會侵襲欽邦。大片竹林開花，竹花引來成倍數繁衍的老鼠，景象就彷彿舊約聖經中那場大鼠疫一樣。老鼠看到什麼吃什麼——先吃竹子，然後把目標轉移到稻田與米倉。結果導致持久的糧荒。

「死竹」在二〇〇七年侵襲欽邦，根據欽族人權組織提出的報告〈臨界點：緬甸欽邦的食物短缺與飢餓〉，至少有兩百個村子的十萬以上村民受到重災。這等於整個欽邦人口有五分之一受災。根據登錄文件，至少有五十四人因極端營養不良、以及與飢餓有關的疾病而死，但真正死亡總數很可能比這高得多。這場天災蔓延到欽邦境內七個縣，與實皆省部分地區，災區農田百分之八十二被毀。四千多災民逃往印度與泰國。[52]

在這場危機期間，緬甸政權一點忙都不幫。印度當局在印度邊界採取積極救災行動，緬甸政權既未在事先協助欽人，為這場已知就要到來的饑荒做準備，饑荒發生以後也沒有採取任何救災行動。更惡劣的是，欽人組織的跨邊界救災隊伍還橫遭阻撓，無法為災民運交迫切需要的賑災物資。

欽人自己建了一個「欽人饑荒緊急救災委員會」，針對七十幾個村，為受災最重的地區提供援助。幾個國際組織也響應緊急救災，不過規模很小。人道援助救災信託為緊急救災籌款，並且與全球基督徒團結組織合作，遊說英國政府伸出援手。人道援助救災信託的執行長巴倫・考克斯曾數次造訪印緬邊區。《衛報》一名記者在二〇〇八年夏到災區採訪，欽族民運人士還組了代表團訪問倫敦，與國會議員會晤。《星期電訊報》報導了這場饑荒。在一開始，或許他們面對的最讓人沮喪的問題，是世界糧食計畫署否認有這場饑荒。不過事後發現，世界糧食計畫署的調查團隊弄錯了地方——他們被帶去看的村子，根本連竹子都沒有。之後真相揭露，這場饑荒開始獲得媒體報導，英國政府也開始考慮救援之道。二〇〇八年九月，ＢＢＣ世界新聞電台記者製作了一部有關這場饑荒的紀錄片，引起強大迴響。世界糧食計畫署也承認危機是真不假，還說災情「比他們在緬甸查訪過的任何其他地區都要嚴重」。[53]英國國際開發部於是決定撥款六十萬英鎊救災，之後又追加二十萬英鎊。

國際開發部這項援助對災情當然不無小補，但也造成一些問題。國際開發部堅持不經由欽人跨邊界救援團隊，而由仰光的世界糧食計畫署經手，提供這項援助。欽人災民對這件事的反應道盡了一切。巴杜比一名男子告訴欽登（在印緬邊界與欽人一起工作的一名英籍義工）：

> 自勞倫（一百多年前來到這個地區的第一名英國傳教士）建立我們的社區以來，你們英國人救贖了我們的精神，現在你們又來幫我們解決物質需求……當我們聽到這筆英國捐款將透過仰光而來的時候，我們傷心欲絕。捐款如果透過仰光，不可能送到我們手上。國家和平與發展委員會一直就在竊取我們的財物。他們是一群賊；你們給我們的一切援助一定都會被他們偷走。你們

的政府怎麼會相信他們？我敢說，我們什麼也得不到。[54]

國際開發部這項援助，雖說透過世界糧食計畫署與聯合國開發計畫署，確實也送進欽邦的一些災區，但根據報導，在許多地區，它是透過「打工換食物」計畫發放的。精疲力盡、憔悴不堪、餓得發慌的災民，為了換取食物而被迫工作，而且得到的糧食還未必能餵飽一家人。一名欽族救災義工告訴我，「村民必須為食物而工作，但這麼做就得放下自己的工作。這就好像強制勞工一樣。不工作就沒有吃的。」在有些地區，災民確實也領到現金，但領到的不是當地貨幣。走了好幾天的路來領錢、以便買米的村民，又得走好幾天的路去換錢。或許最讓我惱火的一件事是，我在二〇〇九年一次邊界之行中獲悉，災情最重的八里窪縣境有十七個村，當局以貸款方式發放米糧或現金援助，而貸款利息竟高達百分之兩百。

根據欽人饑荒緊急救災委員會的資料，丹良縣八十七個村，只有二十八個獲得國際開發部援助，八里窪的四百零一個村只有七十到八十個村獲得援助，巴杜比更只有九個村獲得援助。這項援助只持續了三個月。

村民往往必須長途跋涉才能領到救濟，領到救濟以後，又得掙扎著穿過一連串軍方檢查站，才能將米糧補給送回家。檢查站的兵即使沒有強取村民領到的米糧，也會向他們大舉索賄。舉例說，國防軍從加拉丹河到八里窪設了十七個檢查站。駕小船沿河而上、將補給送回挨餓村子的村民，每一船必須支付每一個檢查站五百到一千緬幣才能過關。[55]

許多災民為求生存，不得不用野薯與樹根充飢，結果導致嚴重腹痛、胃潰瘍與便秘等重症。除了飢餓與營養不良以外，患慢性腹瀉等等與饑荒有關疾病的人不斷增加，因體弱而罹患其他疾病的人也有增無已。許多地區的兒童因過於虛弱，加以又餓又病而無法上學。欽族人權組織達成結論說，「政府不聞不問，不改濫權本色，也不妥善支援救災行動；飢餓與食物短缺可能造成災難性人道後果」，欽人「現在總算攀上生存邊緣，但他們的掙扎還有很遠的路要走」。[56]

我在二〇一〇年見到幾名這場大饑荒的倖存者。他們都還記得當時曾因世人對這場大饑荒的冷漠而心灰意冷，但對極少數知道他們受苦、設法伸援的人，他們感激不已。一名男子說，「我們無處申訴，求告無門。我們不知道可以向誰傾訴我們的苦難與饑餓。對許多家庭而言，這場饑荒代表出亡，因為留下來會餓死。數以千計村民就這樣離開村子，去外地找食物。他們沒有任何吃的，但有太多淚水。」母親因為過於營養不良已經不能為嬰兒哺乳。他說，「一到晚間，村子充滿嬰兒啼哭聲。」但當救援來到，情勢轉變了，「有了食物以後我們放心了，我們開始相信這場饑荒毀不了我們的村子。我們平靜下來，我們知道可以一家人都有吃的。如果不是你們伸出援手，我們只有死路一條。」[57]

欽邦的欠缺醫療尤其值得緊急關注。根據欽族人權組織的資料，整個欽邦有五十萬人，卻只有八個常設診所。[58]醫生與醫藥都極度欠缺。[59]而且即使有醫藥，不僅品質差，大多數欽人也負擔不起。

也因此，大多數欽人依賴他們自己的資源：設立在印緬邊界沿線、為前來求診者提供援助的診所，以及冒著奇險、在村子間遊走的背包醫療義工。欽地婦女會告訴我，他們的醫療義工每次進入緬甸都得面對遭當局逮捕的風險。但誠如一名義工領導人所說，「儘管情勢這麼困難，我們還是一次又一次不斷進去。我們知道那很危險，但我們要繼續進去。」

我在二〇〇九年見到一名女醫療義工，她被緬甸警察逮捕，被迫付了兩萬緬幣行賄。另一名女義工在八里窪被捕，遭警方盤查了一個小時。後來與她一起被捕的兩名村長老告訴警方，說她只是應他們之請、替他們送食物的人以後，她才獲釋。還有一次，國防軍士兵搜到醫療義工留給村長老的藥，於是從中拿了一些自己用。欽地婦女會發言人告訴我，「我們很怕被抓有兩個理由，一是為了我們自己，再者也為了村民，因為他們會遭到無窮無盡的盤問。」

進入緬甸的救援義工，除國防軍以外還得面對其他危險。一名醫療義工就曾對我說，她差一點在過一條河的時候淹死。二〇〇八年十月三十日，欽族人權運動人士、救災義工約翰．崔辛在為八里窪社區緊急運糧時，因船難而喪生。

欽邦境內因可以預防、可以治療的疾病而死亡的人不計其數，社區醫療義工訓練計畫是因應這場健康危機的重要之道。欽地婦女會辦了幾個訓練班，欽族背包醫療義工也為欽人灌輸了一些基本醫療保健知識。傑出欽族青年醫生沙沙，在印緬邊界遙遠一角的夏比村附近，成立的社區醫療義工訓練班，尤值特別一提。

沙沙生長在南欽邦一個名叫馬拉的偏遠小村。大多數村民，包括他的父母都不識字，沙沙不知道自己的生日，甚至自己哪一年生的都不知道。村子裡沒有電，許多人家連蠟燭也買不起。緬甸軍在村子附近建有一個常設基地，裡面時而駐有兩百名官兵。所以就像大多數住在軍事占領區的人一樣，沙沙在很小的時候就被迫為軍方當挑夫，他的姊姊還被強暴。這個村民幾乎都是基督徒的小村，還被迫在村裡建了一座佛塔。

沙沙在很小的時候就顯得聰明過人，經他的祖母發起，全村人湊錢幫助他上學。他回憶說，「日子非常艱苦，村民想唸書，但他們沒有學校、沒有教師、沒有教科書、沒有鉛筆，也沒有練習簿。」他大約十三歲那年，村民送他到仰光受教育，就此展開他波濤起伏的人生探險旅程。他首先跟隨一名牧師走了三天，之後乘坐竹筏、卡車與公車又走了許多天，終於抵達仰光。沙沙說，整個旅程花了約十三天。

在仰光生活幾年以後，沙沙又回到村子當教師。這段經驗塑造了他的人生願景，對他影響深遠。當時幾乎每星期都有村民死亡，有時死者還是他的學生。身歷眼見這些悲劇的他開始質疑，為什麼他埋的這些人都死於其實可以醫得好的疾病。村裡完全沒有醫療設施，村民也沒有任何基本醫療保健的知識。沙沙開始夢想當個醫生，不過他說，在那個時候，這想法就像想當太空人一樣荒誕。

沙沙也展現與當局培養關係的一套絕頂智慧。有一次，造訪他家的地方軍事指揮官把佩帶的手槍留在他家，忘了帶走。沙沙不准任何人碰那把槍，那指揮官後來回到他家取槍，發現這事，簡直不敢置信。沙沙回憶說，那指揮官「當時幾乎要哭了出來，因為如果丟失了槍，他不能再回部隊，回去就會被捕。他嚇壞了」。國防軍內部懲罰殘忍得令人震驚，那指揮官的害怕絕對有理。就在同一地區有兩個兵，在逃跑時被抓到槍斃，其他的兵被迫吃下那兩個兵的腎，作為不得逃兵的警告。但沙沙認為當兵的軍人並非全無人性，還與那名指揮官交友。「他開始與我談到他的人生。我發現軍中也有好人，想做一些好事，但被迫做壞事。」

為了一圓他學醫之夢，沙沙的村子再次全體動員，賣了豬、雞與牛籌款，送他跨過邊界進入印度。進了印度以後，他在工地打工賺錢，學英文，在錫隆市唸一所專科。他在第一次接受那所學院校長的面試時，因不會說英語，穿的衣服也太差而遭校長拒絕。就像脫口秀藝人站在台上講的笑話一樣，沙沙將那段經歷娓娓道來：由於買不起學院校方規定的服裝，他在那天穿著從一位好心腸女士借來的衣裙——小了好幾碼的一件女裙，與一條愛迪達綠色女用運動長褲——面見那位校長。沙沙說，當時他已經有好幾個月沒有梳洗，披肩的長髮長滿蝨子，積滿塵垢。他站在校長面前，頭頂正好有一具吊扇，他的頭髮於是開始隨風亂舞。沙沙回憶說，「灰塵與各式各樣小蟲飛到校長臉上與他的辦公桌上。我不會說英語，只會說兩個字，一個是『yes』一個是『no』。所以，在見到校長臉色看來不錯的時候，我就不斷一連聲說『yes，yes，yes』，一發現校長面帶不快，我就忙著說『no，no，no』。」校長要沙沙走，先學好英語，買些像樣的衣服，做好這些準備以後再來見他。沙沙遵命照辦，果然獲得錄取，最後以名列前茅的優異成績畢業。

從錫隆畢業以後，沙沙獲得「緬甸展望」獎學金，進入亞美尼亞一所大學就讀。不過他當時不知道亞美尼亞究竟在哪裡，所以選擇這所大學，只因為亞美尼亞的學費比美國或歐洲低廉。但這也意味他得學亞美尼亞語——這是他繼馬拉村方言、欽語、緬甸語與英語之後的第五種語言。

在最後一年醫學院課程即將展開時，沙沙做了一個夢，夢中見到欽邦饑民伸手求援。他回憶說，見到家鄉糧荒經年累月持續不斷的報導令他「心碎」，於是決定返回印緬邊界幫助災民。他利用那年暑假的兩個月假期，在邊界治療了兩千多個病人，然後回到學校完成學位。經過七年研讀，沙沙終於在二〇〇九年成為醫生，回到印緬邊界實現他的夢想：設立一個社區醫療義工訓練班。在一個名為「健康與希望」的新慈善團體運作下，沙沙鼓舞數以百計村民效法他的榜樣。他說，「我的動機很明確。我相信我的同胞有未來。我要幫助那些得不到幫助、沒有希望、也沒有聲音的人。愛沒有邊界，沒有藏身之所，也不能隱藏。」

二〇〇九年十一月，我有幸出席了「健康與希望」訓練中心啟用儀式，幾星期以後，我接到沙沙一封極其感人的電子郵件。在為團結的精義做總結時，沙沙寫道，我謝謝你，因為當我為我的族人哭泣時，你與我一起哭泣，我謝謝你，因為當我為我的族人感動時，你與我一起感動，我謝謝你，因為當我為我那些受了那麼久、那麼多苦難的族人學醫時，你雖然已經那麼博學卻仍與我一起研讀，我謝謝你，因為當我為服務我的族人而畢業時，你與我一起一起畢業，我謝謝你，因為當我傾聽族人哭聲與垂死哀音時，你傾聽我的心聲……我謝謝你，因為你愛我，也愛我的族人。

一年以後，我回到當地，見到一些訓練中心學員。他們幾乎每個人都有一段為教育與醫療奮鬥的感人故事。一名二十三歲的女子，談到她在少女時代如何因為自己村子沒有中學，不得不到另一個村子念書的往事。她每個周末都會回家收取下周需用的食物。她告訴我，「我們會在星期六走一整天，在路上十二到十三個小時，回家過一夜，星期日又走回來，為了不缺課，有時半夜就得動身。我們還得揹著一般而言七到十二公斤重的米。』但到考試的時候，她必須走四天的路，到最近一所舉行考試的學校。她就以這種驚人毅力不斷上進，之後在實兌幫一家人做廚子，進了實兌的大學。「前後三年間，我每天早上四點起床，開始做飯做到八點，然後上學，從早上八點一直上到下午三點。一下課就趕回家做飯，做到六點，然後進修到晚上十一點。」她在二〇〇八年畢業，取得植物學學位，隨即報名加入訓練中心受訓。[60]

另一名學員曾眼見兩個弟弟因母親無力哺乳而夭折。她的一個哥哥死於腹瀉。另有幾個兄弟營養不良，一個兄弟天生殘障，她父親是聾子，還有一個哥哥被當局抓去強迫當警察。她說，「他被抓走以後，我們有十四年沒有見到他。他是孩子兵。最後我們聽說他已經逃出警隊，進了印度。他病了……之後病死。」她發現教育太重要，不僅為她自己，也為了她的社區，她必須受教育。她開始工作，從河裡揹負每個重二十五公斤的沙袋走六公里。每周三次，工作了七周，賺取學費。之後她獲選進入訓練中心受訓。[61]

欽族人權組織是另一個領導欽人、讓欽人鼓舞的組織。由學運人士包良猛與維克多．巴良於一九九四年建立的這個組織，在記錄欽邦境內違反人權事件與發起國際關注的行動上扮演重要角色。

包良猛與維克多都在一九八八年學生暴動事件過後逃往印度邊界，最先都參與了武裝抵抗組織「欽族民族陣線」。維克多．巴良說，「在一九八八年見到緬甸政權幹下的那許多不公不義之後，我是個憤怒的學生。我當時認為，剩下來唯一的選項就是透過武裝鬥爭與緬軍打仗。」包良猛與維克多都在欽邦受過克欽獨立軍的訓，都曾在叢林艱苦跋涉。維克多回憶道，「我們花了八十六天行軍到中國邊界，然後又用了一百二十五天，徒步從中國邊界來到孟加拉。沿途我們經歷饑饉，遭國防軍伏擊，還曾面對許多可怕的情勢。」包良猛得了瘧疾與黃疸，病得很嚴重，在醫院住了三個月。他因為無法回到前線，在克倫人的總部馬尼巴羅當了志願教師，並與其他少數族群團體建立關係。他在馬尼巴羅見到其他少數族群人權組織的運作，於是有了建立欽族人權組織的構想。包良猛說，「我與欽族民族陣線領導人談話，說我們需要建立一個組織。世上其他人不知道我們在做什麼。沒有人會過來幫我們，我們需要向媒體講述我們的故事。」人權問題專家克里斯．雷瓦提供了一些基本訓練，還有一個人捐了一百美元。「我們在曼谷開了一次兩小時訓練會，用捐款買了一部錄音機與一台相機。欽族人權組織就這樣誕生了。」

維克多沒隔多久也走上包良猛這條路，從軍人成為人權運動人士。他說，「我在叢林裡見證許多事，讓我改變了想法。我見到孩子因沒有食物而死，我在戰鬥中失去許多友人，其中有些人還死在我的懷裡。這一切讓我了解到戰爭不是緬甸這場政治危機的解決之道。我相信，進行人權記錄與倡導，讓世人知道我們同胞的遭遇非常重要。」

政治高壓，宗教與種族迫害，極端貧窮，缺乏教育與醫療，再加上饑荒——欽人的日子備極艱辛。許多欽人逃離緬甸，進入印度、泰國、美國、加拿大與歐洲。至少有兩萬五千名欽人或以難民、或以經濟移民身分進入馬來西亞。他們為尋找自由與較好的機會而逃進馬來西亞，但來到大馬以後，他們陷入又一輪貧窮、壓迫、剝削與陷害的週期。

我曾數次往訪馬來西亞欽族社區，發現當地欽人的生活條件不比他們逃出來的那個地方強多少。許多欽人躲在吉隆坡狹窄的公寓裡，衛生條件極差不提，還沒有醫療保險，食物也很缺乏。一個兩房的公寓住了八戶人家、二十七口人，生活在用薄布幕或硬紙板隔成、八乘五英尺大的一個個小隔間裡。還有一些欽人生活在吉隆坡郊外的叢林營區，生活條件與東緬甸那些境內流亡營沒有差別。所有這些欽人都隨時可能遭大馬當局逮捕驅逐出境，並且在逮捕驅逐過程中受盡凌虐。

馬來西亞移民與執法當局中，最讓人談虎色變的團體是一個叫做RELA的保安組織。RELA不過是馬來西亞警方用來替他們幹髒事的流氓團體，最擅長的勾當就是恐嚇難民與移民外勞。RELA經常攜帶棍棒發動夜間突擊搜查，以抓人手法狠毒、對當事人處境全無惻隱之心著稱。他們抓到欽族老人、懷孕婦女與小孩也是一頓毒打，之後送進拘留中心。

送進拘留中心以後，他們的遭遇更惡劣。舉例說，二〇〇七年十月九日，一名在緬甸從佛教皈依基督教的欽族牧師遭RELA逮捕。緬甸政權毀了他的一座教堂。他告訴我，「我們不能在欽邦自由做禮拜。和平與發展委員會企圖影響人民，要他們從基督教皈依佛教。我們面對緬化。」這名欽族牧師在馬來西亞出庭時，法庭不准他帶譯員，判他入獄兩個月並接受杖刑。受刑的時候他被剝光衣物，兩手兩腿呈直角綁在鐵棍上，還被蒙住雙眼。他告訴我，「當他們把蒙眼布取下時，我頭暈腦脹，眼前一片昏花。」他當時被杖打背部，一年多以後，當他向我出示傷處時，行刑留下的瘡疤仍歷歷在目。受完杖刑，獄方用消毒藥膏在他的傷處草草塗敷。他說，「他們對待我就像對待動物一樣。」關了五十天以後，當局把他遣送到泰國邊界。

遭遣送泰國邊界的人，為返回馬來西亞，避免重返緬甸，都得面對一場極其痛苦的掙扎。一般而言，如果能弄到足夠的錢，他們可以買通走私販把他們送回去，但這麼做也讓走私販可以對他們勒索剝削、予取予求。而且就算回到大馬，整場事件仍有可能重演。

一名半欽、半克倫、嫁了一名欽人的婦女，於二〇〇五年四月十三日抵達馬來西亞，第二天就被逮捕。她在被遣送到泰國後，想辦法回到馬來西亞，結果再度被捕。她在二〇〇六年十月十三日二度被捕時已經有了三個月身孕，但馬來西亞移民當局仍然把她送到雪蘭莪拘留中心關了五個月，之後將她移送另一處拘留中心，又關了五個月。儘管她也曾告知當局，說自己有了身孕，但當局仍然強迫她每天清洗房間與廁所，還讓她喝不到乾淨的水。當時聯合國難民署的代表每隔兩星期會來獄中視察，她於是在一次這樣的視察中向代表投訴，也因此惹火監獄當局，將她的工作量進一步增加。獄方不給她適當醫療，不給她乾淨衣物，不讓她充分休息，還迫她清洗地板。在她分娩時，四名女警把她送進監獄醫院，用鍊條把她鎖在床上。她在二〇〇七年四月五日生產，五個小時以後又被送回監獄。當局不准她會客，就連她同樣也被關在拘留中心的先生，也不能來看她或他們的嬰兒。到孩子生下來四個月以後，這對夫婦終於獲釋。[62]她坐在吉隆坡一間黯淡無光、擁擠不堪的公寓，哭訴她的遭遇，為她的未來愁苦。

或在印緬邊界或在馬來西亞，訪問過欽人的外籍人士寥寥無幾。欽人是緬甸遭人遺忘的族群。在我第一次訪問印度米佐拉時，一名欽族難民告訴我，「許多外國人造訪緬甸東部邊區，但直到目前為止，還沒有人來看過我們。我們不斷祈禱，希望外國非政府組織能到西部邊區來看我們，一直不見人來，讓我們傷心落淚。」欽族民族陣線主席對我說，「你的來訪是天賜之福。」但訪問縱能為欽人帶來一些希望與鼓勵，想扭轉他們悲慘的命運，僅僅只有鼓勵還嫌不夠。一天我在艾札爾（米佐拉邦首府，位於一座山頂上，景觀極其壯麗）用餐，桌邊一名欽族青年學生凝視著我的眼睛說，「我們對緬甸前途不抱任何指望。」他以坦誠得令人心痛的口氣說，「如果我們要說事實真相，如果我們要談言論自由，每個人都會擔心自己性命不保。年輕一代人願意冒險，他們要求改變，他們想從一些人那裡尋得希望。但誰能改變我們的國家？他們願意犧牲他們的生命。但情勢沒有希望。他們看不到前途。」[63]像維克多．巴良、沙沙醫生、琪莉．札浩這類人士與欽地婦女會，能為他們的同胞帶來希望與未來。隨著改革展開，以及緬甸政權與欽族民族陣線於二〇一二年一月達成的停火協議，或許欽族人較僅僅兩年以前更有希望了。

第六章

一個沒有國家的民族

任何地方的不公不義，對每一個地方的公義都是威脅。

——馬丁·路德·金恩

絕望之情溢於言表。他們的眼神明顯透露著沒有希望，他們的說詞訴說著沒有國家。一名政治領導人凝視著我，以發自內心的恐懼說，他屬於「一個瀕臨滅絕邊緣的民族」。[1]

這些人是羅興亞人。羅興亞是一個源自孟加拉的穆斯林團體，許多世代以來一直住在若開邦北部地區。成千上萬羅興亞人因受不了家鄉難以忍受的條件而出亡，他們逃進孟加拉，希望能過比較好的日子，結果面對的卻是更多的折磨苦難。約兩萬八千名羅興亞人已經獲得聯合國難民署正式承認，安置在兩個難民營中。但還有好幾萬人只能在沒有登記、生活環境不忍卒睹的臨時營區落腳，或在散布於泰納、尤基亞與吉大南部地區的村落中苟延殘喘。他們幾乎得不到任何教育或醫療，即使在正式登記有案的營區，他們的住所也極為簡陋。雨季時，雨水從屋頂滴落，滲入地上，造成永遠無法揮別的泥潭。至於那些生活在聯合國難民署難民營外的羅興亞人，情況更加可悲。

羅興亞人不僅遭到緬甸政權壓迫欺凌，還得面對種族歧視。特別是一些若開族人，與他們尤其鬥得水火不容。此外，一些緬族與其他少數族群的人，或由於與若開結盟，或由於他們本身的宗教與種族偏見，也十分鄙夷羅興亞人。不過羅興亞人的命運之所以如此悲慘，最主要的原因是緬甸政權不承認他們是緬甸人民。[2]

據信，在若開邦兩百五十萬到三百萬人口中，約有一百萬羅興亞人。在羅興亞人聚居的北若開邦，全部九十一萬人口中有七十二萬五千是羅興亞人。在若開邦大城蒙奪與布帝洞，他們分別占當地居民人口總數的百分之九十六與八十八，在過去稱為Akyab的首府實兌，羅興亞人也占了一半人口。此外，流亡海外、住在孟加拉、馬來西亞、泰國、巴基斯坦、沙烏地阿拉伯、阿聯大公國、歐洲與美國的羅興亞人也有一百萬。[3]

由於沒有公民權，羅興亞人幾乎在生活各方面都受到限制。想從一個村旅行到另一個村，他們至少必須取得村主席、鎮領導，還有「納薩卡」邊防隊等三個地方當局的批准。這類審批的取得著實不易，往往得需時五天。而且至少得付五百緬幣賄款。如果想前往另一個鎮，至少得付一千緬幣賄款。而且就算付了賄款，拿到審批，羅興亞人還得應付沿途檢查站的騷擾。也因此，想從事任何有意義的經濟活動，或想上學受教育或求診，都受到嚴厲侷限。想前往位於實兌的一家大醫院求診的羅興亞人，往往領不到旅行許可。

他們想結婚也要申請許可，結婚的審批往往費時數年，而且得花五千到五十萬緬幣打點、行賄。未經許可而結婚的人會遭起訴，最高坐到五年牢。

用一名羅興亞人的話說，「教育系統很爛。」雖說每個村子都有小學，但在許多學校，大多數教師不是穆斯林，因為羅興亞人不是公民，不能做公務員，也就是說，他們不能當教師、不能當護士、不能擔任任何其他公職。在若開邦羅興亞人聚居地區任教的佛教徒教師，有時一整年都不來上課，學校也被迫關閉。在三個羅興亞人聚居的縣城蒙奪、布帝洞與德堂，總共只有十二所中學。

只有極少數羅興亞人能夠唸完中學，而這些人就算成績很好，想繼續深造也不得其門而入。有些羅興亞人利用線上課程進修，但仍得取得許可才能前往實兌，在若開邦唯一一所大學參加考試。在二〇〇五年，只有四十五名羅興亞人能到實兌參加考試。自二〇〇五年起，赴實兌的旅行申請一直遭到當局系統化拒絕。

在以極端緬族主義自詡的法西斯軍政權，以及變態式政治佛教主義的雙重壓迫下，緬甸穆斯林就像基督徒一樣也受盡迫害。羅興亞穆斯林幾乎不可能獲准修繕或擴建清真寺或其他宗教性建築。據羅興亞人士說，自一九六二年以來，幾乎沒有建過新的清真寺。蒙奪的中央清真寺據說到現在還只建了一半，並且沒有屋頂，在二〇〇五到二〇〇八年間，至少有十二座清真寺與穆斯林學校遭拆毀。二〇〇六年七月與八月，當局以建造時未經官方許可，或以不能證明經費來源為由，下令關閉大量清真寺與穆斯林學校。在北布帝洞，八座清真寺在二〇〇六年年中奉命關閉，同年年底，又有十七座清真寺與穆斯林學校奉命拆毀，其中八座被毀。二〇〇七年年初，德堂與南蒙奪的三座清真寺與穆斯林學校被迫關閉。根據羅興亞問題專家克里斯·雷瓦二〇〇七年向美國國際宗教自由委員會提出的證詞，在北若開邦，至少有十四人因未經許可整修一棟穆斯林宗教性建築物而坐牢，其中包括兩名教士。[4]

像緬甸大部分地區一樣，強制勞役、勒索與土地沒收事件在北若開邦也很普遍。不同之處在於，在北若開邦，這類事件似乎專門鎖定羅興亞人。我於二〇〇八年在孟加拉國首都達卡見到的三名納薩卡邊防隊逃兵證實，當局確實專挑羅興亞人下手。其中一人說，「我在納薩卡邊防隊那幾年歲月，每天都要逮捕穆斯林、勒索金錢、折磨他們，早已習慣了那一套。」[5]另一人也承認，「我們只抓穆斯林，不抓若開人。見到穆斯林，我們就會將他們逮捕……逮捕以後，我們強迫他們替我們工作……

我不願意折磨、毆打穆斯林，但我奉命這麼做。我對自己做的那些事非常愧疚。現在逃了出來，我快樂多了。」[6]

一名羅興亞人說，「勒索情況非常嚴重，我們如果想從一個村子到另一個村子，就得準備一路上打點納薩卡的錢，另外帶好購物的錢。我們在經濟上完全一貧如洗。」有時當局會找些特定藉口要錢，例如他們會指控羅興亞人未經許可前往孟加拉，私自擁有行動電話等等。少數羅興亞人擁有孟加拉的行動電話，但如果被當局發現，他們會被迫支付十萬到二十萬緬幣。不過就算是捏造罪名，當局對索賄仍然樂此不疲。有一名羅興亞男子請准許可去了一趟孟加拉，但在二〇〇八年八月二十七日當局趁他外出時來到他家，向他的家人勒索五萬緬幣。而且有時勒索根本無須解釋理由。羅興亞人會莫名其妙地被捕，然後得付一萬到兩萬緬幣行賄才能獲釋。納薩卡會在夜間來到村子，需索金錢或牲口。一名羅興亞人說，「這是每天發生的例行公事。」

一名逃離納薩卡的軍官證實這說法。他說，他所屬的那個營駐在靠近孟加拉邊界安塔皮的納薩卡一號區，每天晚上他的營都會前往羅興亞人的村子，找那些去過孟加拉的村民。他回憶說，「我們先踢開所有每一戶人家的門，逮捕所有穆斯林勒贖，不管他們是不是去過孟加拉。我們每天這麼做：一個晚上一個村子，第二天晚上換一個村子。許多穆斯林受盡折磨。抓到穆斯林以後，納薩卡會對他們施加酷刑，迫使他們繳錢。穆斯林得賣掉他們的牲口，牛、羊與雞，籌錢交給我們。籌不出錢就會被打。」

有時納薩卡在抓到穆斯林以後不要錢，也不要牲口，卻要穆斯林提供強制勞役。那名納薩卡前軍官說，「我們用穆斯林挖掘碉堡工事。每個村子都得出十個或十五個人。他們做的是白工，而且得自己準備吃的。有些家庭一點吃的都沒有，因為他們被迫為納薩卡整天工作。」[7]二〇〇八年七月，從蒙奪到布帝洞的公路遭豪雨沖毀，數以百計羅興亞人被迫投入重建工作。許多羅興亞人還被迫替納薩卡購買、栽種麻風樹，或耕作稻田。

為了讓羅興亞人屈服，軍事執政團開始將緬人移入北若開邦，在當地建了一連串所謂「那塔拉」的「模範村」。以位於孟加拉邊界附近、有八十二個村的蒙奪為例，目前為止至少已經建了五十個模範村。一般而言靠羅興亞人做奴工而建的這種模範村，住的都是緬族佛教徒。願意移居北若開邦的緬族佛教徒可以獲得獎勵。當局的計畫是，讓這些緬人逐漸擁有附近土地，在當地取得領導地位。一名羅興亞人告訴我，「我們耕作出來的土地被沒收。穆斯林逐漸失去土地，成為沒有地的人。」在有些案例中，羅興亞人擁有的土地被沒收，交給緬族移民，然後這些原本是地主的羅興亞人可以繼續在交給緬人的土地上耕作，但每耕作零點四畝地，得付五袋半、每袋五十公斤的收成給緬族移民，作為土地租金。

像整個緬甸的情形一樣，強暴在羅興亞人聚居地區也十分普遍，但有些專家認為，羅興亞地區的強暴犯行沒有其他地區那麼嚴重——不過想找證據極端困難，因為羅興亞伊斯蘭文化極端保守，婦女即便遇害也可能更加不願聲張。但無論怎麼說，只要有國防軍的地方，強暴案就層出不窮。一名在一九九一年逃到孟加拉的女難民，談到那個恐怖的夜晚，仍然餘悸猶存。她的丈夫已經逃了，她的表兄已被軍隊打死，國防軍大攻勢也已展開。她說，「那天晚上，軍隊來到我們村子，挨家挨戶把婦女拖出來強暴。我聽到士兵的吵雜聲，嚇得尖叫，本村的人趕來幫我。士兵沒有強暴我，但要我交出一頭羊。我第二天就拋下一切，逃過邊界。」她又說，還有一次，一名國防軍上尉下令村中男人交出婦女供他淫樂，有名男子因不肯交出他的女兒而被毒打。

納薩卡的一名逃兵證實強暴事件確實很多。他告訴我，「班長與伍長特別喜歡強暴穆斯林婦女。他們先把全村所有男子集中在一個地方，要我們這些低階的兵持槍看守，一方面讓軍官強暴婦女。有一次，我就在村子裡負責看守村中男子，讓一名班長與幾名伍長性侵他們的妻子。」[8]

像對付境內其他反對派一樣，緬甸政權對羅興亞民運與反抗團體的報復也極端惡毒。不分青紅皂白的逮捕與折磨也非常普遍。在二〇〇八年七月，來自阿利山雅村（又叫哈楚拉塔，位於蒙奪南方十二英里）的六十七歲男子艾希拉．米亞，在遭警方監禁十二天之後死亡。他在沒有控罪的情況下遭到監禁，還被酷刑虐待。他由於無力向警方行賄而被打死。

一般而言，司法程序外的殺害都不會有人報導。不過，緬甸政權向羅興亞發動了幾次規模相當可觀的軍事行動，造成無數人死亡。一九九四年，為報復武裝反抗團體「羅興亞團結組織」的活動，國防軍發動一項攻勢，據報導有好幾百名來自蒙奪與布帝洞的羅興亞人在一處軍營遭到屠殺。有關這次事件的確實紀錄一直無法取得，不過有畫家畫了一幅畫，描述屠殺慘狀。羅興亞人士說，緬軍把抓來的羅興亞人犯排成一排、站在集體墓穴前，然後士兵用一把鑳子重擊每一名人犯的後腦，把那人打進墓穴。有些人當場死亡，但許多人被活埋。

曾參與包括達佛（發生在蘇丹的種族滅絕暴行）在內各式人道危機救援工作、仰光一名外交官說他「一眼就能洞察人類慘劇」的一名聯合國高級官員，形容北若開邦羅興亞人的遭遇是他所曾見過、否定基本人類自由權的最惡劣暴行。無國界醫生組織已經將羅興亞人列為全世界瀕臨滅絕危機的十個民族之一。孟加拉境內一名羅興亞民運人士在總結情勢時說，「緬甸政權企圖消滅我們的民族認同。在非常近期的未來，我們到不了那裡。我們的社會會開始解體。我們最關切的就是我們絕不能就這樣被消滅。這是我們的土地，我們要有充分權益與尊嚴地住在我們的土地上。我們需要國際幫助。」另一名民運人士也說，緬甸政權為了達到「若開土地上沒有穆斯林」的目標，準備要「終結羅興亞」。他警告說，他的族人「只是在為爭生存而奮鬥」。

有關他們民族起源的問題爭辯不休，使羅興亞人的命運更加悲慘。許多緬族人與若開人，甚至對「羅興亞」這個名字都提出質疑。不過這些爭執與分裂，都是緬甸政權最拿手的分化與統治戰術的運用成果。緬甸聯邦全民聯合政府（緬甸民主運動流亡政府）在一九九二年九月二十四日發表的文件中指出，緬甸政權正「利用這些分歧，藉以營造民眾對維持強大軍力的支持」。[9]

儘管民主運動陣營中確實有人不肯承認羅興亞人，對羅興亞人公開表示懷疑，但採取不同看法的也大有人在。緬甸聯邦全民聯合政府強調，「信伊斯蘭教的羅興亞人生活在若開這個地方已有許多世紀」，應該享有與緬甸所有其他公民一樣的權利。文件中指出，「他們是緬甸公民，在過去民主時代也參與過緬甸政治。這些事實不容否認。」[10]二〇〇〇年，羅興亞的一個武裝團體「若開羅興亞民族組織」與「若開民族聯合黨」結盟。緬甸聯邦全民聯合政府與若開民族聯合黨，都因這些立場、甚至因為承認羅興亞人的存在，而遭到極端若開分子猛烈批判。本身是若開人的若開民族聯合黨總裁欽貌博士，就因為與羅興亞人結盟，而被一些若開人冠上「穆罕默德欽貌」的稱呼。

羅興亞人與若開人所以爭得這麼兇，當地的歷史是一個原因。一些若開人說，孟加拉人直到十九與二十世紀才來到北若開邦，到颶風於一九七八與一九九一年蹂躪孟加拉之後，大批孟加拉人才移居若開。[11]令人感到反諷的是，這正是最大批羅興亞難民逃出緬甸、進入孟加拉的年份。有些人以一九四七年要求自治的聖戰運動歷史為根據，認為羅興亞人有另外建立伊斯蘭國的秘密圖謀。[12]另一方面，羅興亞人則說他們在若開已經生活了許多世紀。孟加拉歷史學者阿布杜．卡里博士說，羅興亞人分幾個階段進入若開，「有些羅興亞人以商販的身分，遠從阿拉伯與波斯而至，有些以征服者的面貌，隨著入侵大軍而至，有些人是被海盜抓來的受害人，還有些人為了過太平日子而來……在十七世紀，由於穆斯林詩人、學者、聖徒與行政官員的奉獻，若開國勢達到頂峰。」[13]卡里以發生在九世紀一次海難事件的歷史報告為證，認為「羅興亞人在若開已經生活了一千多年」。[14]

一些羅興亞人說，穆斯林國王在一四三〇年曾經統治若開，歷時一百多年。馬丁．史密斯質疑這項論點。[15]他說，他們所說的穆斯林國王指的是若開王納拉米克拉。史密斯說，納拉米克拉王與緬甸王打了許多場戰爭，在其中一場戰爭落敗以後，他逃到孟加拉，投奔高爾的阿麥德王，在那以後，納拉米克拉王與他的繼承人都用了穆斯林封號，但這些封號只是「王室尊稱」，並不是皈依伊斯蘭教的結果。根據史密斯的說法，無可爭議的是，「各式各樣歷史家與穆斯林學者都錄有證據，證明早自第八與第九世紀起，若開海岸沿線已經有穆斯林居住，或已經建了穆斯林屯墾區。若開最大的幾座清真寺中，有一座是十七世紀建的。」[16]

不論歷史怎麼說，羅興亞人在北若開住了許多代是不爭之實。他們究竟住了幾代或許還有待辯論，但我們至少可以肯定地說，在緬甸獨立以前，他們已經生活在北若開了。據說，前緬甸總統、身為撣人的蘇瑞泰曾指出，「若開穆斯林毫無疑問是緬甸原住民的一支。如果他們不能算是緬甸原住民，我們也不能算。」[17]

雖說若開曾在一九四二年出現一場大規模反穆斯林暴動，導致三百多處穆斯林宗教中心被毀、數以千計羅興亞人逃離家園，但直到尼溫執政以前，若開人與羅興亞人彼此之間一般都能和平相處，在實行民主統治期間，羅興亞人享有公民權，可以全面參與緬甸社會。從一九四八到一九五八年、之後又從一九六〇到一九六二年擔任總理的吳努，曾授權緬甸廣播公司用羅興亞語廣播，國會中也有羅興亞議員。[18]尼溫奪權以後，羅興亞人的命運變了。

曾經是尼溫的親信、在尼溫政府擔任過部長的一個人告訴我，尼溫有一套「沒有形成書面的政策」，要一步步按照次序除掉穆斯林、基督徒、克倫人與其他少數族群。這個人告訴我，尼溫對穆斯林尤其痛恨。

尼溫在一九七八年發起一項野蠻兇殘、代號「龍王作戰」的行動。這項行動儘管以羅興亞武裝叛軍為目標，卻迫使數以萬計羅興亞平民百姓逃離家園。據估計，在這場前後三個月的行動中，約有二十萬羅興亞人逃進孟加拉。[19]

三年以後，如本書前文所述，尼溫開始推出計畫，剝奪羅興亞人的公民權。尼溫政權以一名前最高法院大法官為首，設了一個諮詢委員會。這個委員會認定緬甸有八大屬於傳統原住民的族群，分別是緬族、克欽、克倫、克耶、欽族、孟族、若開與撣族，此外還有一百三十五個大小族群團體。誠如艾洛・達西法在《曼谷郵報》所說，羅興亞人很是不滿，認為當局沒有將他們視為有別於「若開」的另一大類，會使他們成為「沒有國家」的人或「異類」。羅興亞愛國陣線於是率先發起運動，反對這項認定。根據達西法這篇報導，羅興亞愛國陣線表示，諮詢委員會此一認定會「讓若開穆斯林因為得不到緬甸公民權的保證，而永遠朝不保夕……取消這類人民的公民權，會讓他們『被自己的國家驅逐出境』」。[20]當局沒有理會羅興亞人這些抗議，一九八二年公民法隨後於翌年生效。之後幾年，羅興亞人的地位更形惡化，淪為「臨時居民」，當局還給他們發了白色「臨時登記卡」。甚至只為了取得臨時居民身分，羅興亞人仍得繳交兩千五百緬幣。一名羅興亞人對我說，「政府說我們不是公民，只是居民。」[21]

前後許多年間，外在世界對羅興亞人的命運幾乎一無所知。但在二〇〇九年月，數以百計羅興亞「船民」為躲避迫害與饑荒，從緬甸逃進泰國與馬來西亞的報導占據了國際媒體頭條。由於人蛇集團助長，羅興亞「船民」現象已經行之有年，而它所以引起國際媒體注意，只因為泰國現在開始在他們抵達泰國海岸時逮捕他們，把他們押回海上。根據《國家報》的報導，泰國當局「把他們送上沒有引擎的小船，不給他們充分的食物與飲水，讓他們在海上漂流」。根據報導，可能已有五百人溺死。[22]CNN記者丹・里佛斯進行了一次調查，拿到泰國當局在普吉島北部一處海灘拘留羅興亞人的證據。這些羅興亞人被迫躺在驕陽下，想坐起身來的人會遭鞭打。[23]更駭人聽聞的是，CNN還說它已經從直接與泰國這項行動有關的人那裡取得一些非常獨特的照片，顯示泰國當局把坐著難民的那些破船拖到海上，然後切斷拖索一走了之，讓難民在海上自生自滅。[24]

一名遭泰國當局逮捕的羅興亞青年告訴記者約翰．卡林說，泰國人把他與另外兩百個人關在一座島上，看管了一個月，之後把他們送上一艘駁船，拖到海上。泰國人給了他們食物與飲水，但駁船上的引擎已經卸下。他說，「我們在海上漂了十四天。許多人病了，許多人不省人事。我想這一次死定了。我們不敢指望能見到陸地或獲救，我們連開口說話的力氣都沒了。」卡林的報導寫道，到第十六天，他們見到陸地，翌日發現駁船周遭都是漁船。他們已經到了印尼。[25]

根據克里斯．雷瓦的估計，從二〇〇六年十月到二〇〇八年三月間，有九千名羅興亞人乘小船離開孟加拉。[26]這波流亡潮一直持續到今天。許多人終於沒能見到泰國、馬來西亞與印尼。他們乘坐的小船過度超載，引擎有問題，行在波濤洶湧的海上自是凶多吉少，數百上千的人就這樣因沉船而溺死。雷瓦經營了一個名叫「若開計畫」的非政府組織。

眼見羅興亞人悲慘命運引發的國際關注不斷升溫，緬甸政權開始用更毒的手段嘲弄羅興亞人。緬甸駐香港總領事葉明安在二〇〇九年寫了一封信給所有駐港外交使節與《南華早報》總編輯。信中除了一堆外交辭令外，還寫到他的觀察心得：

事實上，羅興亞人既不是緬馬人也不屬於緬馬族群團體。你們看照片就可以看出來，他們的膚色是「黑褐色」。緬馬人的皮膚又光滑又柔軟，也很好看。（我的膚色就是真正典型緬馬紳士的膚色，你們一定也都同意你們的同事葉先生長得多英俊。）那與你們在報上見到、讀到的很不一樣。（他們醜得像吃人魔一樣。）[27]

除了運用這類種族歧視論調與宗教敵意以外，緬甸政權還大舉操弄第三種工具以對付羅興亞人：指控他們是極端分子。雖說就大體而言，緬甸政權這類指控誇大其詞，而且只是一種宣傳工具，但羅興亞人投入極端主義的說法並非空穴來風。一小群羅興亞人確實與極端分子團體、特別是與孟加拉境內團體有聯繫。緬甸問題專家伯蒂・林納說，一九八〇年代初期從羅興亞愛國陣線分離出來的羅興亞團結組織，已經成為「最兇悍的主要派系」。九〇年代有傳言說，孟加拉與巴基斯坦的「伊斯蘭大會黨」、阿富汗的「伊斯蘭黨」這類伊斯蘭極端組織，正在羅興亞人社區招兵買馬。林納寫道，「有人在羅興亞團結組織設在孟緬邊界的營區看見阿富汗的教官，近一百名羅興亞團結組織叛軍，據說正在阿富汗的霍斯特省與伊斯蘭黨戰士一起受訓。」[28]盟軍在「基地組織」設在阿富汗的檔案櫃中發現一支影帶，上面還標有「緬甸」字樣。[29]不過必須強調的是，近來已經沒有傳出這類活動的報導。

我坐在東倫敦的辦公室，聽一群羅興亞難民談他們的故事，這些故事與我已經聽到的差不多：「我們是一群在自己的國家都沒有祖國的人。就算是動物也有從一處搬到另一處的權利，但我們沒有。我們得不到受教育的機會，像活死人一樣。」

一名羅興亞青年男子含著淚，向我訴說他在緬甸的一些經驗：「我們每天都得面對騷擾與屈辱。」惱人的小事件俯拾皆是。一名七十歲的男子因為是羅興亞人而領不到上船的票。一群羅興亞學生在上清真寺祈禱途中，在一處警方檢查站被攔下來，警方還下令要他們摘下便帽。一名學生帶齊了一切證件卻仍然在檢查站前被攔下來，不准放行。他問警察為什麼，警察說：「你信錯了教。」

聽到這許多沒有天理的事，即使是鐵石心腸的人想不同情、想不動怒也難。我問他們，對極端伊斯蘭主義、對打著伊斯蘭名號散布仇恨的作法有何感想時，他們笑了。其中一個人說，「你難道不能從我們的臉上看出我們信什麼嗎？」我看得出：他們的臉孔流露著溫和、仁慈、和平與美。又一人說，「我們的同胞沒有時間搞極端伊斯蘭主義。我們的同胞想到的只是眼前問題——在緬甸受到的苦難，怎麼把食物擺在餐桌上，以免家人挨餓。」

但之後我又問羅興亞人是否有走上極端的危險、一小群與聖戰團體有關的羅興亞人影響力是否可能不斷擴大時，一名聰明、有思想、隨身帶著一本馬丁．路德．金恩的書的羅興亞人，表情嚴肅地點著頭。這人名叫努洛．伊斯拉。他說，「如果情勢不改變，他們有可能被迫鋌而走險。如果他們認為這世上沒有友人，沒有人會為他們撐腰，而那些極端伊斯蘭主義分子卻為他們提供這類援助，日後他們確實有走上極端的可能性。」

這是問題核心。緬甸民主運動其他成員需要認清一件事：除非能在對付緬甸政權的抗爭中擁抱羅興亞人，將羅興亞人視為盟友，將羅興亞人納入緬甸前途問題的討論過程中，他們將在日後面對一項非常嚴重的挑戰。歐／緬辦公室已經知道這問題的嚴重性，在它的簡報中達成結論說，「必須想辦法讓他們參與緬甸的建國進程。不理會或排擠他們解決不了問題，事實上還會使情況惡化，製造更多問題。」[30]

一些若開人也了解這一點。一名若開領導人告訴我，「我們必須向溫和派羅興亞人伸出雙手，因為如果不這麼做，他們在走投無路的情況下自必加入極端伊斯蘭主義陣營。」而且若開人與羅興亞人一樣，同為緬甸政權迫害下的受害者。在學校，教師只能用緬語、不能用若開語授課。若開人與羅興亞人其實同病相憐，都有剷除緬甸政權、重建民主的共同目標。一名若開領導人在與我談到羅興亞人時說得好：「對於一個擁有如此悠久歷史的民族，怎能剝奪他們的公民權？」[31]

羅興亞人目前尚能苟延殘喘，但他們沒有國家。孟緬邊界的難民一再告訴我，讓他們擔心自己將無法生存的，正是這種沒有國家的狀態。當他們在孟加拉的時候，孟加拉人對他們說，他們是緬甸人，應該回緬甸。但在緬甸，他們受到敵視，緬甸人說他們是孟加拉人，應該回孟加拉。一名難民說，「我們困在鱷魚與蛇之間，進退兩難。」另一名難民也以絕望的口吻說，「我們在緬甸受到的待遇像是外國人一樣。但如果我們真是外國人，請告訴我們，我們究竟是哪個國家的人，我們會去。」[32]

第七章

逃兵與孩子兵

我目前還在死地，但應該不久就能抵達生地了。

——約翰．紐頓*

「翁山蘇姬是一位非常了不起的領導人，不過我們政府不喜歡她。」這些話讓我聽得很詫異——倒不是因為這些話本身或因為它們表達的情緒，而是因為說這話的人是一名緬甸現役軍官。他繼續說，「她處於一種極度困難的情勢，但我會為她祈禱。」

不滿當今政府、渴望緬甸改革的人，不僅限於學生、僧侶與民運人士而已。一般認為，緬軍低階官兵士氣極度低落，叛離、逃兵事件比率已經高到讓政權憂心的地步。一份據說來自緬甸政權的機密報告說，逃兵人數已經高達每個月一千六百人，單在二〇〇六年五月到八月間，根據報告就有九千四百六十七名逃兵。[1]二〇〇〇年一到四月有七千七百六十一名逃兵。[2]二〇〇九年八月初，單是駐在欽邦的三二四輕步兵營一個營，[3]就有七十名士兵叛逃。一個月以後，駐防密支那／八莫公路沿線、克欽邦境內岡道陽村與拿桑陽村附近的二十名軍官叛變，投入克欽獨立軍。[4]若開新聞社在二〇〇七年報導，若開邦境內叛逃事件「與日俱增」，僅僅一個月內，就有六十九名軍人叛逃，二十七人退役。[5]

大多數逃兵之所以叛逃，是因為當軍人條件太差：薪餉低，配給少，受到的待遇也很差。不過，也有士兵是倒戈投入民主運動或少數族群抵抗組織。我會見過好幾十名逃到緬甸邊界的緬軍逃兵，其中包括一些孩子兵。他們在從部隊逃亡的時候，都知道自己冒的風險：一旦被抓，幾乎一定會遭處決。緬軍高級軍官也一再嚴厲警告在少數族群聚居地區作戰的緬軍，一旦被少數族群抵抗團體抓到會有什麼可怕的下場。

覺吉亞十一歲那年在等公車時被抓去當兵。當時他在車站等車去他姑姑家，一卡車國防軍開來抓住他，對他說，不跟他們去當兵就要坐牢。他在被綁架三年之後對我說，「我沒有其他選擇。」

他被抓進丹義光縣塔欽郭第一營營部，國防軍禁止他與父母聯絡。同一營區還有至少三十名與他同齡的孩子。覺吉亞在這個營區關了八個月之後，國防軍把他送進第五營的一處正規軍訓練設施。他在這裡接受五個月基本訓練，訓練項目包括每天早上跑五、六英里等等。之後國防軍把他調到克倫邦帕本縣的輕步兵三四一營，然後又把他送上前線。他說，他的那個單位有三十名士兵，其中至少十五人是與他同齡的孩子兵。

覺吉亞說，緬甸軍中生活「像地獄一樣」。小兵們受盡欺凌，因為沒有執行基本任務而遭到毒打是家常便飯。他見證多次對克倫村落的攻擊，軍隊圍捕百姓，強迫他們為軍方做挑夫，士兵們在進了克倫村落以後，還奉令燒、殺與強暴。覺吉亞說，「這裡根本不講法律。」軍方一再警告他說，如果他敢逃跑，一旦被克倫人抓住，一定會被克倫人殺了。他相信他們說的這些話，但是日子實在過不下去，於是他下決心逃跑。[6]他說，「我確實相信克倫人非常壞，也知道我如果逃跑很有可能碰上克倫

---

* 編註：十八世紀的英國水手，早期從事奴隸貿易，後來改過遷善，從事廢奴運動的推廣。著名歌曲《奇異恩典》（*Amazing Grace*）的歌詞即為他所填。

人，但我反正也不想活了。」[7]

事實與國防軍的宣傳完全相反。覺吉亞幾乎剛一逃離營區就被克倫人抓住，但克倫人非但沒有殺他，還為他提供庇護。他告訴我，與克倫人在一起讓他感到「安全、自由與被愛」。[8]

其他孩子說的故事也同樣淒苦。一名十四歲的男孩在看完電影回家的路上被綁架，被迫在前線與克倫人戰鬥。國防軍命令他挖掘戰壕與散兵坑，給他吃飯與香蕉，每個月只付他六緬幣——當時根據規定，緬軍的軍餉是每個月從三千到十萬緬幣不等。[9]另一個男孩十四歲那年在曼德勒一處火車站因沒帶身分證件而被抓，送進一處警察訓練中心。他回憶說，「我在抵達訓練中心時發現，所有男孩都只有十一到十五歲。將近三百個男孩被捕。我就這樣失去童年，只有恐懼與暴力驅策著我。」

就孩子兵佔人口的比率而言，緬甸或許高踞全球第一。「人權觀察」組織在二〇〇二年發表一篇題為〈我的槍與我一樣高〉的報告，報告中指出，國防軍據估計至少有七萬名孩子兵，很可能相當於緬軍總兵力百分之二十。「人權觀察」在二〇〇七年發表另一篇報告，題為〈被賣做兵的人〉，與〈兒童與武裝衝突觀察名單〉於二〇〇九年發表的報告〈不要再抵賴〉，都對緬甸孩子兵的真相提出更深入的證據。克倫人權團體等其他組織，也已提出各種有關孩子兵的紀錄文件。一名叛逃投奔克欽獨立組織的前緬軍少校曾對我說，他看過許多孩子兵，緬軍抓孩子當兵主要是為滿足營的徵兵目標。根據規定，每個營每個月至少要徵五名新兵，達不到這個標準的營會遭到懲罰。這名前少校說，緬軍因此不斷到火車站、公車站、街區角落以及其他公共場所抓人，能抓多少就抓多少。他說，「有時抓來的這些孩子太小，晚上還會尿床。這大概可以讓你知道最年輕的孩子兵有多大了。」[10]

二〇〇六年，為會見兩個從緬甸逃出來的孩子兵，我們走了好幾個小時穿越泰國叢林。叛逃的人，包括孩子兵在內，不能在泰國取得難民身分，泰國與緬甸軍事執政團還訂有一項協議，根據這項協議，泰國當局要將所有在泰國境內找到的叛逃分子交還緬甸。也因此，我與當時擔任歐洲議會人權問題調查員的愛爾蘭政界人士賽蒙．柯文尼，不得不穿過叢林，來到一處秘密地點。

那兩個孩子兵九個月以前剛從他們的部隊逃出來。其中一個說，他從來就不喜歡當兵，但有一次在參加佛教節慶活動之後返家途中被軍隊抓住。軍方以他沒有攜帶身分證明文件為藉口，將他關了四、五天。之後給他一個選擇：加入軍隊，否則坐牢。他就這樣加入軍隊，被送進瑞保新兵訓練中心，接受兩個月基本訓練，還要幹炊事與照顧牲口的活。之後當局把他調往實皆省第十號軍訓營，接受四個半月訓練，學習使用槍械與手榴彈，還被毒打了許多次。他說，「我被打，特別是如果我顯得對這些訓練沒有興趣時，尤其會被打。他們用鋼條與竹桿打我，有一次還用自行車上取下的一根棒子打我。」他說，十號軍訓營有二百五十名學員，大多數都是十四、五歲的男孩。[11]

在基本訓練結束後，他被送進駐在撣邦的一一二步兵營，之後又從撣邦進入克倫邦。每在行軍途中，只要他摔倒，步伐慢下來，或因攀爬山路而露出疲態，必遭拳打腳踢。他被迫揹負兩百五十發子彈，一個地雷、還有一枚手榴彈。他奉命見到陌生人就開槍，因為對方可能是「叛軍」。[12]

從逃兵與叛逃人士的證詞中，我們可以對國防軍的態度、行為與政策有非常清晰的認知。一名二十二歲的青年告訴我，在服義務兵役期間，他聽到同袍總是把少數族群描繪成「骯髒的皮膚病」。他所以逃兵，特別是因為他不願執行那些違反人權的命令。二〇〇七年九月，他所屬的輕步兵五九〇營奉命調遣五十名士兵前往仰光，協助鎮壓抗議示威，他於是決定逃亡。他不願開槍打老百姓與僧侶。他在逃亡兩個月後，與我在泰緬邊界見面時告訴我，「我要告訴其他被迫加入軍隊的士兵，只要有機會就要逃。」他對其他緬軍官兵提出一句忠告：「不要再服從任何命令。」[13]

有些緬軍官兵已經聽到這句建言。仰光軍區司令員據說因為拒絕下令對抗議人潮開火而「獲准退休」。[14]另有五名將領與四百名官兵也因類似的抗命行為而遭拘捕。[15]一名叛逃潛入泰國的少校告訴BBC，「示威者非常和平。後來當我聽說他們遭到槍殺，軍隊動用催淚瓦斯時，我實在受不了，我心想，軍隊是應該用來保衛人民的……我知道當局計畫毆打那些僧侶，還要槍殺他們，如果我繼續做下去，就必須執行這些命令。我是佛教徒，不願加害這些僧侶。」[16]緬甸駐倫敦大使館外交官葉敏登，為抗議僧侶們遭到的「恐怖」對待而辭職。他說，「我這一輩子從未見過這樣的場面。政府逮捕、毆打和平的佛教僧侶。這場革命，這次事件鬧得這麼大，似乎足足可以說服政府走上談判桌。但結果是，政府棄事實於不顧。」[17]

不過一般而言，造成逃兵的主要原因不是對殘酷暴行的憤怒，而是對薪酬與條件過差的絕望。一名十九歲的前軍人告訴我，雖說根據正式規定，他在孟邦的直通受訓期間，每個月應該可以領到一萬零五百緬幣，結訓以後領一萬三千緬幣，但士兵通常領不到足額。就算有時領到足額，領到的也不是現金，而是只能在軍方經營的商店使用的代用券。他們還必須自己花錢買制服，這筆開銷為一萬緬幣，幾乎等於一個月軍餉。這也是國防軍所以搶劫、勒索村民財物的部分原因——而許多人認為，緬甸政權刻意鼓勵士兵這麼做。[18]前欽邦少校、從緬甸逃到美國的東澤良證實了這一點。他說，「政府迫使軍隊在前線幹壞事。士兵每天領五緬幣買食物，但五緬幣連一個雞蛋也買不到，因為一個雞蛋要四十五緬幣。所以在軍中，士兵必須出去找吃的。政府對這類掠奪偷竊事件很清楚，但他們為什麼容許這類事件不斷發生？所有這些事件都對士氣構成非常惡劣的影響。士兵吃不飽，必須說謊、偷東西，必須每天為生存而掙扎，軍人的精神都變質了。」[19]

當然，並非所有逃兵與變節的人都是被迫從軍的。有人也曾將從軍視為一種榮耀，希望能從軍報國。他們叛逃只因為希望幻滅。

我在二〇〇九年克倫革命紀念日慶典上遇到這樣一個人。他是緬族人，當時二十四歲，兩年前當尉官時逃離他已經服役五年的軍隊。他在十七歲那年加入軍中，在國防學院唸書。在軍校接受基本官校生訓練的三年期間，他對緬甸政權的性質沒有起過半點疑心。但在奉派進駐克倫邦以後，一切都改變了。他告訴我，「我見到軍中高層與中低層之間的不平衡與歧視，還見到許多壓迫平民百姓的事件。我們每次開往前線，一定會下令村民替我們挑東西。我不喜歡這樣的事，也想辦法躲開它們……我在從軍之初，想的是報效國家。但在親身經歷這一切不公不義之後，我決定離開。」

在駐防美潭對面的塔力毛期間，他愛上一名克倫族女郎。採取行動的關鍵時刻於是到來。「營長不高興。他不允許我與一個克倫的女孩繼續要好。我因此叛逃……我是來自實皆省蒙瓦的緬族人。軍隊告訴我，我那女友是不同國的人，與她在一起是不可能的。他們開始對我個人進行干預與施壓。」

他說，國防軍確實利用許多孩子兵、而且待遇很差，還說像他一樣想逃的軍人很多，「其他軍人也與我有同感，只是他們沒有個人選擇的自由，不得不服從緬甸政權。」他又說，逃亡的風險極高，而且一旦離開緬甸就別想再回去。「我如果回去，要坐二十年以上的牢，或遭處決。我也不敢與親人聯繫，因為根據緬甸法十七條第一款，與非法組織接觸得處三年徒刑，另據十七條第二款的規定，與反對組織接觸的人得處七年徒刑。」不過他的結論是緬甸全民都在受苦受難。「我主張緬甸實行民主，主張尊重少數族群的權利。緬甸情勢越來越糟，方方面面都在不斷惡化。」[20]

這樣的民主呼聲，在緬甸已經引起較想像中更廣泛的迴響。一名現役班長很難得地接受了一次自由亞洲電台的訪問。他在訪問中說，「特別是在二〇〇七年鎮壓佛教僧侶與二〇〇九年審判翁山蘇姬之後，緬軍基層官兵對軍政權極度不快。他告訴自由亞洲電台，我們，包括老百姓與軍人，都要民主。我們同情那些僧侶，也認為那些下令採取這種暴力手段的軍官有一天會遭到報應。」不過他承認這種情緒在基層官兵中最強烈：「我願意與人民站在一起，但較高層的軍官不大可能這麼做。」[21]

少數叛逃人士已經積極展開反政權行動，在流亡國大聲疾呼，要求他們過去的同事起而響應。二〇〇五年逃離緬甸的前少校軍官包泰敏建了一個網站，對抗緬甸政權的宣傳。曾任緬甸駐華府副武官的前少校翁林德在二〇〇五年叛逃，開始厲聲批判緬甸政權，揭發據說是丹瑞將軍下令進行的許多嚴重違反人權案件。[22]翁林德說，緬甸政權在二〇一〇年舉行的選舉意味「緬甸人民將失去一切重獲自由的希望，現在統治緬甸的那些將領將保有他們的權力」。[23]他在二〇〇八年呼籲國際社會加強對緬甸政權施壓，還做了一項預測。他告訴緬甸民主之聲：「根據我的經驗，我認為丹瑞將軍經不起壓力……我曾說丹瑞將軍需要的是棍子而不是蘿蔔。」

包括聯合國與國際社會在內的四面八方，一旦同時開始有效施壓……他會打出幾張王牌，先釋放翁山蘇姬與幾名政治犯做做戲。這些人一旦獲釋，國際壓力減輕。至於緬甸政治，將領們非常了解，沒有翁山蘇姬女士支持，什麼事也辦不了。所以翁山蘇姬女士一旦重享自由，如果獲得國內外人民有系統的支持，他們就非進行對話不可。

翁林德的預言果然成真。但儘管如此，雖說對話已經展開，翁山蘇姬也已經參與政治程序，軍方仍然大權在握。翁林德強調，應該採取更多行動鼓勵軍人背棄緬甸政權。他說，「軍隊裡面的情況與外界想像的並不一樣，並非所有的軍人都反對民主。軍中也有許多人希望國家能繁榮，希望國家能進步。我敢說，只要情勢有利，只要建立了信任，至少少將級以下官兵會毫不遲疑地與親民主人士聯手。也因此，我們必須想的是，怎麼做才能使少將級以下官兵起義。」[24]

我曾多次走訪緬甸境內，會晤過一些現役軍官。根據這些軍官帶給我的表面印象，我認為翁林德言之有理。與軍人面對面會談讓我覺得，殘酷野蠻的其實是這個政權，是這個系統；置身其中的人，特別是那些階級較低的人，往往只是人在江湖、身不由己罷了。

在一次仰光之行中，我意外結識一名緬族人，還應邀到他家作客。剛走進他家，我就發現牆上掛著一套緬軍制服。於是我故作不經意狀地問道，「你家有人在軍中服役？」那位滿臉堆笑、熱烈歡迎我的父親忙點頭說，「是的，就是我。我是團士官長。」他告訴我，曾經在幾個少數族群聚居的邦服役。我腦海中於是盤算他或許親歷過那些可怕的行動。訪問結束後，他陪我走到公車站，我問他，住在這裡的居民都是些什麼人。他笑說，「這裡住的都是軍人，這是一座軍眷城。」我才發現自己誤打誤撞、進了國防軍地盤，他們原先如果知道我是幹什麼的，我敢說就不會這麼歡迎我了。人總有基本人性，總有家庭，卻不得不在這樣一種不人道的系統下運作：而這正是緬甸人每天必須面對、每天與之掙扎的悲劇。

在另一次緬甸之行中，我在眉苗一家咖啡廳用餐，一名國防軍軍官走進來，身邊還伴著兩名白人婦女。他們就在我旁邊落座，那軍官於是與我搭訕。在談得熱絡了些以後，我好奇地問他，他身邊那兩位女士來眉苗有何公幹。他說，喔，她們是俄國人。接著，他主動向我透露了一些或許他本不該透露的消息。他說，「她們在國防學院教俄語。」我曾聽說俄羅斯專家正在協助緬軍，現在獲得證實了。

民主運動與國際社會應該仔細聆聽翁林德的建言。逃兵與叛離緬甸政權的人，雖是這場民主鬥爭極端重要的一部分，卻一直遭到忽視，從未獲得他們需要的支持與鼓勵。不僅對國防軍那些違反人權的犯行，包括緬甸的擴軍，緬軍使用化學與生化武器的傳聞，發展核武器的有關報導，以及緬軍武器來源與緬甸政權對毒品走私的依賴等等，這些逃兵與叛離人士都是彌足珍貴的情報來源。更何況，他們還能在削弱緬甸政權的過程中扮演重要角色。甚至有人認為，除非緬軍出現重大分裂與大規模逃兵潮，否則緬甸情勢永遠變不了。也因此，民主運動與國際社會應該採取更多行動，讓那些叛離的勇士們獲得他們所需的保護。登盛的逐步改革進程一旦停滯，他們的角色會較過去更重要。

第八章

政治犯與刑求室

你們要紀念那些被囚禁的人，好像與他們一起被囚禁；也要紀念那些受虐待的人，好像你們也親身受過虐待。

——希伯來書13：3

維盈溫東出生時，她的父親貌埃身陷獄中。他是一九八八年學生暴動事件領導人之一，被當局在眉苗關了一個月。之後儘管獲釋，當維盈五個月的時候，他又被判了八年徒刑。維盈在一九九三年又一次見到父親時，已經四歲了。她回憶說，「在那幾年，我只在照片上看過爸爸。那段日子非常艱難。我常常不解，為什麼我的爸爸總不回家。」有一天，維盈的媽媽告訴她，她們要去看她爸爸了。維盈說，「那是一棟大建築物，我當時心想，喔，這是我爸爸的家。我不知道那是監獄。」獄方只准維盈母女與貌埃會面半個小時，四歲大的維盈渴望抱她父親。「我等了那麼久，就想他能抱抱我，但隔著鐵欄，他畢竟還是沒能抱我。」

在服刑前六年，貌埃被關在惡名遠播的仰光永盛監獄，家人還可以每星期前往探監。但在刑期最後兩年，當局把貌埃移送到兩百公里外、勃固省的東宇。貌埃終於在一九九七年獲釋，並立即再次投入民運。

他的女兒維盈於二〇〇六年離開緬甸，前往英國唸書。同一年，維盈的父親主辦了一項要求釋放政治犯的請願活動，還籌得五十三萬人表示支持的簽名。[1]《緬甸文摘》的讀者票選貌埃為「年度政界人士」。二〇〇七年三月，貌埃協助發起「白色周日」行動，參加行動的抗議人士都穿上白衣，造訪政治犯的家庭。[2]幾個月以後，在後來人稱「番紅花革命」的抗議活動進行期間，維盈一天傍晚透過電話與父親交談。她回憶說，「他似乎非常有信心。」

在與父親通電話數小時以後，維盈接到BBC緬甸語部門打來的電話。她回憶說，「他們告訴我，說我父親已經被捕。我當時還對他們說，『不會吧，那不可能，我才與他通過話呢。』我打電話給媽媽，但線路斷了。一天以後，她打電話給我，說父親被帶去訊問。」前後兩個月時間，維盈家人一點他的音訊也沒有。之後家人獲悉，貌埃已經被關在永盛監獄，被關在一起的，還有後來所謂「八八世代學運團」的其他幾名領導人，包括郭奈、郭基等等。審判在獄中進行，貌埃面對二十一項控罪。

二〇〇八年十一月十一日，貌埃與郭奈、吉米、郭基等其他十三名著名民運人士都被判刑六十五年。[3]值得一提的是，據星象家說，「十一」是丹瑞將軍的幸運號碼，因此這次審判選在十一月十一日宣判，刑期六十五年也暗藏玄機：因為六加五等於十一。貌埃被送到克耶邦的壘固服刑。壘固位於仰光東北三百五十公里，維盈的母親想去探監不僅極端困難，旅費也讓人難以負擔。貌埃隨後於二〇一〇年被移送到南撣邦的東枝。維盈告訴我，「除非緬甸情勢轉變，我這輩子再也見不到父親了。」

直到二〇一一年下半年為止，緬甸情勢似乎看不見任何轉機，緬甸政權釋放政治犯的機率也幾乎等於零。不過，在總統登盛表示有意領導緬甸走上另一個方向時，國際社會也表明緬甸首先必須釋放政治犯。於是，緬甸政權在二〇一一年十月放了約兩百名政治犯，其中包括喜劇演員札加納與勞工運動人士蘇素內。一月三日，當局又放了三十三人，但八八世代學運團那些領導人沒有一個獲釋。維盈原本燃起的希望又告幻滅，整天彷彿坐著情緒摩天輪一樣，忽悲忽喜。

不過，十天以後，登盛採取他直到目前為止最大膽的行動，一舉釋放好幾名最著名的異議人士：郭奈、吉米、郭基、台基偉，還有維盈的父親貎埃。那天早上我在準備登機飛往曼谷時聽到這個消息，立即打電話給維盈賀喜。兩星期以後，我有幸在仰光見到她父親與其他家人，還有許多八八世代學運領導人。他們不僅熬過牢獄之災，在這場恐怖的劫數中生存下來，還能堅定不移、愈戰愈勇，真令人稱奇。在獲釋僅僅兩周之後，他們以極度清明的條理與我談到未來。他們完全沒想到自己的福祉或復出，全力關注的只是如何重新展開活動、為緬甸的改革效力。

但同樣令人感嘆的是他們並無仇怨。在與台基偉討論是否應該讓緬甸政權為它的暴行負責、以重建司法正義時，他說，調查事實真相有其必要，不過應該以和解與防止這類犯行重演為目的。他說，「我們可以原諒，但我們不能忘記。」台基偉強調他希望能與政府中有志改革之士一起工作。緬甸政權能有這樣寬宏而優雅的對手，真算走運。

登盛將他們釋放，無疑是迫於國際壓力下的一步大膽的棋，但我們不能高興得過早。因為他們根據緬甸刑法四〇一條而獲釋——換句話說，就技術而言，當局只是暫時讓他們不必服刑，可以隨時取消這項優惠。也就是說，他們仍然有犯罪紀錄，不能擔任政府公職。他們不能領護照，當局對於恢復他們公民權的問題也隻字不提。很可能的情況是，登盛在釋放他們這件事上曾與政權內部強硬派激戰，他只能做到這麼放人，但這同時也意味，除非緬甸能出現基本制度性與法律性的改革，八八世代學運領導人這類異議人士隨時可能再遭拘捕、下獄。我在會晤郭基時，邀他出席我在緬甸境外籌辦的一項會議並在會中發表演說，他婉謝了，告訴我說因為他與其他八八世代學運領導人都領不到護照。他說，以歐盟為例：歐盟如果想解除不發簽證給緬甸政權成員的禁令，應該同時要求緬甸政權發護照給前政治犯，准許他們赴海外訪問。在經過許多折衝、抗爭之後，緬甸政權在這個問題上終於讓了步。

我問郭奈——翁山蘇姬除外，緬甸最著名的異議人士——怎能熬過二十幾年的牢獄歲月。他提醒我，這期間他還有十五年在只有一個人的禁閉牢房中度過，不能與任何其他人接觸，甚至是獄卒在隔著鐵欄、為他送牢飯的時候也背對著他。這些獄卒奉命不可以與他目光接觸。對於我這個問題，郭奈的答覆有三點：「我的佛教信仰，幽默感，以及我對民運的承諾。」

這些歷經黑牢大劫的異議人士表現的勇氣自然令人感佩，但他們不是緬甸政權殘酷暴政下的唯一受害人。他們的家屬也同樣受盡折磨，而且往往只能在不為人知的情況下，默然承受這一切。這些家屬展現的勇氣與奉獻同樣值得我們感念。

雖然眼見父親與全家人承受這麼多苦難，維盈自己也決定投入民運。她利用在英國享有的自由，成為著名的緬甸民運鬥士，在國會聽證會上作證，在抗議集會中發表演說。緬甸民運人士組成的一個代表團在二〇〇八年會見英國首相高登．布朗，她也是代表團成員之一。緬甸政權在發現這件事以後，開始增加對維盈家人的騷擾。但維盈也有她父親那股奮鬥不屈的熱情與毅力。她說，「我不怪我的父親。父親這麼做為的是我們全民。他想推動改革。我不責怪父親。我要責怪政府。將我們拆散的是政府。我只想見到緬甸出現改革，讓我再次見到父親。」

身為緬甸政治犯的家屬，承受的苦難大得難以想像。除了家庭拆散造成的情緒創傷以外，他們還得面對嚴厲的財務困境。有時這是因為原本負擔家庭主要生計的人陷於獄中，但家屬在職場受到的嚴重歧視，往往為這類困境帶來傷口撒鹽的效應。雇主對政治犯家屬一般既感懷疑又感害怕，他們擔心聘用與民運有牽扯的員工，會對他們的生意造成惡果。自己是老闆的政治犯家屬，常發現客戶在當局恐嚇下開始抵制他們，或者會被迫簽署文件，聲明自己與政治犯無關，聲明自己不同意政治犯的觀點。許多政治犯還被刻意關在距離他們家鄉幾百哩外的地方，讓家屬的探監極端困難而且耗費不貲。這是緬甸政權又一樁殘酷暴行。

儘管數以百計政治犯已經獲釋，仍有數以百計的政治犯還關在牢中。政治犯監獄的生活條件之惡劣令人難以想像。根據政治犯援助協會的資料，緬甸有四十四所監獄與至少五十個勞改營。在二〇一一年，緬甸有大約兩千名政治犯，現在的人數為接近一千人。

有些政治犯的刑期長得驚人，在二〇一一年新曙光展現以前，他們一輩子也沒有出獄的指望。二〇〇九年一月三日，全緬甸學生會聯盟成員敏于剛被判刑一百零四年。當局不准他聘請律師，也不准他的家人出庭。[4]撣族民主聯盟（在一九九〇年選舉中贏得二十三個國會議席）主席昆吞烏在二〇〇五年被判刑九十三年。根據昆吞烏二〇〇九年從獄中託人夾帶而出的一封信，他向世人表示，「我們沒有犯任何罪。我們重申我們的目標在於為我們的人民爭取民權，為人民帶來和平、公正與平等。」[5]敏于剛與昆吞烏兩人都在二〇一二年一月獲釋。

民運人士為什麼坐牢？原因非常簡單：因為他們說出心裡想說的話，或因為他們鼓勵他人說出心裡想說的話，如此而已。有些民運人士名氣非常響亮，例如郭奈，或因為二〇〇八年指責政府在納吉斯風災期間救災不力，而被判刑五十九年（之後獲減刑為三十五年）的喜劇演員札加納。札加納在發起納吉斯風災救災活動之後被捕下獄，之後緬甸政權為示改革，而於二〇一一年十月將他釋放。他很早就是著名民運人士，過去也曾幾次因此下獄。[6]他講了一個最有名的笑話，是這樣說的：「每一個國家都會吹牛自己的偉大。有些國家誇稱，它的國民如何沒有手竟還能寫字，還有些國家誇稱，它的國民如何沒有腿竟還能跑。不過它們都比不上我們緬甸。我們緬甸有一群將領，沒有腦竟還能統治國家長達四十年！」[7]也難怪緬甸政權不喜歡他了。

札加納的密友田林（是一位藝術家，本身也坐過幾年牢）說，札加納有一種超人一等的本領，特別能記住人物、事實與笑話。而且他的笑話渾然天成，不僅僅只在表演場合發揮而已。他的笑話大多數以緬甸政權為挖苦對象，並且很能呼應時事。田林記得，「有一次他在電話中對我說，『田林，你知道速成寶寶嗎？』我說，『我的天啊，什麼是速成寶寶啊？』他答道，『你笨嘛。沒聽過什麼是即溶咖啡，速食麵嗎？只要打開包裝，注進滾水就行了。告訴你，兩個月以前，丹瑞將軍嫁女兒，不到兩個月，她就生了寶寶啦。這不就是速成寶寶嗎？』」還有一次，郭奈與其他異議人士發起一項每個人都穿上白衣的運動。札加納對田林說，「我們搞這個白衣運動有什麼了不起，政權已經發明了白色網際網路。不信你打開電腦看看，除了一片白，什麼也看不到！」就連緬甸政權竊聽他電話這件事，也成為他取笑的題材。札加納有一次對田林說，「我非常幸運。無論想對政府說什麼，只要拿起電話，對任何人說都可以，政府都聽得到。我就有這種直通政府的特異功能。」

蘇素內是第一個控訴緬甸政權使用強制勞工而獲勝訴的緬甸人，她也因此被捕下獄。她在關了兩年以後獲釋，卻在獲釋一年之後因參與番紅花革命再次被捕。這一次她被判刑十二年半，不過在二〇一一年獲釋出獄。

妮拉登是又一名著名政治犯，她在一九八八年學運與番紅花革命中都是領導人。她後來嫁給吉米為妻，兩人在二〇〇七年生下一個寶寶，取名「陽光」。在「陽光」只有五個月大的時候，妮拉登被迫躲藏。她一開始帶著陽光一起躲，但由於陽光的啼哭可能曝露行藏，吉米的高齡老母於是代她照顧這個寶寶。BBC的安德魯・哈定在二〇〇七年九月作了以下報導：

> 他們的公寓現在由便衣警察把守。兩名守在門口，兩名守在屋外，還有兩名守在對街。他們等在那裡，看妮拉登會不會返回公寓找什麼珍貴的東西——她有個五個月大的女兒……不久前一天晚上，妮拉登偷偷潛回公寓近處，近到可以從開啟的窗口聽到屋內傳來的寶寶哭聲。她說，「他們在用她為餌。我應該餵她奶。但我不能就這麼投降。」一名友人以崇拜的口氣告訴我，她是個倔強的女人。[8]

妮拉登說，她既不肯認輸，又滿懷母親對女兒的自然關愛，「當我不得不把女兒留給婆婆、自己潛逃時，心中百感交集，哽咽得不知如何是好。說那是我這輩子最痛苦的時刻一定錯不了……但我一點也不後悔。我不後悔是因為就像看著我女兒一樣，我在這個國家許多張孩子的小臉上也看不見未來。我用這個想法鼓勵自己，繼續這場奮鬥。」[9]妮拉登在幾近一年以後被捕，[10]幾個月以後與丈夫吉米一起被判刑六十五年。兩人被關在不同的監獄，前後四年多時間沒有見面。他們在二〇一二年一月獲釋時，在仰光機場久別重逢。我在兩周以後見到吉米。我覺得對他進行政治性訪談、要他詳述這許多年來的苦痛過於殘忍，於是只問他太太與孩子都好嗎。他笑了，說她們都好。

妮拉登的經歷，或許稱得上其他女性政治犯經歷的典型。在一九九〇年下獄之後兩個月，她發現自己懷了身孕。當時她被判處三年勞役，關在一間單獨囚房裡。雖然懷孕，獄方還是規定她必須在監獄各處做工。她回憶說，「我被迫擦地板，替植物澆水，清除監獄花園裡的青苔。」當她被捕時，至少有二十名軍情與警方官員在半夜來到她的住處。用這麼大陣仗「逮捕一名手無寸鐵——連一根髮釵也沒有的婦人！我第一次體會到什麼是『無助』。你得全靠自己，沒有人能幫你。」她當時雖然為英國大使館工作，但在她下獄期間，就算是英國大使也幫不了她。儘管如此，在這段期間以及之前於一九八九年被捕下獄的那段日子，她沒有背叛那些為她提供消息的線民。她說，「我沒有說出任何一個名字。沒有人因為我走漏口風而被捕。我閉緊我的嘴，心想：『你們想對我怎麼樣都可以，但我絕不會說出同謀。』」

動物系畢業生、兩個孩子的媽美美，由於在番紅花革命中扮演領導角色而於二〇〇七年十月十四日被捕。據說當她在監獄中被判刑六十五年時，她對著法官大叫道：「我們永遠不會被嚇倒！」她當時由於參與一九九六年抗議，已經坐了五年牢。[11]

儀儀由於參與一九九六年抗議被判刑十四年。被捕以後，她被蒙上眼睛、銬上手銬帶進一處審訊中心。當局關了她十天，不讓她洗澡，隨後把她送進永盛監獄關了十一個月，之後轉送達亞瓦底監獄，並且遭到或許是最狠毒的一種折磨：毒蛇不斷遊進她的牢房。她說，「當蛇進來的時候，我大叫求救，但獄方工作人員並不理會，原來這是一種折磨手段。我一直就怕蛇、怕老鼠，偏偏這兩種東西不斷闖進我的牢房。」她還發現浴室有一個偷窺孔，「獄警在我們洗澡的時候偷看我們。」儀儀與妮拉登聯名向監獄當局投訴，寫信給內政部，還通知了國際紅十字會。事隔三個月，在國際紅十字會的一次視察之後，獄方把這個偷窺孔補上了。

蘇孟耶是女性政治犯中年齡最年輕的，她在二〇〇〇年才只有十九歲的時候被送進永盛監獄。她在當學生時參加過一九九六年抗議示威，大學在事件過後關了四年。她既不能繼續學業，於是投身政治活動，參加全國民主聯盟青年團，出席翁山蘇姬主持的討論會，研究如何讓年輕人繼續學業。在她被捕的那天晚上，二十名士兵、警察與地方當局突襲她的家。她回憶說，「我當時只有十九歲，又瘦又小。他們都是四十多歲的人，但他們把我當『敵人』看待。」蘇孟耶年紀雖小，勇氣膽識卻很有可觀。她回憶說，「我當時問他們，有沒有搜索我的房間的搜索狀。一名軍人說，『喔，妳還很聰明啊！』我告訴他們，如果要進我的房間就得出示搜索狀。」軍警們沒有理會她，推開她闖進她的房間，拿走所有他們要拿的東西，包括全國民主聯盟的照片與文件，還有翁山蘇姬頒給她的一個詩文競賽優勝獎品。

在遭拷問期間，當局一再要蘇孟耶簽一份譴責民運活動的文件。她說，「我告訴他們，我不會簽，因為如果我簽就是撒謊。我不能保證自己不會參與。」她還提醒他們她為什麼參與民運。「如果大學沒有關，我們能繼續唸書，我不會在這裡。」她在遭到一頓毒打之後，被戴上頭罩，關進一座死囚牢房，獄方人員還一再告訴她，只要簽一紙文件，保證不再從事政治活動，她會立即獲釋。前後有四個月時間，她的父母不知道她在哪裡。她睡在冰冷的水泥地上，沒有乾淨衣物，月事來潮時也得不到醫療協助。她非常沮喪，但她始終不肯服輸。

眼見形體虐待不管用，當局使出「好條子」這一招。他們知道蘇孟耶因監獄生活條件惡劣而掙扎，於是想用美食打動她。她描述當時的情形：「獄裡面的食物實在太可怕，我告訴他們，這樣的東西就連狗都不會吃。於是有一天，他們把我領進一間美麗的餐廳，有一張沙發椅，還擺了一桌菜。我這一生從沒見過這麼可口的料理。見到這些食物讓我饞涎欲滴，我真想吃它們。但他們對我說，我得先給他們兩個東西才可以：第一個，簽一份文件，宣布我不再介入政治；第二個，告訴他們誰是我的同謀。但這麼做，我得背叛我的同志。」處於這種情況下，她可以選擇悲慘的牢獄生活，也可以選擇美食與獲釋的大好良機，誘惑之大可想而知。但令人嘆服的是，她堅持了立場。「我告訴他們，我想吃這些東西，但我沒有他們要的情報。我告訴他們，我要回我的牢房了。我不能背叛我的人。回到牢房以後，我開始努力吃我的牢飯。」在她被捕五個月以後，大學復課，當局又一次想引誘她簽署不參加政治活動的保證書。「我笑問他們，『你們能保證大學不會又關了嗎？』這話惹火了他們，他們對我說妳真是個笨女孩，還說他們不能保證這事。於是我告訴他們，我不能保證從此不參加政治活動。『如果大學又關了，我該去哪裡？我又會上街抗議，又會被捕，像是循環一樣。』」蘇孟耶在一年以後獲釋，在緬甸當了記者，之後前往曼谷，在自由亞洲電台工作。

在她於二〇〇八年獲釋時，緬甸服刑最久的政治犯是溫丁。他是全國民主聯盟最資深領導人，翁山蘇姬的密友，也是作家。溫丁於一九八九年被捕，當他於七十九歲獲釋時，他已經被單獨監禁了十九年又三個月。在這漫長的苦牢歲月中，他大部分時間被關在一間原本用來養狗的小屋裡，而且沒有床。他後來告訴《獨立報》記者安德魯．邦康，「頭三、四年的日子可怕得像地獄一樣。我遭到酷刑，遭到拷問……有一次他們一連不停地問了我五天五夜，不讓我睡，也不給我吃東西。」他見證獄友死亡。他說，「我的許多友人死了，我看著他們死的。」但像其他政治犯一樣，他也展現驚人的專注力，為獄友寫詩，寫故事。在一九九六年寫信給聯合國、揭發獄中狀況以後，他發現自己原本的刑期竟然變長了。他說，「我不知道該怎麼保持自己神智清明，但我知道我必須工作。」[12]

英國攝影師、人權運動人士詹姆斯．馬凱，為籌備一項名為「儘管我已獲釋，我還無法釋懷」、為全球政治犯請命的行動，而在溫丁獲釋一年之後與溫丁會面，想拍一張溫丁的照片。馬凱照了好幾百張前政治犯的照片，其中有許多是緬甸人，每一名政治犯都伸出他們的手掌，掌心都寫著一名目前還關在監裡的政治犯的名字。在他為溫丁拍的那張照片中，溫丁舉著手掌，掌心用黑色簽字筆寫著「翁山蘇姬」。這張照片後來成為國際媒體頭條，但對馬凱而言，與溫丁這次會面機會之所以如此特別，不是因為這張膾炙人口的照片，而是溫丁這個人。馬凱回憶說，「溫丁面帶燦爛、動人的笑容，來到我們約見的地點。雖說他的身體狀況很差，但他顯得那麼充滿活力。他了解圖片的力量，要把訊息完整地傳遞給外在世界。」這次會面經過精心策畫與保密，所有涉及人士，特別是溫丁，都得冒很大風險。馬凱說，「他隨時可能又被抓回去坐牢，但他沒有因此退縮。他坐了十九年牢，牙齒都被打落，被關在獨監，但他坐在我前面說，『我不在乎回去坐牢。』他不改初衷，渾身散發著一種威武不屈、富貴不淫的奇妙魅力，讓你感動，讓你覺得自己也有力量。」在這次會面過程中，溫丁無論走到哪裡都有人跟監；有一次當溫丁與馬凱在一座高樓頂層會面時，出現了一幕匪夷所思、卻又令人噴飯的場面：一名男子突然出現在窗外。「我們當時置身二十四樓，外面下著傾盆大雨，而這人突然窗外現身，假裝是擦窗的工人。而且他目不轉睛瞪著我們，並不裝模作樣。我們彼此對望，決定該離開了。」

還有許多名氣比較沒那麼響亮的政治犯，也有說不完的故事。網路部落客奈妙覺就是其中一人。奈妙覺擁有三家網咖，使用筆名「Nay Phone Lath」在線上發表文章。根據《時報》的報導，他的部落格只是描述仰光日常生活的艱辛而已，政治色彩並不濃厚。他被關了二十年。沙威因為寫了一首詩，含沙射影暗諷丹瑞而坐了兩年牢。甚至是兩人的辯護律師翁盛，都因為替兩人辯護而坐了四個月監。[13]一名攝影師拍了一部讓人震驚的影片，記錄颶風納吉斯造成的孤兒的慘狀，六個月以後，他在二〇〇九年被捕，罪名是可以至少關十年的「未經獲准私自拍片」。[14]緬甸中部那卯縣一群村民具狀檢控國防軍，說國防軍強佔他們的土地，結果其中八名村民被捕。後來雖然有些人獲釋，但其中一名名叫左泰的村民，因為「接近一處禁區，做了可能為敵人利用的紀錄」而被控違反官方機密法。[15]二〇〇九年十二月三十一日，流亡組織緬甸民主之聲地下記者拉拉溫，因違反電子法而被判刑二十年。她當時已經因幾個月以前的另一項宣判而開始服刑七年，所以她加起來得入獄二十七年。根據緬甸媒體協會的資料，至少有十四名地下記者二〇〇九年在緬甸被捕。[16]

在一名緬甸譯員的協助下，我在二〇一〇年透過電話訪問了部分這些政治犯的家屬。這些政治犯都被關在遠離家鄉的監獄，而且大多數人都患有重病。又名泰溫昂的永喬，後來在二〇一二年獲釋時接受過我的面訪。他被關在緬甸最南端、泰國邊界附近的高東監獄，牢房只有八乘十二英尺那麼大。從仰光到高東，單程得花一天半的時間，但由於沒有火車或公車可通，家屬想探監只能搭乘飛機，而機票貴得驚人，不是一般百姓所能負擔得起。在他獲釋以前，他的健康狀況讓人越來越擔心：他有高血壓與胃潰瘍的毛病，但當局不給他治療，也不讓他運動。他只能依賴妻子每次探監時帶去的藥，但他的妻子每個月只能探監一次，每次只有半個小時。而且每次探監時，獄警都在一旁緊緊盯著。

當永喬的妻子來到高東時，當局只准她每次停留最多四天。她想盡辦法希望在全國民主聯盟民運人士的家裡多住一些時候，但當局怕她與駐在泰國邊界的民運團體建立關係，下令她返回仰光。當永喬被捕時，她與永喬才新婚四個月。

在電話訪問中，郭奈的家人也告訴我郭奈的身體狀況很糟。他被關在撣邦的景棟監獄，距仰光足有一千多英里。郭奈也患有高血壓，還有痛風與嚴重的眼疾，但當局不給他治療，也不讓他運動。家人送來的食物包裹在郵局被毀，而且只能每個月探一次監，每次只有二十分鐘。郭奈在那以前已經被關了十四年。當他於二〇一二年一月獲釋、我在兩周以後見到他的時候，有鑑於他經歷的這一切總總，他看起來雖說已經相當不錯，但他的健康情況顯然不佳。

台基偉被關在若開邦的布帝洞監獄，距仰光七百多英里。家人每次前往布帝洞探監得花將近八百美元，而且到了那裡也只能在警衛貼身監視下，與台基偉會面二十五分鐘。監獄裡沒有電，沒有醫生。家人寄來的食物包裹要花五天時間才能送到台基偉手上，但郵政當局總會先把包裹拆開檢查，檢查過後也不會把裡面的東西妥善裝回去，結果食物都壞了。台基偉之前已經度過十二年鐵窗歲月。他的家人在電話訪問中告訴我，「他的信念非常堅定，他的承諾也非常堅定。只是他有可能死在獄中。」所幸他也在二〇一二年獲釋，當我見到他時，他煥發的容光與不屈的毅力都讓我深受感動。

許多政治犯死在獄中。政治犯援助協會在一份報告〈緬甸的監獄與勞改營：無聲的殺戮戰場〉中說，至少有一百三十九名民運人士「由於酷刑折磨、得不到醫療與不適當醫療條件直接造成的後果」而死於獄中。[17]二〇〇五年五月，昂蘭溫在被捕六天後死亡的事件就是例證。政治犯援助協會在一篇名為〈無聲的八秒鐘：鐵窗後的民運人士之死〉的報告中指出，「根據經過北哦格拉醫院四名醫學專家鑑定的驗屍報告，三十歲的昂蘭溫在送到醫院以前已經死亡。」醫生發現他的屍身上有二十四處外傷，三根肋骨有裂痕，第四根肋骨「斷成兩截，造成心臟瘀傷」。他的喉部與氣管也有瘀傷，他的胃與結腸「正在腐爛」。診斷書上說他死於心臟病。[18]

不准患病的政治犯就醫，或許是緬甸政權最狠毒的政策之一。[19]二〇〇六年十月，德溫昂在罹患腦性瘧疾之後，死於實皆省南迪監獄。他在死前沒有接受過治療。二〇〇九年十二月二十三日，三十八歲的丁丁惠馬佩因動脈瘤破裂死於永盛監獄。[20]二〇〇九年十二月，番紅花革命領導人、全緬甸僧侶聯盟創始會員甘比拉據說患了瘧疾。當時他被關在距仰光一千多英里、實皆省的格里監獄，[21]服刑期六十八年的刑。在移往格里以前，甘比拉被關在距仰光稍近一些的坎底監獄。在他移送格里監獄前，他的母親在一次三天的探監之行中說，「從曼德勒到坎底監獄的旅途，好像是被活著送進地獄一樣。我的人生，我一家人的人生，現在就像鐘擺。我們像機器人一樣吃飯、睡覺。我們的身體已經沒有生命。我們受盡折磨，這是對我們全家人的懲罰。」[22]甘比拉於二〇一二年一月獲釋，但就在他重獲自由幾周之後，甘比拉又被指控闖進一座當局查封的佛寺。他在二〇一二年二月被短暫拘留一段時間，然後再次獲釋，不過官司還沒有結束。甘比拉的案子顯示，登盛的改革進程其實相當脆弱。

二〇〇八年五月二日，颶風納吉斯侵襲緬甸，造成緬甸近代史上最慘重的一場天災。這場風暴掀翻了永盛監獄幾間牢房的屋頂，讓受刑人遭風吹雨打了幾個小時。受刑人於是抗議，要求獄警將他們換到另一牢房，並且揚言如果不換房，他們就要逃獄。武裝警衛於是對空鳴槍，試圖鎮壓。但據報導，一枚子彈擊中受刑人登森。之後獄警將受刑人毒打，讓他們四天喝不到水，十一天吃不到東西。一名受刑人告訴自由亞洲電台，「他們對我們說，如果我們認罪，就給我們吃的。不過在有幾個人認罪以後，我們還是得不到吃的。直到十一天以後，我們才可以一天兩次，領到一匙飯糊。」九名受刑人因受到這種虐待而死。[23]

這些報導都經自由亞洲電台證實，聯合國難民署也引用了這些報導。自由亞洲電台在二〇〇九年三月報導說，「緬甸的政治犯——其中許多人因為參與一九八八年民運而被判許多年徒刑——正在偏遠的監獄受苦受難，由於服刑地點太遠，家屬探監很受限，而且食物供應為當局嚴格控制。」[24]有時家屬帶來的食物包裹還遭獄方退回，這一切全憑典獄長個人好惡而定。

最野蠻的，幾乎像回到中世紀黑暗時代一樣，是政治犯受到的各式各樣酷刑。政治犯援助協會創辦人波基告訴菲爾．索恩頓，「我被判三年勞役。曾被酷刑拷問了三十六個小時。他們不讓我進食或喝水，而且一直將我蒙著眼，銬著手。我被關進一個小牢房，在牢房牆上發現許多血跡與許多名字，有一些還是我友人的名字。他們九天不准我洗浴。」[25]關他的牢房只有三公尺平方，「四面牆壁血跡斑斑」，而且他不斷被打。「我被蒙住兩眼，不斷接受拷問。我每回答一句，肚子上就會遭一記重拳，重得把我擊倒在地上。他們然後強迫我站起來，再接受下一個問話與下一記重拳，不斷反覆。我被打得完全分不清時間早晚，東南西北。」[26]還有些時候，他們用一根徑長約一寸的橡皮管抽他。波基回憶說，「抽了一百五十鞭以後，我失去知覺。醒來以後，他們用鐵鍊綁著我，送進禁閉牢房。之後，我被迫做各式各樣『邦生』，每次做一個小時，每天兩次。」所謂『邦生』指的是一種姿勢：必須臉朝下、坐直身軀，盤著兩腿，兩臂伸直，雙拳置於兩膝上。「有前後十二天時間，我每天都得做這種例行『邦生』公事。同時我的兩個手腕還套著鐵鍊，鐵鍊另一端綁在夾在我兩腿間的一根鐵棒上。弄得我的腳踝、前額、手肘與膝蓋到處是傷。在那段期間，他們還逼我身上綁著鐵鍊『學青蛙跳』。」[27]

緬甸政權使用的酷刑名目繁多。政治犯援助協會發表過一篇報告，題目是〈我們見到的黑暗：緬甸審訊中心與監獄的酷刑〉，報告中說，「由於大多數酷刑的目的，都在於同時施加生理與心理創傷，想將生理與心理酷刑分開是不可能的。」[28]政治犯自被捕那一刻開始，就得承受不人道的屈辱待遇。這一刻一般而言都在三更半夜，隨著一陣敲門聲展開。「我們見到的黑暗」有以下一段描述：

> 他們不會出示搜捕狀；一旦當局決定把你帶走，不需要講什麼法律程序。你被戴上頭罩，銬

上手銬，現在你得將自己交給逮捕你的人，由他們任意了擺布。他們要你躺在一輛房車後座，一把槍抵在你的背上……他們不會告訴你車開去哪裡，你就算問也是白問。房車突然停下來，你聽見逮捕你的人用冷冷的聲音令你下車，要你跳，要你蹲下去，要你扭，要你轉身，而你做這一切只為博他們一笑。他們把你帶進一間小屋，折磨開始了。

根據這篇報告，囚犯一般首先會被剝光衣物，打到不省人事為止。「逮捕你的人用一桶水澆在你身上，把你弄醒，又開始打你。這一次他們用棍子打你的腳脛，打得你皮開肉綻，哀聲慘叫。逮捕你的人一邊大笑，還揚言要殺了你與你的家人。你仍然戴著頭罩，銬著手銬，無力自衛，想逃也逃不了。」[30]

一種常見的折磨方式是，要受刑人長時間保持一種讓人痛苦不堪的姿勢，不准移動。政治犯援助協會這篇報告說，「你被逼著保持很不自然的姿勢，保持很長一段時間，直到你崩潰為止。」這類姿勢計有假裝騎一輛摩托車或駕駛一架飛機等等。「你吃不到東西，喝不到水，不能睡覺，必須求他們讓你上廁所。你失去尊嚴，被打得遍體鱗傷。你所能做的只是掙扎保命而已。」[31]

受刑人下監服刑以前先被送進審訊中心，酷刑逼供的情況在這裡尤其嚴重。貌埃因為參加一九八八年示威，而於一九九〇年被拘留在一處審訊中心兩個月，之後送往永盛監獄服刑。他說，「審訊中心比監獄還惡劣。在監獄你還可以見到天空，還可以見到光，還可以見到其他人，還可以與其他受刑人交談。在審訊中心，他們會蒙上你的眼睛。我有兩個月時間晝夜不分。我如果想上廁所，必須找人指路。那讓人非常疲憊。」在審訊中心期間，當局經常不准貌埃睡覺，將他綁在木樁上羞辱，還用滾燙的金屬棒燙他手腕。「我等他們離開房間，把眼罩扯下檢查我的手腕，發現皮膚都已經燙傷起泡。」

二〇〇九年九月，苗楊瑙登結束兩年苦牢生活獲釋。他對那段經歷的描述頗具代表性。在被戴上頭罩、拳打腳踢之後，他被迫「像狗一樣兩手兩腳跪地」。一名審訊人員然後坐在他的背上。苗楊瑙登說，「他們用非常兇殘的手段折磨我。他們把我的兩手綁在背後，踢我，揍我，又把我關進一個黑暗、潮濕、而且沒有窗子的小房間……我的一條腿開始逐日惡化……我現在除非有人在一邊扶持，根本站不起來，也不能走路。」但就像典型緬甸政治犯一樣，苗楊瑙登也以一種卓然無畏的精神面對這一切：「下獄以後，我們知道越來越多軍政權不公不義的惡行劣跡，我的信念也因此更加堅定。如果我們縮手，誰還會繼續抗爭？我們必須繼續奮鬥下去。」[32]

被迫學狗爬，運氣更糟的還被關進狗屋，其實都不稀奇。喜劇演員札加納曾因支持佛教僧侶而在二〇〇七年被關了一段短時間。他告訴「人權觀察」組織：「我被一個人關在一個小狗屋，前後八天，他們三天不准我洗澡。我必須在一個盆子裡如廁。盆子滿了以後，我想在狗屋門的下方解手，但那些狗會跑來咬我。」[33]

與我交談過的目擊證人說，緬甸勞改營的情況比這更惡劣。受刑人被迫戴著手鏈腳銬、像奴隸一樣修築道路，在橡膠田與茶園工作。在欽邦境內一處勞改營，受刑人像牛一樣被戴上軛，在田裡犁田。[34]據估計，像這樣緬甸人稱為「夜被殺乾」的勞改營至少有一百一十處，關了五萬到十萬名受刑人。有些受刑人是經審訊定讞的刑犯，不過也有許多人只因犯了一些小事就被送進這些地方。舉例說，有個男孩就因為牽一匹馬出來「兜風」而被控偷竊，未經審訊地送進勞改營。據一名自稱去過三十幾個勞改營、為受刑人送藥品與食物補給品的男子說，[35]受刑人必須無時無刻把頭低著。他們如果抬起頭來看人就會被打，如果喊叫，又會被打。不能睡覺是家常便飯。在至少四處勞改營，每個受刑人的床頭綁著一個空牛奶罐。在整個夜晚，受刑人必須每隔十五分鐘起來敲一次罐子，自報個人號碼，證明自己沒有脫逃。[36]由於腳鐐不斷摩擦，受刑人得持續承受皮膚撕裂傷、腫脹與發炎的痛苦。他們被迫從早上六點工作到下午六點，除了每天用一次餐以外不得休息。每天這一餐吃的東西，一般包括一匙米飯，加上野蕉葉與甜薯葉。受刑人因飢不擇食，會找老鼠、豬食充飢，[37]據說還有人吃自己的糞便。[38]這名去過許多勞改營送貨的男子告訴我，「有個人因營養不良，瘦得只剩皮包骨，你可以看見他的腸子像蛆一樣不停蠕動。」[39]

想逃跑的人一律難逃嚴懲。這名送貨的男子說，有些人因為企圖逃跑，被獄警反綁雙手，「像死畜生一樣」在地上拖著走。還有人被獄警在身邊插上燃著火的竹子，慢慢「烤」。[40]二〇〇三年，駐守實皆省岡艾左監獄的士兵設下圈套，故意放縱一些受刑人逃跑，再將他們抓回來，作為向其他受刑人殺雞儆猴的榜樣。這些中了圈套的受刑人，由於戴了腳鐐跑不快，沒多久都被抓回來，士兵把他們放在一推燒得很紅的火邊，然後不斷用刀刺他們，再把他們放進一池鹽水裡。他們大多數熬不過如此酷刑而喪生。[41]

就算不提這種肉體上的折磨，緬甸監獄的生活條件也令人幾乎無法忍受。「你與另外五名受刑人、兩名罪犯與幾隻老鼠共用一間牢房。你吃的是半生不熟、又髒的食物。你睡在冰冷的水泥地上。

你的便器是個不斷滿溢、發出令人欲嘔惡臭的小壺。你每天只有七盤水用來盥洗。你沒有可以閱讀的精神食糧。」[42]

坤盛說這些報導都是真的。在一九九〇年被控是共產黨而二度被捕時，坤盛被關進永盛監獄。他在獄中受審，出庭時頭上還罩著頭罩，手上戴著手銬。頭罩取下來以後，他發現自己身周盡是武裝士兵。他告訴我，「那是一個軍事法庭，法官都穿著軍服。」他與另七名受刑人被關在一間八乘十二英尺的牢房，每天只能出來十五分鐘沖澡。

坤盛在一九九八年三度下獄。與他關在一間牢房的人有些是愛滋病患，有些是肺結核與痲瘋病人。坤盛也因此感染肺結核，經過不斷抗爭才獲得治療。但由於他被關在曼德勒附近的雪布監獄，監獄裡沒有醫生，他等了四個月才獲准外出就診。當他終於來到地方上一家醫院時，那醫生不肯看他。坤盛事後憶道，「當時我穿著囚犯服，腳上還戴著腳鐐，我想她一定以為我是罪犯。」不過經過一番勸說，醫院總算為他照了X光，但檢驗之後說他沒有病。坤盛運用他自己的醫學知識，指出X光片上一處明顯的「環狀黑影」，證明自己肺葉中部確有一個肺結核造成的洞。他向獄方人員行賄，請他們將這張X光照片送到曼德勒檢驗，因為雪布根本沒有放射線專科醫生。檢驗結果證明這是明顯的肺結核病例。監獄當局發了善心，他獲得妥善治療。[43]

雖說面對重重束縛，政治犯總能展現機智，想出相互溝通的妙招。坤盛說，他們用牙膏或用鉛筆上取下的一小截鉛，將訊息寫在小紙片上相互傳遞。他說，「藏匿起來非常容易。」有時找不到紙，他們用貼在麵包上的標籤，用樹葉，用盤子背面或用菸捲當紙。坤盛說，「然後我們用雪茄菸這類東西向刑犯行賄，要他們幫我們傳遞這些盤子。」刑犯與政治犯不同，獄方一般會派給刑犯一些清掃監獄部分地區之類的工作，也因此刑犯比政治犯較能在獄中四處走動。「有時我們在菸捲上寫下重要訊息，然後要求其他犯人將這根菸帶到這間牢房，將那根菸帶到那間牢房。我們就用這種方式相互通訊。」獲准離開牢房十五分鐘洗浴的政治犯，也會把握這個機會與其他犯人交換新聞與資訊。坤盛說，「只要有機會經過其他牢房，我們就會將寫了訊息的紙條丟給其他犯人。這個機會只有三、四秒鐘。」

除了彼此通訊以外，政治犯也用他們的時間進行思考、冥想、畫畫、研讀與寫作，而這一切也同樣證明了他們的智計巧思。坤盛作了一些曲，由其他獲釋的人犯夾帶出獄，政治犯援助協會以「來自牢籠內的歌聲」為名出版了專輯。波基也想辦法讓人夾帶進來一本英文字典以便自修英文。[44]他說，「我在學完一頁以後，就把那一頁撕下來吞進肚裡。我還學會不考慮未來。監獄生活讓我學會活在現在，因為想未來的事會讓我發瘋。」[45]

一九八九年被判刑二十年的丁埃在獄中自學英文。當我於二〇一〇年在泰緬邊界見到他的時候，他對我說，「我秘密看報紙，在什麼報紙也看不到的時候，我拜託那些會講英語的人教我單字，每天學三個字。」一九九九年，在坐了十年牢以後，他根據一項局部赦免案而獲釋。不過他說，那是一場「騙局」。「在曼德勒監獄大門，他們告訴我『我們現在釋放你』，還向我出示釋放文件。但當我伸手取那份文件的時候，他們又把它收回去，向我出示另一份文件：『我們逮捕你。』我又被關進監獄，總共服了十六年刑。」二〇〇一年，他絕食抗議五天，要求有一本《牛津英語字典》，較多的運動時間，與較好的食物與醫療。監獄當局給了他字典，也改善了他的食物。他在二〇〇五年獲釋後不到三周就報名參加電腦班。在那以前，他從未見過電腦，但不出幾個月，他已經取得平面設計師資格，在一家出版公司找到工作。他在逃入泰緬邊界以後，為聯合國機構、國際救援委員會以及其他非政府組織擔任譯員。

貌埃也利用走私夾帶進來的書在獄中學得英文。他對這種學習精神有以下解釋：「你被關進獄中，是因為這個政權要關掉你的眼睛，你的耳朵，要殺掉你的腦。所以你得抵抗。這個政權要殺了我們的未來，所以我們要證明他們可以把我們關進監獄，但他們奪不走我們的夢想與我們的未來。」

紅十字會在一九九九年獲許探訪緬甸的監獄，據坤盛說，從那以後獄中情況開始出現轉機。他回憶說，「在那以前，我們睡在水泥地上，之後我們有了木製的床可以睡覺，我們得到醫藥，肥皂，還能吃飽肚子。在紅十字會造訪以後，我們每天至少可以在戶外停留四小時。」不過這種好景只持續了六年，緬甸政權於二〇〇五年加緊控制，紅十字會也被迫放棄對監獄的視察。坤盛說，「監獄視察之行剛停下來，限制又加緊了。」

二〇〇八與二〇〇九年間，特別是在番紅花革命之後那段期間，緬甸政治犯人數暴增。政治犯援助協會說，與之前一年相比，緬甸政治犯人數在二〇〇八年增加百分之七十八，[46]在番紅花革命結束後，有一千多人被捕、遭到監禁。[47]二〇〇九年九月，政治犯人數已經高達兩千兩百一十一人，為「另類東南亞國家協會緬甸網」指為「創最高紀錄」。[48]緬甸政權在二〇〇九年九月以表現良好為由，釋放七千一百一十四名人犯，但其中只有一百二十八人是政治犯，而且這些政治犯的刑期有些早已屆滿。緬甸政權選在聯合國大會集會討論一項緬甸決議案之前幾天採取這項行動，宣傳的意味十分明顯。溫丁說得好，「這是軍事執政團粉飾惡行的伎倆，它就好像為死人的臉化妝一樣。」[49]甚至到了二〇一一年，當緬甸政權設法說服民主運動與國際社會，要他們相信它確實在改革時，它仍然只放了少許政治犯，身為重要民運領導人而獲釋的更加寥寥無幾。如前文所述，直到二〇一二年一月，緬甸政權才終於開始展現改革誠意，放了一批重要的政治犯。

當局有時會給政治犯一個提早獲釋的機會——只要他們簽一份約，保證不再從事政治活動就可以了。坤盛兩次獲得這樣的機會。他說，「他們向我們提出大概七、八個問題。包括你對全國民主聯盟有什麼看法，你對軍隊有什麼看法，你對翁山蘇姬有什麼看法，如果獲釋，你會做什麼等等。都是非常簡單的問題。」你如果想獲釋，只要對當局說那些他們愛聽的答案就行了。坤盛說，「我在七年中兩次接受那樣的測試，兩次我都沒有及格。」因為他不肯妥協。

甚至在坤盛獲釋以後，身為政治犯的印痕，仍讓他與他年邁母親的日子非常難過。軍情人員經常造訪他經營的茶館與他管理的診所。他說，「我一直都在他們監視下，日子過得並不自由。二〇〇六年三月，前政治犯代乃烏被緬甸政權養的一批流氓打死，事情出現變化了。代乃烏被判刑十年，在服完八年後獲釋出獄。那天晚上他在回家路上遭一批親軍政權的民兵圍堵，民兵以他公開小便為由，用鐵棍、大木棒與砍刀攻擊他。他們用石頭砸爛了代乃烏的頭，他死在醫院裡。[50]

代乃烏的遇害，嚇壞了坤盛七十四歲的老母，因為她擔心下一個受害者會是坤盛。坤盛回憶說，「事情發生過後兩三天，她對我說，『這幾天我睡得不很好。我一直替你擔心，如果你又一次被捕，我沒辦法再為你探監，因為我現在已經七十四歲了。』」坤盛前前後後被關了十三年，而他的母親在這段期間不斷遭到騷擾。他的母親接下來的話，讓人聽得心痛如絞。坤盛在說這段往事時也第一次禁不住熱淚盈眶。「我母親說，她希望我離開這個國家。她說，我走了以後，她才能快樂，才能活得安寧。」在受了那麼多年苦之後，聽母親對你說這樣的話，當然令人無比痛心，但坤盛完全了解母親的心情。「我不想走，但我知道我給她添的亂子已經太多。我隨時可能又一次被捕，特別是我寫的那些歌已經出版，雖然那些CD上沒有我的名字，許多人知道我是作曲人。我的朋友也向我提出警告，說我如果不想再次被捕就應該走。我知道母親為我憂心如焚，因為我的一位友人已經遇害。她要讓我的生命安全。那是母愛。」二〇〇六年四月，坤盛決心離開仰光，前往泰緬邊界。為免母親擔心，也為了保護母親安全，他甚至沒有向她道別。他趁她睡的時候為她留下一些錢，帶了兩件衣物與一些錢逃往自由。

事到如今，情況已經明顯：丹瑞領導下的軍政權絲毫不將人的生命與尊嚴看在眼裡，直到登盛總統掌權以後，它才開始改採較溫和的路線。此外，它對人道的蔑視還不僅限於對本國人民而已。在一九九〇年代與二十一世紀之初，它肆無忌憚地拘捕、虐待了許多招惹了它的外國人。在這段期間，好幾名西方國家民運人士在緬甸發動抗議，雖說其中大多數人在被捕、拘留之後，都被迅速驅逐出境，但英國民運人士芮秋·高文因為唱支持民主的歌而被判服七年勞役，不過她在服刑兩個月後獲釋。另一名英國民運人士詹姆斯·馬斯立，因散發親民運傳單而被判刑十七年，後來迫於強大的國際壓力，緬甸政權才在關了馬斯立十四個月之後將他釋放。在入獄這段期間，馬斯立曾被蒙上眼睛，銬上手銬毒打。在他所著《心碎時刻：緬甸的民主與真理之戰》書中，馬斯立談到這段經驗。「酷刑折磨是怎麼運作的？它並不全然只是殘忍與痛苦而已。主持這種刑求的人有一半的任務，在於讓你覺得繼續堅持下去已經沒有意義。當然，在你筋疲力盡、渴望食物或睡眠的時候，想保持思路清晰很難。」[51]不過，雖然因為是外國人而獲得比緬甸人好的待遇，他仍然在肉體上備受折磨。有一次，審他的人用幾支筆夾在他的手指間，然後將他的指節用力壓緊，「直到差一點壓斷為止」。[52]又有一次，獄警用彈弓射彈子打他。[53]有一天，十五名獄警與軍情人員突然闖進他的牢房，其中五人帶著棍子。一名獄警揮著棍子向他衝至。馬斯立在書中寫道，「我連話都還來不及說，他已經衝到我面前，舉起那根三英尺長的棍子，使盡全力，像揮棒球棒一樣，砰、砰、砰打在我的手臂與腿上……完全是一場野蠻的攻擊。」[54]但這還不是最野蠻的一次攻擊。有一天，他不斷敲打牢房的門，以示對獄中情況的抗議。「不到十秒鐘，房門突然大開，約有十二個人闖進來……其中五個人帶著棍子，這一次他們手下不留情了。」一名大家叫他「伯爵」、特別兇殘的獄警帶頭發動這場攻擊。「我記得看見伯爵先用拳頭，然後用他的手肘打在我臉上。他隨即從另一名獄警手中奪過棍子，拚盡全力朝我後腦襲來……我看到的下一幕，雖說這一幕只有不到半秒鐘，是伯爵再度揮棍，這一次他朝我臉上打來……血從我臉上流了我一臉，還順著我的脖子往下流……我的鼻子被打斷了，兩眼變成一片黑，臉頰腫脹得不成比例，頭部與背部處處是紅腫與傷痕。」[55]

必須一提的是，如果馬斯立是緬甸人，他受到的待遇還會更加慘不忍睹。但在緬甸政權眼中，外國公民身分起不了什麼保護作用，如果你是緬甸少數族群，就更別指望緬甸政權對你有任何寬容了。

二〇〇九年九月，美籍緬裔人尼尼昂在抵達仰光機場時被捕。尼尼昂之前曾經四次返回緬甸，沒有遭遇任何問題，這一次他到緬甸為的是探望他得了癌症的母親。不過，在這一次緬甸之行前幾個月，他向聯合國請願，要求緬甸政權釋放政治犯。這件事讓他名列黑名單，而他的到訪，給了緬甸政權報復的大好良機。八個月以後，我在華府會見他的時候，尼尼昂告訴我，「我在通過海關以後，被兩名制服員警與一名便衣逮捕。一名警官在用手銬銬我的時後對我說，『尼尼昂，我們知道你幹的每一件事。』」他的未婚妻娃娃全在聽到他被捕的消息時，第一個反應是不相信。娃娃全事後在《國家報》的訪問報導中寫道，「我心想尼尼昂是美國公民。怎會有這種事？但接著我很快就想到，我可能再也見不到他了。」[56]

尼尼昂起初被帶進一處審訊中心，他在那裡遭到拷打，一個多星期得不到食物，獄警用腳踢他的臉，打他，還不讓他睡覺。[57]「有時他們把我銬在一張椅子上，有時他們打我，揍我的臉，扭我的手臂。」之後他被送進永盛監獄，像無數其他受刑人一樣，被關在一間狗屋裡。[58]他回憶說，「晚上我可以聽見狗在外面亂叫。」他絕食抗議，於是當局把他轉到一間囚房。「半夜三更，獄警弄醒我，給我罩上頭罩，把我帶進一個房間整我。」

尼尼昂受到的那幾個月折磨，造成他長期背痛。「到十二月中旬，由於他們不斷在椅子上扭曲我的身體，銬住我的手，扭我的臂，我開始痛得沒辦法走路。我的腿變得痲木，感到刺痛，沒多久我已經完全無法走路。」他要求看診，最後一名醫生在一月間看了他。醫生為他照了X光，並且告訴他如果得不到妥善治療，他會癱瘓。醫生給他注射止痛藥，但沒有給他治療。尼尼昂最後獲釋，旋即驅逐出境，於二〇一〇年三月回到美國，立即緊急送醫。當我在他獲釋兩個月以後會見他時，尼尼昂仍然拄著拐杖，走起路來痛苦萬分。

波基認定，對緬甸政權來說，酷刑折磨是一項重要工具。他寫道，「酷刑折磨的基本目標，就是有效毀滅一個人的靈魂。」

它的用意就在於搗毀強壯男、女的自我意識，把一名工會領導人、一名政界人士、一名學運領導人、一名記者或一名少數族群團體領導人變成一個非實體，讓他們與行刑室外的世界失去一切聯繫。在緬甸，政權用酷刑折磨創造一種恐懼氣氛，讓它可以牢牢掌權。濫捕，對肉體與心理的折磨，不公平的審判，長時間的服刑，以及不讓受刑人就醫，這一切總總，目的就在於擊垮人的精神……這一點毫無疑問：酷刑折磨在緬甸是國策。

但無數前政治犯的證詞告訴我們，酷刑折磨還造成另一種始料未及的效應。波基說，「對於曾經經歷那種經驗的我們而言，它在我們之間造就了一種永難拆解的情誼……我們聽過彼此在受刑時發出的哀鳴……我們永遠不會彼此出賣，永遠不會背棄我們的友人與獄友。」就像苗楊瑙登在獲釋以後說的一樣：「如果我們縮手，誰還會繼續抗爭？我們必須繼續奮鬥下去。」[59]溫定也有同感。他告訴《伊洛瓦底日報》，「我的看法是，當你必須面對一個軍政權時，你需要拿出一些勇氣，需要採取一種對抗。因為如果你一味膽怯，害怕而不敢行動，他們會騎到你的頭上。有時你必須迫使自己壯起膽子，大膽發聲。」[60]這是一場意志力的生死大對決。

第九章

斑斑血跡與隨處散落的拖鞋：番紅花革命

如果你相信自由，就要宣揚它，信守它，保護它，因為人類的未來靠的就是它。

——亨利．賈克森*

惡魔如果想戰勝，只要讓好人什麼事都不做就可以了。

——愛德蒙．伯克†

在距佛教僧侶在緬甸發動全國性示威抗議那天幾乎整整一年之後，我坐著一輛三輪出租車，駛進考克巴札那堆店鋪背後一條沒有街燈的暗巷。考克巴札是孟加拉南部一座偏遠小城，距緬甸邊界很近。我的嚮導用手電筒帶我進了一棟長滿黴菌、又潮濕又陰暗的公寓。我在這棟公寓中訪問了五名緬甸僧侶。他們被迫逃離家園來到這裡，這是他們的新家。

平亞迪沙原本一直在全緬甸僧侶代表委員會擔任紀律事務負責人。二〇〇七年九月十七日他加入抗議，兩天以後，他協助建立駐仰光司雷佛塔的僧侶委員會。又隔五天，他參加那次著名的、通過翁山蘇姬住家門前的大學道示威遊行。據一名參加那次遊行、之後逃到泰國的僧侶說，大學道當時被鐵刺網封路，軍警還在封鎖線旁設了檢查站。一開始，不出所料，守在大學道盡頭路障邊的士兵不放僧侶們通行。但由於內比都方面遲遲沒有下達命令，僧侶們終於說服士兵讓他們通過。僧侶們還向士兵保證不會採取任何暴力行動，只會唸經，於是士兵打開路障，讓他們通過。出乎僧侶們與整個世界意外的是，翁山蘇姬本人在聽到誦經聲以後，也來到家門口。這是許多年來翁山蘇姬公開露面的第一次。[1]平亞迪沙告訴我，「當時有人想跑到她身邊，但我制止他們這麼做。她似乎還算健康，但表情很哀傷。她什麼也沒說。群眾向她大聲喊道，『不要擔心，我們與妳站在一起，我們都來幫妳。』當翁山蘇姬女士從家裡走出來的時候，許多僧侶都哭了，她也哭了。但她的面容很堅強。她的表情說明她絕不會放棄。國家和平與發展委員會可以逮捕翁山蘇姬的身體，但他們永遠無法逮捕她的精神與心智。」[2]

當緬甸政權在一個月前二〇〇七年八月十五日那天，宣布不再提供燃料津貼、造成燃料與基本商品價格應聲暴漲時，它或許沒想到自己竟然惹下這麼大的亂子。燃油與柴油成本漲了一倍，天然氣漲價百分之五百，[3]公車票價更是漲得離譜——有些緬甸工人一天的工資只有一千緬幣，但光是乘公車到工作地點就要花八百緬幣。[4]人民忍無可忍，在郭奈、郭基等八八世代學運團領導人鼓舞下，四、五百人遂在四天後走上仰光街頭，抗議燃料漲價。

儘管一般認為，緬甸政權在事隔多天以後才展開鎮壓，事實上，抗議事件剛發生不到幾天，當局已經於八月二十一日逮捕郭奈、郭基、敏澤亞、吉米、永喬、伯維覺與貌埃等人，到八月二十五日，被捕人數已經破百。[5]軍事執政團很顯然認為，只要關了領導人，就能趁示威運動未成氣候以前先行

---

* 編註：已故美國參議員，以反共與宣揚民權的立場著稱。

† 編註：愛爾蘭著名的政治思想家，以對法國大革命的反思聞名，著有《對法國大革命的反思》（*Reflections on the Revolution in France*）。

扼殺。他們弄錯了。他們顯然低估了眾怒。

抗議事件繼續，而且人潮越來越洶湧。不過，儘管軍隊直到幾周過後才出動鎮壓，但因此認為緬甸政權坐視抗議擴大就錯了。幾乎從事件發生第一天起，軍事執政團就決定不出動軍隊，只用它那些平民爪牙打散示威群眾。它的兩個民兵組織——團結一統開發協會與「隼亞勳」（意即「武力大師」）——遂開始威脅示威群眾，並對群眾展開人身攻擊。舉例說，八月二十八日，著名工運人士蘇素內領著約五十人高喊「降低燃料價！降低商品價！」口號。[6]民兵企圖衝前將蘇素內綁走，與保護蘇素內的示威群眾打成一團。蘇素內在那次事件中逃過一劫，但至少有二十名群眾在被打之後被捕。

抗議事件開始擴散到緬甸其他地方。與我會面的幾名僧侶告訴我，早在八月二十八日，若開邦的實兌已經有人示威。喜敏達就是那場示威的籌辦人之一，他在那天領著一群僧侶從妙馬寺遊行到附近一座佛像前。像其他許多城市一樣，實兌的抗議人潮也有增無已。九月九日，一千名僧侶聚集在體育館前，然後遊行到一座佛寺，再遊行到政府辦公樓。九月十八日，遊行人數已經超過一萬人。[7]從八月底到九月初之間，密支那、東枝、曼德勒與撣邦的皎施也出現許多規模較小的示威。[8]

轉捩點於九月五日出現在曼德勒附近一座名叫巴考庫的城市。在這次事件以前，僧侶們並沒有大舉示威，只有小群僧侶遊行抗議，「僧伽」（佛教僧侶整體）並沒有動員。九月五日的事件改變了這一切。

當時有一小群僧侶在巴考庫手舉標語牌抗議，譴責燃料漲價，數以千計的地方民眾在一旁替他們加油打氣。國防軍就在這時首次直接介入，對僧侶頭頂上方開了幾十槍，隨後用竹竿發動惡狠狠的攻擊，團結一統開發協會與「隼亞動」也隨即加入行兇。據說有一名僧侶被打死，還有幾名僧侶被綁在路燈桿上，在眾目睽睽之下遭到毒打。[9]當時在場的一名僧侶向我證實確有其事。他說，「僧侶高聲唸著『要仁愛』，士兵將他們抓起來，綁在路燈桿上，用腳踢他們，用槍托打他們。」[10]這次事件消息傳開，民怨更彷佛火上澆油。佛教僧侶在緬甸社會一向受人尊重，士兵打僧侶一事造成舉國譁然。導火線已經點燃，一場大亂已經箭在弦上。

九月六日，地方官員前往巴考庫的馬哈維蘇寺視察，至少一千名地方百姓與僧侶幾乎立即圍住這座寺廟，不讓官員離開。他們要求當局釋放之前一天被關的僧侶，還燒了四輛政府公務車。六個小時以後，那些官員從佛寺後門逃逸。[11]「三天以後，新成立的全緬甸僧侶聯盟發表聲明，並向緬甸政權發出最後通牒。他們要求緬甸政權為巴考庫這次事件向受害僧侶道歉，立即調降燃料、米糧、食物油與其他商品價格，釋放包括翁山蘇姬在內所有政治犯，立即與「民主力量」展開對話以解決緬甸危機。最後通牒並以九月十七日為最後限期。這一天是緬甸鎮壓八八民主運動、恢復直接軍事統治周年的前夕。[12]如果限期已屆，而緬甸政權仍無回應，佛教僧侶將發動宗教抵制，不接受國家和平與發展委員會官員的施捨，也就是說，將這些官員逐出佛教。

緬甸政權無意回應，裝施捨金的碗也因此打翻了。在佛教，施捨金的「施」與「捨」是一種關鍵性宗教義務。「施」的一方因此可以獲得生命所需的「美德」，所以說，這樣的抵制既能讓緬甸政權官員與其同路人無力在精神上求得精進，同時也對軍事執政團自稱的法統形成進一步打擊。[13]九月十七日，抗議活動在仰光重新展開，第二天，三百名僧侶聚集大金寺，向司雷佛塔進發。[14]數以百計仰光居民也在街道上集結，在僧侶路過時向他們鼓掌喝采。

當時正在仰光的英國婦女珍・羅斯柏回憶說，「群眾每天聚集，似乎越聚越多。」

> 我們決定不要帶著我們的緬甸友人上街，只是跟在群眾後面看個究竟。我們沿著遊行路線朝反方向走，希望能看到一些什麼。有時我們還坐上一輛計程車。我們的計程車被群眾擋住，不能再往前走，於是我們下車步行。現場氣氛太可愛了。民眾以為我們與他們一起遊行，對我們歡迎得不得了。讓我最感動的是，這些都是平民百姓，他們手聯手形成一道圈，護著那些僧侶。當時天下大雨，民眾都濕透了，但他們不拿雨傘，大家把手握在一起。僧侶們也不斷唸著「我們可以和平做到這件事」。

全緬甸僧侶聯盟在九月二十一日那天進一步採取行動，譴責「邪惡軍事獨裁」，並且保證要「把這個邪惡政權公敵永遠趕出緬甸土地」。[15]之後三天，群眾人數更加膨脹。到九月二十四日那天，仰光街頭已經聚集了三萬到五萬名僧侶，外加數目相等的平民百姓，公開喊著「釋放翁山蘇姬」、「釋放所有政治犯」這類政治口號。緬甸全國各地至少有二十五個城市也發生類似示威抗議。[16]

那天傍晚，宗教事務部長杜拉敏貌准將在國營電視上發布警告聲明，指斥示威的僧侶「只佔全國僧侶總數百分之二」，並且警告說，這些僧侶如果不「遵照佛教規矩」行事，「會面對法律」。[17]裝有擴音器的卡車隨即在仰光各處穿行，宣布禁止五人以上集會的二／八八號命令生效。任何參加示威的人，都將根據緬甸刑法典一四四條的規定，面對最高兩年徒刑的懲罰。[18]

儘管如此，示威抗議活動在第二天仍然繼續。如前文所述，九月二十五日那天，約一千五百名僧侶沿著大學道遊行。平亞迪沙與幾千名群眾一起，從大金寺遊行到僧伽大師大學寺。他回憶說，「我們必須通過宗教事務部大門前面。我們知道當局可能開槍，但我們繼續遊行。」那天槍聲沒有響，但情勢越來越緊張。「我們在寺前發表演說，然後在電台外面和平抗議。我們演說了三十分鐘，呼籲官員聽民眾的心聲，不要聽國家和平與發展委員會的話。」[19]

第二天，在接獲通知、要所有僧侶都在大金寺集合之後，平亞迪沙一早出門，於上午九點抵達大金寺。但由於士兵封鎖進入大金寺的所有入口與十字路口，其他僧侶都無法抵達，他們集結在附近一處寺院，考慮下一步行動。他們都知道一四四條已經動用，當局可以把他們送監，軍方還很可能採取格殺勿論的政策。不過他們仍然決定繼續，於是遊行到大金寺東門入口。平亞迪沙說，「許多人勸僧侶們不要去，因為他們曾在一九八八年見過許多悲劇，見過許多人死亡。但僧侶們解釋說，我們是佛祖的子孫，我們為國為民而工作，不為我們自己的利益。」[20]

那一天，當局要展開鎮壓的情勢已經明顯。一群僧侶計畫遊行到尼溫當年建的馬哈維札雅佛塔，結果遭警察總監欽義少將驅散。趕到現場為僧侶送食物的民眾也遭士兵逐回。兩輛卡車開到，載來更多士兵、槍枝與彈藥，僧侶們於是回轉大金寺，結果被軍警包圍。警察總監下令僧侶解散，但僧侶表示除非當局做到他們提出的四個條件，否則他們不解散。平亞迪沙憶道，「『這些事與你們沒有關係』，他們要我們回我們的寺院，還說如果我們不走，他們會開槍。我們走到大金寺中間，當局本來打算在那裡開火，但之後決定在那裡開火不妥。他們隨後打開東門，許多僧侶走了出來。[21]

不過，在街的盡頭，持槍待命的士兵已經封鎖道路。至少七百名僧侶被仰光軍區司令敏瑞將軍率領的兵截斷去路。平亞迪沙說，「所有道路都被封鎖。我們要求當局讓我們回寺，並且保證取消當天其他活動計畫，但遭當局拒絕。我們於是坐下來祈禱。另外一千名僧侶想前來大金寺救我們，但遭軍隊攔阻。」

許多人害怕會發生、但也有許多人相信絕不會發生的事於是發生了。平亞迪沙憶道，「士兵開始打我們。四、五名僧侶不支倒地。許多僧侶從附近高七、八英尺的牆跳牆逃跑，並因此摔傷。我也因跳牆傷了鼻子與手。」番紅花革命僅僅五個月後，我在泰緬邊界美索見到的另一名僧侶也對我說，他當時擔任抗議領導人，手上拿著一個用來動員僧侶的擴音器。他說，「我被打，不過當時也管不了那許多，因為我得照料其他被打的示威者。直到第二天下午五點，我才接受了治療。」[22]第三名僧侶告訴我，他在保護一名老和尚時也被士兵用橡膠棍打。他說，「我震驚不已。我想不到士兵竟然會打僧侶。在緬甸，宗教像是父母親一樣。軍方在打他們的父母。」[23]還有另一名僧侶也說，「我看見許多僧侶頭部受傷，設法幫了他們。之後我們穿上防催淚瓦斯的保護罩，朝另一個方向前進。士兵朝我們開了許多槍。現場有許多滿載士兵的卡車。許多人死難。」[24]

兩年半以後，我沿著朝大金寺東門的街道走著，腦海裡浮現的，盡是在電視上看見的那些畫面，還有逃出來的僧侶向我講述的那些故事。周遭雖顯得平靜如常，但揮之不去的是那種陰森的古怪。遍布在柏油路面的斑斑血跡早已洗淨，刻印在人們心頭的記憶卻仍然歷歷如新。那天晚上在飯店欣賞現場演唱的時候，我點了鮑伯．迪倫的《吹拂在風中》，樂隊也唱了，只是他們改了歌詞，只歌詠自由，有關死亡與苦難的部分都精心刪除了。

二〇〇七年九月底，有傳言說四名僧侶被殺，於是有兩千多名憤怒的群眾聚集街上。平亞迪沙說，「我們當時從大金寺遊行到全國民主聯盟巴罕區辦公室，再從巴罕遊行到三橋區。我們見到三名外國人，其中兩人在拍照，一個人還淚流滿面。」平亞迪沙說，全國民主聯盟辦公室裡有許多記者。但在巴加拉九步佛塔附近的十字路口，軍隊又一次封路，並下令僧侶在五分鐘內回家，否則開槍。他說，僧侶們不肯回家，士兵開始對天開槍，然後下令僧侶逐一離去。在大約八十名僧侶已經離去時，還沒有走的僧侶要求士兵也讓平民離開，但士兵不肯。很顯然，一旦僧侶離開，政權就要向平民百姓下毒手了。士兵還向僧侶提出警告，幫助在場那些百姓也會挨槍彈。

僧侶們隨即往三橋區逃竄，許多就在三橋區被捕。平亞迪沙說，「這時我也在逃。我跑進一棟建築，裡面有個居民幫我找來一輛計程車，我乘這車直接回到寺院。我回到寺院，把僧袍放進一個箱子，然後走到另一間寺院，但想在那裡停留根本辦不到，因為軍隊正在搜查每一座寺院，許多僧侶已經逃離。」平亞迪沙最後在茵雅湖邊找到一處樹叢，在裡面躲了一夜。

二十二歲的底勞卡，也參加了九月二十六日那天的遊行，見證了好些可怕場面。他告訴我，「我見到將近八十名士兵向我們開槍。還見到兩個女孩被士兵用槍托打死。我見到另一個僧人左臂受傷，不知道他是不是死了。見到有個年輕僧人被士兵用棍子打。」[25]

維羅桑納也目睹類似事件。軍人拿著擴音器宣布，說他們奉命開火。「他們開火了。我見到一個女孩與三名僧人都受了傷，但看不出他們是死是活。我順一條小路逃跑，然後與另四名僧人一起乘了一輛計程車。」[26]

在仰光城另一端，珍．羅斯柏在眼見示威群眾和平遊行之後，也見到鎮壓行動的先聲。當時她坐在仰光一家大飯店一張靠窗的桌子剛用完午餐。她見到群眾人數越來越多，心想一定要出亂子。「為了更靠近司雷佛塔一些，我穿過飯店，走到側門外，就在這時聽見第一聲槍響，見到群眾逃命。」

飯店工作人員不讓外國人在這時離開飯店，但羅斯柏對他們說，她住的飯店距這裡只有幾百碼，工作人員於是讓她離開。她說，「我回到我的飯店，把陽台的門一整天開著，在電視上看新聞。包括BBC、CNN、亞洲新聞台等等，所有的頻道都在報導這件事。電視機裡傳出的聲音正是從街上傳來的聲音。」

仰光在第二天陷入一場腥風血雨。平亞迪沙從茵雅湖邊的樹叢走了出來，與另一名僧人搭一輛公車進入仰光市區，想看發生了什麼事。「我聽到許多聲槍響。當我想下車時，許多人為了我的安全而阻攔我，但我還是下了車，還被一粒橡膠子彈打到脖子。」

走到第三十七街時，平亞迪沙跑進一個穆斯林家庭擁有的建築，他們協助他躲藏。一群士兵追在他身後搜捕僧人。平亞迪沙說到這裡，忍不住發笑說，「士兵問穆斯林，『和尚到哪裡去了？』穆斯林答道，『我們是穆斯林，和尚哪會來我們這裡？』士兵於是離去，我也逃了。」

一名來自勃固、原本是教師的緬人，也因前來仰光參加抗議而見證當局的鎮壓。他見到群眾四散、奪路奔逃，有兩個人，包括一名僧人，從至少十八英尺高的橋上躍下。他說，幾名僧人為了逃命而斷了腿。第二天，他前往仰光市區，見到一幕幕可怕的景象。他說，「街上到處是血跡，到處是掉下的拖鞋。」[27]

羅斯柏在那天見到有人爬上她下榻那家飯店的圍牆，翻過飯店的天井，然後從另一端逃離。「當然，士兵在向民眾進軍，把民眾追得四處亂逃。我在那天見到一車、一車、又一車的兵，流氓跟在兵的後面打人。我還見到士兵持槍進入我們的飯店，他們沒有開槍，但拿槍對著我們。」在前往司雷佛塔的路上，羅斯柏算了一算，單是一處路障就有四十名士兵。

在開槍鎮壓街頭示威之後，士兵開始突襲公寓樓與寺院，搜索參加示威的人。對寺院的突襲事實上在九月二十六日已經展開，那天至少有十五座寺院遇襲，六百名僧侶被捕。[28]九月二十七日，美津寺遇襲，一名來自美津寺、當天晚上躲起來的僧人，後來接受我的訪談。他說，至少有一百名士兵與七十名團結一統開發協會的流氓攻進美津寺。他說，「許多僧侶失蹤，我們不知道他們的下落。有些僧侶被送進勞改營。仰光過去有十萬名僧侶，現在我們幾乎一個也見不到。國家和平與發展委員會對十八歲至四十歲之間的僧侶進行檢查，逮捕了許多人。」[29]

一名來自南哦格拉、在十月間逃到泰緬邊界的男子說，乃亞王寺晚間遇襲，第二天九月二十七日，民眾在寺前發動抗議。許多僧人被捕、被打，在聽到這消息後，有十名地方居民在第二天來到寺前，要求當局說明僧人的遭遇。這名目擊事件過程的男子說，與軍隊對峙的民眾越聚越多，達到一萬人，緊張情勢不斷升溫。約在中午時分，有人砍下一棵樹，橫在士兵與群眾間，士兵隨即發射催淚瓦斯，開始打人。兩個人被打死，屍體被拖進卡車，群眾更加怒不可遏。軍隊於是開火，五人被槍殺。[30]

據底勞卡說，十六輛滿載士兵的卡車在九月二十八日晚來到各寺院前。他告訴我，「我們聽到另一寺院傳來消息，說軍隊就要開到了，於是採取保安措施，派出五名僧人瞭望，讓我們預先知道士兵什麼時候來，來多少人，我們可以往哪裡躲等等。我與另兩名僧人躲在水車裡。我們寺裡的僧人全部逃光了。我聽到有僧人大叫，要大家逃命。」[31]

在緬甸，每一個社區都設有鄰里守望組織，但為的不是防止犯罪，而是監視社區民眾。每一條街都豎有牌子，顯示街上登記有案居民的照片與姓名。不是居民的人必須請得警方許可，才能以居民客人的身分在當地過夜。據羅斯柏說，士兵與流氓挨家挨戶搜索，以涉嫌參與示威為由，逮捕非居民的人。羅斯柏說，「他們後來獲釋，但就算與示威毫不相干的人也被關了一陣子。」此外，在抗議期間，警方與軍情人員都忙著在街上攝影、拍照。凡是在示威群眾路過時出現在鏡頭上的人，無論是為僧侶送水、送藥或送食物的人，或只是正好在僧人路過身邊時轉頭看著僧人的無辜旁觀者，都會被追蹤、逮捕。由於可以獲得相當於平均工資兩倍、每天三千緬幣（兩美元）的檢舉獎金，有不少人向當局提供線報。[32]

許多人被照了像，仰光大學一名欽族法律系學生就是其中一人。他與一名友人九月二十五日上街頭為僧人送水，第二天他也加入遊行，與其他示威者手牽手組成人鏈。他於翌日為僧人送食物，並於九月二十八日再次加入抗議。之後軍隊用催淚瓦斯驅散群眾，並對空開槍。他告訴我，「我沒見到是不是有人中槍，因為我跑得太快了。」他不敢回家，躲了起來，但在第二天打電話給友人。友人告訴他，軍警已經去過他的辦公室與他家找他。一名警察看到他住的公寓樓貼出的照片，說「我昨天在抗議人群中見過這人，他在哪裡？」警察帶著一張他為僧人送水的照片，於十月十六日再度來到他的辦公室，還迫使他的太太簽署一紙聲明，表示願協助警方找她的先生。他在這一刻決定逃亡，於是逃到馬來西亞。四個月以後，他淚流滿面說著這段經歷，還告訴我，他在逃亡以後，與妻子的聯繫也斷了。[33]

在二〇〇七年九月行將結束的最後幾天，仰光街頭一片死寂。羅斯柏回憶說，「那無聲的死寂比之前的嘈雜喧鬧還要糟。」她走上幾乎空無一人的街頭，問候她幾周以來結識的飯店工作人員、計程車司機、街邊遊童與攤販，「得到的印象是，大家對我們竟然還留在那裡感激得不得了。」她於下午三點走進一家店，那位年長的老闆娘對她說，她是她今天第一個客人。羅斯柏說，「每個人都在受罪。」計程車司機沒有生意好做，有一名司機說，願意帶她隨意兜風。羅斯柏說，「我心想，嗯，這點子不錯。於是我們來到大金寺。景象真是慘。每個人都彷彿失魂落魄。許多導遊爭著做我們的生意，因為他們顯然沒有任何事好做。有好幾組人正在修補破瓦：這次事件顯然在這裡造成一些損害。有個老和尚攤開雙手站在那裡，臉上透著完全絕望的表情。」當局實施宵禁，禁止人民從晚上十一點到第二天上午五點這段時間外出。羅斯柏起先覺得這宵禁有些莫名其妙，「之後我才發現，原來他們要在晚間攻擊寺院，實施宵禁能不讓民眾出來保護那些僧人。」

在之後一段日子，能夠逃的都從仰光逃了。兩個月以後，我見到躲在泰國美索的三名僧人與兩名百姓，二〇〇八年二月，我在美索見到另三名僧人與一名百姓，還與逃進馬來西亞的三名欽族民運人士會面。他們的逃亡故事令人唏噓不已。

其中一名僧人曾於九月二十四日在勃固組織一場至少五萬人、其中包括三萬名僧人的示威。他決定前往仰光。九月二十五日那天晚上，他與其他三十五名僧人動身前往仰光，但走到半途在小城禮古被七七輕步兵營設的路障擋住。他們決定換另一條路，徹夜行走，遂於第二天抵達塔威區。他們就在這裡見到番紅花革命最慘的悲劇。

滿載士兵的七輛卡車來到塔威區第三基本教育中學。當時學校剛放學，孩子正準備離去。目擊事件過程的僧人說，卡車在停靠的時候撞到孩子，八個孩子與一名教師被撞死。僧人上前搶救垂死的孩子，但在當他們施救時，士兵竟朝他們開槍。兩名十四歲的女孩也中槍。五個月以後在泰國與我會面的那名僧人告訴我，他在搶救學生時被一名士兵打得不省人事。中槍或遭卡車輾撞的孩子，都被丟進卡車，已經死亡的人屍體立即火化。據僧人說，孩子的父母還接到警告，不可以舉哀，不可以哭，甚至不可以為孩子舉行喪禮，只能保持緘默。那名被撞死的教師的家人得到兩萬緬幣補償金，但被警告不准聲張。士兵對遇害教師的家人說，「你們敢對任何人說，我們就殺了你們。」[34]

儘管頭非常痛，這名僧人不敢求醫，因為他聽說有上醫院求診的僧人被捕。他躲了起來，友人用石灰為他塗敷傷口，用他穿的金黃色僧袍做繃帶替他裹傷。九月二十八日，他來到司雷佛塔，見到士兵開槍打人。當天晚上，他忍著傷處劇痛，大部分時間就躲在一處公廁裡。第二天，民眾幫他轉往另一處藏身地點，他在那裡一直躲到十月十日才回到他的寺院。他在十一月七日被捕，但脫逃逃進孟邦，之後又穿過克倫邦逃進泰國。他留了長髮與一口八字鬍，穿一件又舊又髒的金黃色衣袍，裝成瘋子。他的偽裝果然騙過官員，認為他是個瘋子而將他放行。[35]

席拉那達乘車逃入孟邦的丹彪札亞。他仍然穿著他的僧袍，但每在檢查站遭到盤查時，他總是以不實的名字、身分證字號與旅行目的地矇混過關。之後他接到寺院捎來的信，說情報人員已經至少四次造訪他在仰光美津的寺院，並且勸他另覓更安全的棲身地。席拉那達回憶說，「我前往孟邦的阿彭縣，等著前往邊界。我認識一名開著私家車來的施主，於是我們在十一月五日前往邊界附近的高格力縣，在當地過夜。第二天，由於我知道若是在檢查站，他們可以輕而易舉查出我的身分，於是我付了八千緬幣給一名機車騎士，託他載我繞過檢查站。」那是在清晨，非常冷。席拉那達通過一處由「民主克倫佛教軍」（親政府的克倫佛教徒民兵組織）把守的哨站。「我當時心想，他們既是佛教徒，應該不會刁難我。但他們什麼都查，查到我藏在袋裡的日記本。我費了一番唇舌，總算化險為夷。」不過，雖說過了民主克倫佛教軍這一關，他又碰上另一個問題。「我原以為我可以走了，但他們說不行，不行，和尚都不可以過邊界，還說我必須另找一條路走。」第二天，他穿過邊界城米亞瓦底，從那裡毫無阻攔地進了泰國。

在軍隊於九月二十九日再次到他的寺院抓人以後，底勞卡逃出仰光。他與其他六名僧人先藏身在寺院附近稻田中一處小茅屋，之後換到另一處地點又躲了十三天。十月十三日，他來到若開邦的洞鴿，住進一間旅店。沒多久就有兩名士兵來旅店向他盤查，問他是不是示威分子。底勞卡回憶說，「他們問我們為什麼離開仰光，我們告訴他們，我們不是示威分子。我們此行只為了回老家省親罷了。」他隨後前往實兌，再乘船到蒙奪，在附近一個小村躲了一天。令人稱奇的是，在整個這段期間，他始終穿著他的僧袍，直到十月二十七日他換了衣服，越界進入孟加拉。[36]

鎮壓行動展開時，平亞迪沙在仰光躲了四天，因為當時想離開仰光根本不可能。當局有他的照片。不過他還是想方設法，在十月一日到了蘭夏亞縣，從蘭夏亞進入伊洛瓦底省，再逃進若開邦，藏身在卡車載運的蔬菜堆中。在抵達洞鴿後，他在鄉間躲了兩個月，之後當局接獲線報說他到了洞鴿，開始搜索他。洞鴿的全國民主聯盟成員協助他逃逸。平亞迪沙說，「他們救了我的命。有人幫我安排搭一艘走私木材的小船去孟加拉，我就這樣於二月二十四日到了孟加拉。」[37]

逃出緬甸的人，非常清楚緬甸人民對緬甸政權的深惡痛絕。一名僧人在逃到泰國之後一個月對我說，「緬甸的人民非常憤怒。政權對他們的壓迫太過於狠毒，他們內心很想採取行動改變現狀。生活越來越辛苦。」國家和平與發展委員會雖然成功弭平了抗議，但也元氣大傷。「人民現在對他們深惡痛絕。政權在實體上仍然很強，因為它有槍。但它已經沒有法統或道德上的權威。」[38]

另一名僧人凝視著我兩眼說，「我離開緬甸，因為我們要為緬甸苦難的人民爭取援助，爭取建議。我要告訴全世界，（緬甸）發生了什麼事……為了和平與安定，世上其他地區的人也有責任保護緬甸人民。請……想辦法加強對這個政權施壓，和平解決情勢。請想辦法幫助那些受傷的人民。」[39]

二〇〇七年九月的事件震撼了緬甸。它們是近二十年來緬甸最驚天動地的抗議事件，但就像所有過去那些事件一樣，它們也被緬甸政權以同樣方式鎮壓。不過與過去不同的是，有了現代科技以後，緬甸政權再想鎮壓人民而不讓全世界知道，已經辦不到了。和平抗議與之後血腥鎮壓的畫面，為地下記者用行動電話與攝影機捕捉，透過電子郵件或走私夾帶傳出緬甸。儘管大多數外國記者不能進入緬甸，但有關視訊幾乎立即出現在各大國際電視網路上。為緬甸民主之聲、《伊洛瓦底》與《緬甸新聞報》等流亡緬甸媒體工作的緬甸記者，在將新聞與影像送出緬甸的工作上扮演了極重要的角色。一名緬甸記者說，「有人有眼睛沒有腿，有人有腿沒有眼睛。我們需要彼此互助才行。言論自由是我們最後的目標，但在這段期間，我們必須盡力而為。」

影片《緬甸紀實（六）》談到緬甸攝影記者冒生命危險捕捉證據的故事。有幾名記者被捕下獄，片中主要人物是筆名約書亞的青年記者。在僧侶示威情勢更加沸騰，他也短暫被捕之後，約書亞逃離緬甸。他從設於泰國的據點，領導著一個在緬甸境內運作的攝影記者團隊。曾經在印刷媒體工作的約書亞，對影片的力量深信不疑。當我在曼谷見到他的時候，約書亞告訴我，「電視媒體比印刷媒體更有力，因為你在電視上撒不了謊。在印刷媒體上，你想寫什麼就可以寫什麼，軍事執政團也可以在國營媒體寫他們愛寫的東西，人民可以決定什麼對，什麼錯，但你沒辦法證明你寫的才是事實。電視就不一樣了。世界各地民眾在電視上看到番紅花革命，對這場革命更重視，原因就在這裡。」

不過對緬甸國內觀眾來說，印刷媒體與電台影響面更廣。儘管緬甸國內所有的媒體都遭新聞管制，但印刷媒體已經不斷膨脹，不再只限於政權的喉舌刊物而已。目前緬甸有一百多份領有執照的刊物。其中主要刊物計有發行量六萬份的《七日新聞》，發行量三萬五千份的《新聞觀察》周刊，發行量三萬份的月刊《生活的色彩》，還有《聲音》、《現代雜誌》、《美雜誌》、《真實新聞》與《經濟觀》等發行量較少的刊物。據一名在緬甸參與媒體訓練工作的外國專家表示，緬甸記者不能想寫什麼就寫什麼，不過他們能找出極盡巧思的辦法，迂迴寫出有爭議性的報導。舉例說，當仰光大學於一九八〇年代末期關閉它的許多系所、無法為學生提供持續輔導或現代課程時，一名記者寫了一篇報導，說想修這些課的學生可以到新加坡、泰國、越南或柬埔寨。「沒有必要說仰光大學做得有多糟，這一切大家都心知肚明。」有些刊物經常刊出報導，談到辛巴威或巴基斯坦這類國家的政治危機，其中可能夾帶對緬甸的教訓。一名緬甸記者說，「我們不能批判政府，但我們可以教育人民。」所有的刊物都必須經過新聞檢查局，這項過程可能要花一個星期。每一家獨立報紙在從檢查局取回送檢的報導時，都會發現文章經常被刪被改。一名外國專家說，雖然情況如此，大多數獨立媒體就算知道一定會遭檢查，還是不會放棄它們的報導。它們會不斷嘗試。在二〇一一年最後幾個月，對媒體的限制放寬了許多，報紙可以在頭版發表翁山蘇姬的照片，可以報導她的活動。於是有關新聞檢查局可能解散的傳言甚囂塵上。二〇一一年十月，新聞檢查局局長甚至說新聞檢查與民主不能並行，並主張政府給媒體更多自由。

由於電視還不普遍，印刷媒體的報導自由又受限，電台廣播仍是緬甸最重要的媒體。約書亞說，「電台廣播不能取代，只要有一個電池，大家無論在哪都可以聽電台廣播。所以說，它是全國性的，就算是沒有電的地方仍然可以收聽。」番紅花革命的一名欽族民運人士證實這一點。對大多數緬甸人而言，網際網路與衛星電視仍然昂貴得讓他們負擔不起，但就算是在偏遠鄉村，民眾仍然有收音機。[40]

在番紅花革命期間，流亡海外的BBC、緬甸民主之聲、美國之音以及自由亞洲電台緬語台都曾向緬甸進行無線電廣播，讓緬甸境內人民不致有與世隔絕之嘆。緬甸政權也因此將它們視為眼中釘，還透過《緬馬新光報》以大標題發表聲明，指控這些流亡媒體「撒下彌天大謊」，說它們是「破壞分子」，是「無線電波殺手」，還警告它們「以後走路小心點」。

番紅花革命發生不到三個月後，英國攝影師、人權運動人士詹姆斯．馬凱在二〇〇七年十二月訪問緬甸。他說，「我是飛機上唯一一名西方人。」人們在見到他的時候，恐懼之情溢於言表。「因為心中害怕，沒有人敢正眼看我。他們臉上流露出的表情是，『你為什麼來？來這裡幹什麼？』」馬凱訪問了許多遭遇突襲的寺院，包括乃亞王、暮光，甚至還有美津寺，每一次都得想辦法迴避軍方的干擾。甚至到了十二月，這樣的突襲仍在繼續進行。我前往上巴松洞的南無寺。這座佛寺在我到訪之前一天夜晚才剛遭到突襲。我來到寺門外，就有人向我迎上來說，「走吧，請你走吧，有軍隊啊。」在巴考庫訪問時，馬凱與一名年輕僧人談話，這名僧人在九月5日那天被綁在街燈桿上。他證實，「他們一逮捕我，就把我綁在街燈桿上。」那天事件後來越滾越大，終於導致大悲劇。馬凱對於外國媒體的畏縮不前很感沮喪。他問：「為什麼其他記者不來這些地方？為什麼他們只在仰光通司雷佛塔的主街上走來走去？」

有人估計說，這場鎮壓的死難人數超過一百人，而且至少有五十名僧人遇害。其他人認為死亡人數比他估計的還多。他告訴我，「我的一些友人被拘捕，被打。許多僧侶遭到酷刑。違反人權的罪行多到不勝枚舉，我們不能再保持緘默了。我們的國家有那麼多天然資源，但政權只知道把錢花在他們自己身上。我們也知道抗議危險。但我們必須行動。」[41]

第十章

颶風納吉斯

我們再也不能推說不知情，我們躲不開它；它現在已經擺在我們眼前，我們想繞道也有所不能；我們可以蔑視它，可以將它一腳踢開，但不能撇開頭，故作不視狀。

——威廉．威伯福*

番紅花革命八個月後，緬甸碰上有史以來災情最慘重的一場天災。當時我在泰國。二〇〇八年五月二日，颶風納吉斯掃過伊洛瓦底三角洲、仰光與緬南其他地區，為途經每一吋土地帶來全面而徹底的毀滅。據信總共至少有十五萬人因這場風災而喪生，至少兩百五十萬人無家可歸。直接受災人口超過三百五十萬人。

當時我在泰緬邊界訪問克倫與克耶難民，特別是自曼沙遇刺三個月以來，第一次會見克倫民族同盟領導人。根據原定計畫，我要往訪位於中緬邊界的克欽邦，但接到消息說訪問行程因故取消。當颶風納吉斯侵襲時，我利用空檔在泰國南部休閒，我的電話立即不停作響，問候語探詢潮湧而至：我有沒有受災，一切好嗎，能不能對媒體發表一些意見？我一切安好，於是盡快趕回曼谷。

在世人逐漸了解這場風災災情嚴重性之後兩三天的一個晚上，我接到ＢＢＣ一名研究員的電話。他們對緬甸地緣實況的無知，說明緬甸民運人士面對的挑戰有多艱鉅：他們聽說我在這個地區，認為我可以就地報導災情。我向他們解釋說，我不在受災地區，但因為怕對方掛電話，我趕緊補上一句，我與住在伊洛瓦底三角洲的人有聯繫，而且就在一小時以前剛接到一些災區的照片。「把它們傳過來。」那研究員說。我立即將它們傳了過去。

隔沒多久，電話鈴聲再次響起。那女士告訴我，「照片太血腥，不宜在全國性電視畫面上播放。」這些照片照的是屍體排滿河邊的慘狀。它們當然絕不賞心悅目，但也並非充滿血腥，讓人看了作嘔。我義憤填膺，盡可能冷靜地對她說，「聽我說，首先，這是一些人冒了生命危險才拍下的照片。緬甸當局如果發現他們拍了這些照片會殺了他們，至少會將他們關一輩子。其次，他們冒了絕大風險，才能把這些照片夾帶走私，帶出緬甸。第三，我在好萊塢電影與英國肥皂劇中，看過比這殘酷血腥得太多的畫面。這些照片只是據實將那些因風災、因緬甸政權草菅人命而導致的死難悲劇做成紀錄而已。我們應該將它們發表才對得起他們。」她說，她會盡力。我於是上床睡覺，一面緊握雙拳，痛恨這無情世界。

第二天早上我醒來時，語音信箱裡有一封ＢＢＣ節目製作人的口信，告訴我這幾張照片已經上了「十點鐘新聞」的頭條，還是「新聞夜」的重頭戲。那製片說，「ＢＢＣ新聞部負責人為了能取得這麼精彩的照片向我們致賀。我們知道，真正值得賀喜的是那些拍下這些照片、還把它們帶了出來的緬甸勇士。請你務必把我們的賀喜之意帶給他們。」我對這世界的痛恨也在瞬間化為無比感激。感謝上帝。我們的辛勞有時還是值得的。

只是這些照片儘管重要，卻不能救人性命。納吉斯風災最令人髮指的倒不是天災，因為地震、火山爆發、饑荒與風暴並非罕見，而是緬甸政權那種冷漠無情得讓人難以置信的反應。恍如世界末日般

＊編註：十九世紀英國下議院議員，英國廢奴運動的主要推動者。

的景象在緬甸出現後，緬甸政權決定放假三天，並且關閉它在世界各地的大使館。納吉斯肆虐後不到一周，至少有十萬人死難，一百五十萬人無家可歸。其中百分之四十是兒童。聯合國說這是「一場重災」，不到幾星期，這些數字幾乎增加了一倍。

儘管印度氣象局多次提出納吉斯即將來襲的警告，緬甸當局既未提出預警，也沒有採取任何保護民眾的措施。[1]一名男子在二〇〇九年一月告訴來訪的天主教蘇格蘭大主教，說他在五月二日下午三時、開始漲潮前四小時才在收音機裡聽到颶風來襲的警告。[2]但其他許多人根本不知道大難臨頭。一名目擊證人說，「凌晨一點，水已經淹得很高，想找地方避水已經辦不到。凌晨四點，天將破曉，我望著我的家，發現原來的住處現在什麼也沒了！」另一名災民說，「眼看水越漲越高，我想這次性命不保……我被捲進海裡，沖到一座島上。我花了四天工夫，尋回我的住處。我進了自己的村子，終於找到一名家人，但另外八名家人都死了。我什麼都沒了，甚至連家人的屍體都無法辨認。我不想活了。」第三名災民說，他在房子被倒下的樹壓垮以後前往教堂避難，但不久教堂也垮了。「我被大水沖走，但想辦法攀上一棵樹。整個晚上我就泡在水裡……後來我發現我的父母，還有其他家人都死了，我們一家八口，只有我弟弟與我兩人倖存。死屍到處都是。」[3]

風災發生後不到幾天，二十四個國家向緬甸表示願意提供四千萬美元以上的援助，但緬甸政權在一開始不肯接受任何援助。之後緬甸政權同意接受援助，但不准國際救援工作人員進入災區。最後主要經由英、美、法與澳洲等國幕後策動，在聯合國秘書長潘基文、中國、印度與東南亞國協聯手施壓下，再加上英、法與美國海軍艦艇陳兵緬甸外海，緬甸政權終於讓步，同意國際救援工作人員進入災區。不過，不斷有報導說，國際救災物資只有一小部分給了真正需要救助的災民，大部分物資都遭緬甸政權挪為己用。

許多國際機構捐助的救災物資，在註有捐助機構名的標籤上，被人貼上特定將領的名字，然後送入災區，有關這類故事俯拾皆是，充分曝露緬甸政權利用救災援助做宣傳的歹毒企圖。好些救災人員向我證實確有其事。此外，救災物資還遭緬甸政權竊取，讓自己人享用。一名緬甸援助人員說，「海外捐助的營養餅乾被緬甸政權中飽，供應它的軍人。然後把一些品質不良的餅乾交給災民。」一名參與救災作業的緬甸人說，幾名將領的妻子前往機場，迎接聯合國救災物資貨櫃的送達。「一名少將的妻子選了一個貨櫃說，『這個貨櫃是我的。』那個貨櫃裡面裝了餅乾與其他食物補給。她與其他將軍的妻子為了誰可以取走這個貨櫃而打了起來。」[4]

一名前國防軍士兵證實救援物資遭竊取，轉售市場圖利。他告訴「急難救援隊」，「我在幾處軍方與當局經營的市場，見到他們在賣海外捐助的救災物資。」急難救援隊是一個為向災民提供救援而設立的草根組織。他說，「這些物資原本應該送進災民手中的。我知道海外捐來的是些什麼，所以能在市場上認出它們。」出現市場上的這些救災物資包括麵、即溶咖啡與肥皂等等。「出賣這些東西賺得的錢會進入店老闆荷包，不過這些店老闆都是軍隊的人。」[5]另一目擊證人說：

> 經政府之手提供救援根本行不通。在（仰光）機場，你可以看見救援物資著陸，但它們都存放在政府倉庫。你可以見到軍用卡車載著這些物資離開倉庫，在有些地區還可以見到卡車進入

軍營。得到這些物資的是軍營，不是村民。有些物資還標有USAID（美援）字樣。有些地區，七個村子中只有一個村子獲得標有USAID字樣的物資，另外六個領不到。地方指揮官不敢自行派送救災物資，必須等待最高當局的許可。[6]

有些地區，由於當局始終不採取任何行動，地方居民只有自己動手，清除堆積在街道上的斷樹殘枝與垃圾瓦礫，沒想到之後卻奉命把移除的廢物再裝回去，讓國營電視拍攝軍隊清理街道的影片。那些軍人只在電視攝影機前裝模作樣、擺出清垃圾的姿態，鏡頭一拍完，他們丟下那些垃圾不顧，然後下令地方居民再一次出動清理街道。事實真相竟然如此反諷與荒誕！據說，當局還領著因風災淪為孤兒的孩子四處募款，說要用募來的善款救濟這些孩子。一名緬甸救災人員告訴我，「然後他們把募來的錢塞進自己荷包，那些孩子什麼也得不到。」當局為無家可歸的災民設立收容營，營區有光鮮整潔的帳篷，還提供救災物資，在攝影機鏡頭前，高級將領與聯合國官員到訪視察，走過一排排帳篷，向災民散發補給。[7]但他們剛一離去，當局立即拆下帳篷，要災民交還剛領到的救災品，迫令沒有食物、藥品或庇護所的災民離去。那一排排漂亮的藍色帳篷不過是緬甸政權打宣傳戰的道具罷了。

緬甸政權這些宣傳伎倆騙不了那些直接受災的災民。但一個國際援助組織的一名代表說，在災情比較不那麼嚴重的伊洛瓦底三角洲北部地區，許多人一開始對緬甸政權還信以為真。直到後來經由傳聞、或透過緬甸流亡電台的廣播，他們開始聽說緬甸政權不讓救援人員進入災區，也才逐漸察覺事實真相。一名國際救援人員告訴我，「一名住在三角洲地區的男子，在聽說救援組織未獲許進入災區之後氣得暴跳如雷。他說，『我們聽信國營電台與電視，政府說一直在想辦法。但現在你們卻告訴我們，政府不讓你們進來幫忙。我們被騙了。』」

緬甸政權不但不幫助災民，還利用這場危機遂行兩個目標。首先，讓全世界不敢置信的是，在成千上萬民眾死難、數以十萬計災民痛失家人與住處、僅以身免的僅僅一周之後，緬甸政權按照原定計畫於五月十日舉行新憲公民投票（將在本書下一章討論）。其次，利用世人都將關注眼光投入伊洛瓦底三角洲之際，對克倫邦平民百姓發動無數次攻擊。根據自由緬甸遊騎兵的報導，由於「國防軍升高把村民嚇得躲起來的行動」，村子被焚毀，數以百計村民流離失所。報導中指出，軍隊「用迫砲轟炸村子，俘虜、殺害村民，並繼續擴張軍營網路，深入地方百姓的農地與村落」，好幾百人被迫逃亡。[8]

有史以來第一次，有人認真開始討論是否應該啟動聯合國「有責任進行保護」的機制，組織軍事聯盟，基於人道救援宗旨對緬甸進行干預。有人主張在災區空投救援物資，還有人認為無論緬甸政權同意與否，駐在緬甸外海的海軍艦艇應該將救援物資送進緬甸，必要時採取武力強制手段也在所不惜。全國民主聯盟發表呼籲，要求國際社會伸出援手，「無論用什麼手段都好」。[9]撣族婦女行動網路創辦人姜冬，指責國際社會只是嘴上強硬，卻不採取行動。她在曼谷舉行記者會說，「那些劫後餘生的人一定在想，這世界是不是已經忘了他們。此時此刻，我們不能再屈從緬甸政權的限制，此時此刻，人道必須比外交規矩更重要。」[10]緬甸民運團體還聯名寫了一封信給美國總統布希，說「緬甸人民會將干預視為上天的干預，它不僅只是救助颶風災民而已，最後還能將整個國家從軍事枷鎖中解放出來。請不要拿緬甸與伊拉克相比，因為佛教僧侶、學生、緬甸愛國者都會樂於為你提供你需要的一切，協助你進入緬甸救助颶風災民，救助這整個國家。許多關心國事的緬甸公民都願意加入干預行動。請不要浪費寶貴時間。」[11]

有短短一段期間，就連世界級領導人的語氣也開始強硬了。當法國海軍艦艇烈風號、英國皇家海軍西敏號，與美國海軍艾瑟克斯、以及其他幾艘外國軍艦滿載救災物資、駛往緬甸海岸之際，美國國防部長羅伯．蓋茲說，緬甸政權犯了「刑事疏忽」罪，[12]英國首相高登．布朗也說緬甸政權的行為「不人道」。布朗說，「這原是一場天災，但由於一個政權的疏忽、失職、以及對緬甸人民的不人道待遇，自己不採取行動也不讓國際社會做國際社會要做的事，這場天災已因人為而演變成讓人無法容忍的慘禍。」[13]英國當時的反對黨領袖、現任首相大衛．卡麥隆說，如果情勢不改變，應將緬甸政權那些將領抓到國際刑事法庭受審。[14]美國第一夫人蘿拉．布希召開記者會，以強烈措詞批判緬甸政權。[15]法國外長伯納．庫西納也提出安理會決議案，要求啟動「有責任進行保護」機制，授權安理會不管緬甸政權願不願意，逕行提供救援。當時許多人認為，緬甸政權在國家遭遇如此重大災害時，在經過盤算之後故意不保護自己的人民，聯合國如果在這種情況下還不能啟動保護機制，要發生什麼情況才能？

但這一刻很快成為過去。曝露在街頭路邊的屍體繼續腐化，援助涓滴而入，國際社會的意志開始瓦解，緬甸外海的艦艇也駛離了。聯合國秘書長潘基文訪問緬甸，在風災發生三周之後的五月二十三日會見丹瑞，隨於仰光塞多納飯店舉行記者會說，「我很高興地說，我們已經在所有這些議題上獲致進展。今天早上，我與丹瑞將軍進行了一次很好的會談。他同意讓國際援助工作人員不分國籍、進入災區。他採取了相當有彈性的立場。」[16]這次記者會讓人不禁聯想到當年英國首相張伯倫在與希特勒會談之後，從慕尼黑返回倫敦時的情景。張伯倫當時在倫敦機場得意地宣布，他已經達成「我們這個時代的和平」。一名緬甸救災人員不滿地說，「聯合國說，我國政府對納吉斯颶風的反應行動很慢。聯合國應該站在人民這一邊。我國政府的反應不是慢，是無聲無息。我不了解聯合國為什麼不這麼說。」[17]另一緬甸救災人員也指責聯合國動作太慢。他說，「我在此也要要求，如果再發生類似災害，國際組織應對我國政府施加更多壓力。我們需要聯合國總部加快施展政治壓力的流程。」他又說，潘基文「在抵達這裡以後表現得很有效率，但他花了一個半月時間才到訪。太遲了。」[18]

丹瑞的「彈性」立場很快化歸泡影。潘基文剛離開緬甸，總理登盛宣布，緬甸政權只會「考慮讓國際援助工作人員進入災區，而且前提是「他們希望能參與災後重建工作」。[19]緬甸政權在救災階段尚未展開時，宣布這個階段已經「結束」。當颶風災民迫切需要食物、醫藥與庇護設施時，當他們因饑荒與可以治療的疾病而在死亡邊緣掙扎時，討論重建與復建簡直駭人聽聞。

緬甸政權的作為冷漠無情令人震驚。但更惡劣的還在後頭。緬甸政權以它那種獨裁者的古怪行徑宣布，這場風災害死六六五二七一隻鴨子，五六一六三頭牛、與一六一四五〇二隻雞，至於死了多少人的問題，那些將領們似乎並不在意。一名緬甸官員對外國援助工作人員說，「你們這些西方人似乎不了解一件事：那些住在三角洲地區的人原本就一直沒有水喝，沒有東西吃。」《緬馬新光報》還說，農民可以「在夜晚提燈到田裡抓大青蛙」，不需要外國送來的「巧克力」，讓人想到瑪麗．安東妮當年那句名言。*[20]那年六月，緬甸政權對外國媒體展開攻擊，說他們是「比納吉斯的破壞力還兇的敵人」。[21]

與此同時，屍體繼續在洪水中漂浮，繼續掛在樹上沒有人收屍。在蛇與人競相搶占庇護所的情況下，被蛇咬死成為緬甸人民的死亡主因。在風災發生最初幾周，有報導說軍方禁止民眾掩埋屍體，任由它們腐爛、散布更多疾病。民眾不斷死去。一名救災人員說，「事實上有大量民眾是在撐過納吉斯風災之後死亡的。他們攀在椰子樹上一連八小時，之後因受傷與感染而死。納吉斯的緊急救援工作遲了兩天，許多人在這整段期間發燒，沒有吃的，沒有水喝。他們住的地區距城市過遠，想乘運輸工具出來尋求援助很難。不到一星期，太多人在逃過風災大劫之後，逃不過這第二劫。」[22]

許多人認為，緬甸政權之所以無意救災，甚至在一開始還不讓人救災，主要原因是，住在伊洛瓦底三角洲的居民大部分是克倫人。軍事執政團多年來一直嘗試運用軍事手段消滅克倫人，來襲的納吉斯颶風正好成為替他們幹這骯髒勾當的工具。有人並且指出，丹瑞將軍在一九八〇年代初期擔任伊洛瓦底三角洲軍區司令期間，曾與當地克倫叛軍對抗。一九九一年，丹瑞主持過一項軍事攻勢，很諷刺的是，攻勢代號還叫做「風暴行動」。緬軍在這項攻勢中殺了幾百名克倫人。在幾個村子，緬軍將所有年輕男子全數帶走，先施以酷刑然後處決。或許丹瑞認為這場風災正是天助他完成他未竟之功。據克倫人士說，一名國防軍軍官在風災發生幾周之後說，「對付東緬甸的克倫人得用許多子彈，但納吉斯颶風已經在三角洲地區掃除了克倫人。」一名來自國際機構的緬甸救災人員證實這種說法。她說，「國家和平與發展委員會打不贏克倫叛軍，風災就成了他們毀滅克倫人的另一策略。像強暴一樣，它也成為一種毀滅一個少數族群團體的武器。緬甸政權對克倫人痛恨得無以復加。」

急難救援隊與約翰・霍普金斯大學彭博公共衛生學院也證實確有此事，在他們的報告〈風暴過後：三角洲傳出的聲音〉中說，「為風災災民發送救援物資的過程存有歧別待遇，特別是在住了許多非緬族人與非佛教徒的伊洛瓦底三角洲地區，這種情況尤其嚴重。」一名救災人員對急難救援隊說，「政府在一開始只支援緬族人，不支援克倫人……政府在援助災民時乘船而來，他們讓緬族人上船……但將克倫人踢下去，不讓克倫人上船。」另一名救災人員說，宗教也是一項因素，「政府工作人員在進入災區救人時，把基督教團體拋下不管，因為他們認為這些基督教災民反正會獲得基督教組織救助。」[23]

任何略帶批判的聲音都會遭致軍事執政團激烈的反應。一名受雇於一個國際救援機構、替這個機構主持緬境救災工作的緬甸救災人員，在加拿大的電視上說，遇上規模這麼大的災難，就算是美國或英國也無法獨立應付，因此緬甸當然需要國際援助。當天晚上他就被緬甸當局抓走問話。

由於受到國際壓力，情勢慢慢出現轉變。國際援助機構獲許在緬甸境內作業。一個重要國際組織的援助工作人員說，「到九月間，援助情勢已經大幅改善。許多很有用的工作已經完成。」不過，國際社會中雖說也有人相信這是一種真正的開放，並且樂觀地談到解除制裁，讓援助與投資大舉湧入緬

---

* 編註：瑪麗是十八世紀法國王后，在法國大革命期間被送上斷頭台，傳聞她在聽見人民大叫「沒有麵包」時，回了一句「沒有麵包，何不吃蛋糕（brioche）？」

甸，但其他人比較實際得多。一個國際援助機構的代表告訴我，「我很不相信還有更多空間。那些將領隨時會找個理由把門再次關上。他們或許是在爭取時間，但無論怎麼說，也不會像有些人心裡想的那樣開放。」

這名代表說，真正的問題出在緬甸政權最高層。「在地方層面上，地方當局很早已經放寬限制，但之後又收緊。中央政府非常封閉，直到風災發生五或六周之後，才因為受到東南亞國家協會與其他國家的影響力，開始放寬了一些。」但即使到了這時，在有些地區，國際援助機構的作業仍然受到限制。「進入災區的限制並沒有在潘基文到訪之後立即解除。我們仍然需要經歷各式各樣程序才能獲得批准。緬甸政權似乎是在說，『只有在我們認為它能帶來附加價值的時候你才能進去。』那是有附帶條件的。」有時，甚至在中央政府已經同意以後，地方當局仍然拒絕放行。「政府為了緩解他們本身遭到的壓力，會表示同意，但一方面卻向地方軍區指揮官送信，要他們不准國際援助機構的人員進駐。中央政府於是可以有藉口說，『那是地方當局作梗，不是我們的錯。』」這其間另有一個附帶問題是，中央政府由於對國際援助機構猜忌過重，不斷重組內閣人事。「政府官員如果顯現任何與一個國際非政府組織有聯繫的蛛絲馬跡，會遭調職或去職。當局不斷把高級官員與部會權責調來調去。森林與觀光事業部也曾有一段時間負責重災區博哥里的救災事宜。」

就在國際救援機構為進入災區、為克服層層官僚阻礙而奮戰的同時，緬甸民間為救災而成立的各式各樣非官方網路卻不斷壯大。商人、佛教僧侶、基督教會、民運人士與社交名流都響應救災活動。他們同樣也得面對相當風險，但扮演的角色至關重要。

兩名外籍青年義工投入這項活動。來自英國、有一半緬甸血統的學生金東，想辦法溜進一些災區，幫著遞送醫藥與食物補給。他回憶說，「我們不斷遭到地方當局阻攔，他們對我們的動機非常懷疑，仰光與內比都也不斷限制我們。」不過，救災需求非常龐大。「我們發現災民迫切需要食物、乾淨的水、庇護設施、醫療補給、蚊帳，還有例如鞋子這類基本必需品。災民不斷因踩在殘礫上割傷腳而痛苦不堪。」

創傷心理諮詢也是一大需求。「倖存者因為遭到那些可怕的經歷，例如眼見地方領導人與懷孕的母親屍體掛在樹上等等，至今仍然驚魂未定。」另一名義工也有同感。她在風災過後幾近一年告訴我，在有些地區，民眾直到今天一聽到雨聲都會害怕。「他們仍能在腦海中見到那些可怕的景象，但他們不能說。」在有些地區，所有的婦女與孩子都遇難，只有男子倖存。「高達九或十英尺的洪濤摧毀一切房舍，婦女與孩子死難，男子因為體力較強而倖存。」

另一名救災人員也對我說，「我們的隊伍從博哥里撤回來，大家都嚇傻了。他們見到到處漂浮著人與畜的屍體，而且當局不准任何人採取任何行動。」

地方當局最後找上金東與他的友人，強迫他們離開。他回憶說，「但在我們離開以前，當局准許我們再探訪納吉斯災民最後一次，不過條件是不得拍照，不得前往難民中心。我們最後只能隔著一道關閉的鐵柵，為鐵柵另一邊的孩子分送補給品與遊樂品。能觸及他們，給我們的感覺真非筆墨所能形容，只是我們也恨自己竟如此無能為力。我們只是為孩子送藥品與足球，難道這也是對國家安全的威脅？」

風災期間，數以萬計的孩子淪為孤兒或與父母失散，不得不自立生存。一些年齡較長的孩子被迫負起照顧弟妹的責任，許多孩子還必須找工作養活他們自己。十六歲的萊恩在一處軍方擁有的鹽場推磨，一次十個小時，他的故事後來經紀錄片《風暴孤兒》披露。十歲大的葉普音必須照顧他六歲的妹妹與三歲的弟弟。他說，「我們一直沒有找到媽媽，有人告訴我，他們在一處海灘見到我爸爸的屍體，與一堆垃圾纏在一起。」[24]緬甸民主之聲的攝影組，由於不遵守緬甸政權禁止媒體報導的禁令，深入災區製作這個紀錄片，如果被抓可能得坐監三十年。

勒索與盜竊異常猖獗。五月三十一日，一名緬族基督教律師帶著一名友人進入伊洛瓦底三角洲地區，希望為災民盡一份力。他們將十三袋五十公斤重的米袋，以及麵條、鹽、衣物、還有二十箱水——每箱有一打一公斤裝的水瓶——都裝上一輛卡車，開往災區。她回憶說，「我們來到前往端迪、前往大德與拉普塔的交叉路口，在橋頭一處檢查站被兩名警員攔下。他們問我，這些東西是幹什麼用的，是不是捐助救災的物資，我說是的。他們又問我是不是有批准公文。我告訴他們，這些東西都是為我的魚場員工準備的。他們說，東西太多了，我只能帶一半走。我於是付了他們兩萬緬幣（約二十美元）『茶錢』，他們放我走了。」

在將救災品送完以後，他們開車回到仰光。「下午五點，我們在回程路上見到檢查站前排了一長列車，至少有五十輛，都停著不動。我們被堵在車龍裡，一直到晚上十一點。一名上尉走過來，我問他有什麼問題。他說，他奉上級之命，要收取我們的駕照與完稅證明。」在收了這些文件之後，這上尉要她跟他走，帶她來到永盛政府技術研究所。「我們在園區見到至少一百輛車。我奉命寫下我的姓名、地址、駕照號碼與其他細節，然後大約到了午夜，我才獲許乘計程車回家。第二天我接到通知，要我前往技術研究所園區，付三萬緬幣取回我的車。」[25]

救災行動類型繁多，有些純屬個人義舉，像上文所述那位緬甸律師就是一例；有些則比較制式化。由民間組織與個人組成的「緬馬／緬甸急難救助網路」就是這樣一個團體。這個以協調救災工作為宗旨的網路，除緊急救助以外，還提供一些較長程的援助，例如為學校提供文具、修築戶外廁所、修補農業裝備等等。[26]這類團體有些得以在緬甸政權不注意、或故作無視的情況下進行工作，有些則因為救災而惹禍上身。一名外籍救災工作人員說，「風災剛過後，許多友人三五成群，以義工身分來回仰光與三角洲之間，為災區送去小量救濟物資，因為他們認為政府做得不夠。有人對我說，無論發生什麼狀況，他們從來就不指望政府能有適當作為。我向他們提出非正式建議說，我們這裡經常用餐會、抽獎活動等方式籌款，他們對我說，如果在緬甸這麼做，換來的是被捕，搞不好還得服很長的徒刑。」[27]

「人權觀察」組織達成一項結論說，雖然「有些觀察家認為，民間組織在風災過後的踴躍救災行動，顯示人道空間已經開啟一扇門戶」，對那些想以自己的方式救助、或那些膽敢公開表示對政權不滿的緬甸人來說，「被捕或遭恐嚇的威脅非常實際」。[28]根據「人權觀察」的資料，單在二〇〇八年六月，至少有二十二人因為向災民提供救助而被捕。其中包括一位名叫乃溫的醫生。乃溫成立「為死者埋葬團」，專門收集風災死難者屍體加以掩埋。他與他的女兒因非法結社罪名被捕下獄。《經濟觀察》記者、二十四歲的穎康吾，與前《星期雜誌》總編輯喬喬盛，因為將風災災民帶到仰光，安排災民與聯合國開發計畫署與國際紅十字會代表會面、並為災民擔任口譯而被捕下獄。因參與納吉斯風災救災活動而被捕的最有名的人物，當然得首推喜劇演員札加納。[29]

儘管自一九八八年以來曾經數度進出牢獄，札加納仍是對抗緬甸政權異議人士強有力的喉舌。在納吉斯蹂躪三角洲地區之後，他動員一個有幾百名成員的網路，開車載運補給前往災區，並籌款購買緊急救難用品。六月二日，札加納在接受BBC訪問時說，「災民對軍事執政團非常憤怒」，還說痛恨軍事執政團的人不只限於災民而已，「第二個（痛恨的）團體是捐助人……他們要直接捐助受災人，但軍事執政團與一些警察不讓他們直接捐助。」他還說，有些政府官員也不高興。「他們是人。他們有些人有親戚在三角洲地區失蹤，但他們不能去那裡，因此他們也恨軍事執政團。」[30]他告訴《伊洛瓦底》雜誌，「我要拯救我的同胞。我們想盡辦法找人捐助目的就在這裡。但政府不喜歡我們的工作。政府對幫助人民不感興趣。它只想告訴全世界，告訴國人說一切都在控制下，說它已經救了人民。」[31]札加納在兩天以後被捕，並且在二〇〇八年十一月被判刑五十九年。三個月以後他獲減刑為三十五年，不過他在二〇一一年因大赦而獲釋。

企圖採訪納吉斯風災的外國記者有的被打回票，有的在被抓到以後驅逐出境。在風災剛發生過後，CNN記者丹．里佛斯與他的攝影機組人員，就被軍方在三角洲地區追逐了一個星期。根據「人權觀察」的報導，「這支採訪團隊藏身汽車後座，步行穿過叢林，潛入村落訪問劫後餘生的村民，然後以哄騙手段混過檢查站，將災情慘重的實況向世人播出。」[32]里佛斯最後被當局逮到，遭驅逐出境。《時代》雜誌記者安德魯．馬歇爾也同樣遭到驅逐出境厄運。馬歇爾後來寫道，「風災發生以後，軍事執政團為了自己的生存不惜犧牲人民，這樣的反應真是殘酷無情。外國記者只因想將緬甸災民的悲慘命運公諸於世，就被緬甸當局驅逐出境，似乎讓機場上一名年輕的特勤隊軍官感到很窘。這名軍官不斷對我說，『請原諒我』，『請原諒我』。我現在了解他絲毫沒有困窘的意思，他是感到慚愧。」[33]

如果說，二〇〇八年這場大悲劇有任何稍具正面性的結果，那就是由於緬甸政權拒施援手，無意間反而使緬甸民間組織更加茁壯。根據一篇名為〈傾聽來自內部的聲音：緬馬民間組織對納吉斯颶風的反應〉的報告，納吉斯颶風「雖然帶來這麼大的毀滅，但同時它也讓人民團結在一起，為緬甸民間組織帶來對抗這場大風災的機會」。[34]在風災過後三個月離開緬甸的一名外國觀察家說，「個別民眾的英勇義行仍將持續」，政權見死不救的態度會繼續曝光，「若不是地方非政府組織、教會團體與寺院超人一般的努力，苦難與死亡情況會嚴重得太多。為劫後餘生災民提供臨時住處、食物、衣服與醫藥的是這些民間團體。」[35]

由於他們的努力，不同種族與宗教背景的人能更緊密地結合在一起。一名緬甸援助義工達成結論：「民間社會變得更加有力。由於這場颶風，我國地方人士比過去更加團結。這是好事——榮辱與共的意識更加伸張，我們可以動員內部資源了。」

在緬甸政權坐視不顧、國際社會想顧卻顧不了的那段期間，緬甸人民向同胞伸出援手，一名參與救災工作的婦女在寫給海外親友的信中，對這些緬甸人人溺己溺的精神作了以下總結。「面對這樣的情勢，重要的是，必須把全副力量投入手邊工作，投入與我們接觸的那個災民，使事情在我們離去時，比我們剛遇上時好一些（至少也嘗試做到這一點）。我牢記那個海星的故事，[36]不斷提醒自己，我們所作所為，對那個受到我們幫助的人（無論這幫助多麼渺小）一定有益。」一些專業救災人員曾經批判地方救災工作，說這些工作欠缺協調，她也承認這一點。她說，「個人的、專業的，還有『官方』的侷限，甚至是疏失，確實比比皆是。我們原本確實可以用更有『系統』，更有效能的方式工作，做出不一樣的成績。但儘管如此，我知道我們可以依賴、可以仰仗彼此的仁慈、寬容與毅力——我們的同胞意志力與精神力非常深厚，能做出驚人的復原成果，我對此深信不疑。」

第十一章

脫下軍服，但仍然掌權

專制暴君本身並不否認自由的至善至美；只不過他們要將它完全據為己有而已。他們不認為還有任何其他人有權享用它。

——托克維爾，《舊制度與大革命》

緬甸有許多怪事，歷史不斷重演是其中一個。尼溫曾經起草一部新憲，建立一個政黨，還舉行完全作假的新憲公民投票，讓軍事執政團改頭換面，成為一個換湯不換藥的文人政府。這段歷史於二〇一〇年在緬甸重演。如果說模仿是最高形式的讚美，丹瑞顯然對尼溫佩服得五體投地。

在對翁山蘇姬與她的支持者發動那次德帕因攻擊事件之後，丹瑞於二〇〇三年展開他的計畫。雖說毫無疑問，下令發動這次攻擊的人是丹瑞，但他必須採取行動平息逐漸沸騰的國際怒火。在東協／歐洲外長會議上，泰國外長素拉傑提出一項民主道路圖建議。根據素拉傑的這項建議，緬甸應該釋放翁山蘇姬，調查德帕因屠殺事件，與少數族群團體舉行和談，經由一種各方參與的過程起草新憲，定一個邁向選舉的過渡期，最後在國際觀察員監督下舉行民主選舉。[1]為示響應這項建議，當時緬甸政權第三號高階將領欽紐宣布一項邁向「有紀律民主」的七階段道路圖，不過他的計畫與泰國那項建議唯一的共同點，只有「道路圖」那幾個字。國家和平與發展委員會在它的「道路圖」中根本不提翁山蘇姬，更別說她的釋放了，德帕因屠殺事件的調查工作當然也不可能進行。

至於新道路圖中有關新憲的部分也不新鮮。在一九九〇年選舉過後三年，緬甸成立全國代表大會起草新憲。全國民主聯盟一開始也曾參與修憲進程，但之後為抗議整個進程根本是騙局而退出。翁山蘇姬當時說，「我們並不想搗毀全國代表大會，我們只想讓它成為一個能夠為緬甸人民與國際社會接受的組織。」她不滿地說，「議題還沒有討論，決定已經做成了。」[2]緬甸政權在大會中安插一大堆親信為代表，對議程施以嚴格限制，使全國民主聯盟完全無力施展。在大會七百零二名代表中，只有九十九人是一九九〇年選出的國會議員，其中八十一人是全國民主聯盟黨員。其他六百零三名代表都是國家法律與秩序重建委員會指派的人，其中包括政權傀儡與毒梟嫌犯。[3]一些獲許與會的少數族群代表一開始也充滿樂觀，認為可以訂定一部憲法、建立容許少數族群自治的聯邦架構。但事情演變很快說明一切：這樣的希望根本是幻想，因為緬甸政權從未打算建立包容性、真正的新憲起草程序。[4]

全國民主聯盟退出以後，全國代表大會停擺了八年。當它於二〇〇四年復會時，一切仍然如常。大會在軍事基地舉行，與外界沒有聯繫，代表也不可以在會場外討論新憲起草議題。任何人不得批判全國代表大會，違者可能被判長達二十年的徒刑。緬甸政權還為新憲提出「一百零四項原則」，建立民主的一切生機至此已蕩然無存。根據這「一百零四項原則」的規定，國防軍可以管理自己內政，大選後產生的文人政府不得干預；一旦發生「緊急狀態」，國防軍還可以重新奪權。其中還有一項規定：緬甸的總統「必須在緬甸至少連續居住二十年」，必須具有「政治、行政、軍事與經濟經驗」，而且配偶、子女以及子女的配偶不得是外國人。此外，必須在軍中至少服役十五年才能當總統。這些規定完全斷了翁山蘇姬出任總統的可能性。它也是事情演變的先兆。

我曾與全國代表大會的幾名代表晤談，他們都證實這整個過程只是為緬甸政權議程而設的橡皮圖章而已。一名欽族前代表告訴我，「我們每天參加會議，但只能聽演說。演說過後，我們散會休息。」

每天上午九點到十一點，代表得聽政權官員發表演說，然後下午散會休息。「大多數代表會帶一本書，在官員演說的時候看書，有些代表，例如聽不懂緬語的果敢族代表，會坐在那裡看中文書。」我問這些代表，是否在代表大會召開期間學到、或達到什麼時，有個代表一臉尷尬地笑答：「我們學會打高爾夫。」

克欽獨立組織於二〇〇七年七月提出「憲法條款建議」，即一般所謂「十九點建議」，要求納入「特定憲法授權」條款，為「全國一統的聯邦系統」鋪路。建議中還要求保障宗教自由。不過全國代表大會根本沒有討論他們的建議，緬甸政權也沒有給予回應。十三個族群停火團體三年前提出的一項建議，也同樣彷彿石沉大海，沒有獲得任何音訊。[5]

在代表大會召開期間負責代表住宿與休閒設施的一名國防軍少校，發現在大會復會後第二次會期間，少數族群代表都被彼此分開，住在不同建物內。他說，政權不願不同族群群體的代表相互溝通，以免他們圖謀不軌。少數族群團體向他提出要求，希望能像過去一樣，與不同族群的代表住在一起，他於是替這些代表向上級說項。上級警告他，這類問題以後不准再提。他說，「我遭到降級處分，被調往遠離仰光的地方服役。他們還沒收我的車與電話，迫使我搬出我家人居住的政府公寓。於是我逃到泰國。」

在經過十四年漫長歲月、十三次休會之後，全國代表大會終於閉幕，它的成果不是一部憲法，而是一個由緬甸政權一手挑選組成的五十四人新憲起草委員會，負責根據全國代表大會決議的「基本原則」擬定新憲條文。[6]不過，事隔數月，憲草終於完成，緬甸政權遂於二〇〇八年二月宣布，計畫於同年五月舉行公民投票。

緬甸政權已經從一九九〇年那次投票中學得教訓，下定決心不讓這次公民投票——當然還有日後其他投票——出現它不喜歡的結果。「人權觀察」指出，政府控制的媒體於是「展開毫無掩飾的宣傳，要人民投『贊成』票，並散播傳言說，反對這次公民投票的人會被關進監獄。」新憲草本身也只有部分人士看得到——直到公民投票即將舉行前不久，新憲草的內容才公布，而且每份要賣一千緬幣，讓許多緬甸人買不起。此外，它只有緬文與英文兩種版本，使許多非緬族少數族群根本無法閱讀，而且它還不在大多數人口所在的農村偏遠地區發售。政治分析與記錄研究所曾發表一篇名為〈沒有真正選擇：緬甸二〇〇八年公民投票評估〉的報告，說大多數緬甸人「根本得不到閱讀這份憲草的機會。事實上大多數人根本沒有見過它。憲草影本直到投票舉行前一個月的四月九日才公開發售」。[7]「人權觀察」達成結論說，「將領們釋出一個明確的訊號說，他們一手包辦的這部憲法，將使緬甸延續四十多年來的軍事統治傳統。」[8]批判這部憲法的人不得公開發表己見，膽敢鼓吹民眾、要民眾投反對票的人，得冒被捕下獄的極大風險。

在投票日前幾天，緬甸政權開始以威嚇利誘、雙管齊下的方式要民眾為新憲投贊成票。公務員接到警告說，不投贊成票就會丟掉工作；社區接到警告說，至少百分之八十的人必須投贊成票，達不到這個標準的社區會遭斷水斷電；學生接到警告說，只有投贊成票的學生能畢業；民眾也接到警告說，不投贊成票就得坐牢。[9]「軍事執政團羽翼的爪牙、「團結一統開發協會」的流氓無賴也開始在村落四處巡查，一般還有軍情軍官與地方官員隨行。一名參加過這種勾當的前團結一統開發協會分子，對

「人權觀察」說，他們會鎖定一些可能投反對票的人採取行動，一般都會利用晚上登門「拜訪」，將那人威脅、欺凌、毒打一頓。「我們先寫下那表示要投反對票的人的姓名與地址。如果他們還是說要反對，我們就會深夜上門把他們打一頓。我們……把他們送監。我們指控他們是賊，是醉鬼。我們對他們說，我們能讓他們永無寧日。大多數人都嚇得不敢再反對。有一次我們與一個人談到這次公民投票……他說他不感興趣，說他會反對。我們那天晚上去了他家，把他帶進我們領導的辦公室，將他狠狠打了一頓，還告訴他，他的問題可大了。」[10]

儘管面對如此嚴厲的束縛，緬甸人確實鼓起超凡勇氣展開一項反新憲運動。二〇〇八年三月二十七日，三十幾名全國民主聯盟民運人士穿上印有「NO」的T恤在仰光遊行。[11]全國各地地下民運人士組成的一個網路組織了「投反對票」運動。

如上一章所述，納吉斯颶風於二〇〇八年五月二日侵襲緬甸，時間就在公民投票預定日期前一星期。在好幾百萬人無家可歸、幾十萬人死難的情況下，大家都以為緬甸政權會將投票日延後。聯合國秘書長潘基文呼籲緬甸政權將投票日全面延後，但軍事執政團不同意，認為這是舉行投票的天賜良機，因為在這種情況下，民眾想組織起來投反對票更加困難。直到後來國際施壓，緬甸政權才決定在受災最嚴重的地區將投票日延後。糟得無以復加的結果就此出現：緬甸大部分地區在五月十日投票，伊洛瓦底三角洲地區則延後兩周，在五月二十四日投票，讓當局有充分時間在計票上動手腳。更讓人啼笑皆非的是，軍事執政團在五月十五日，也就是在三角洲地區尚未投票時已經宣布這次公民投票結果。根據緬甸政權宣布的數字，這次公民投票的投票率高達百分之九十九，選民以百分之九十二點四多數通過新憲。

如果投票日當天情況的有關報導屬實，這樣的投票結果不足為奇。有關作假舞弊的傳言甚囂塵上。[12]在有些村子，地方當局將已經在「贊成」欄上畫了「✓」的選票交給選民；其他一些地方的情況更絕：幹部通知選民說，已經代他們投了票，他們連投票所都不必去了。還有一些地區，官員會在選民投票時緊緊跟監，如果選民顯露出要投反對票的跡象，官員就會上前教他們應該怎麼投票。有些地區，當局要親戚替他們的家人投票，還有些地區發生一票多投的現象。根據一篇報導，在一個村子，「投票所官員硬把一名八十歲老先生的手拉出來，在贊成欄上畫✓。地方當局還保證村民，如果投贊成票，村子就能獲得基礎設施建設的開發津貼。」[13]

好幾百萬人被剝奪選舉權。包括全國五十幾萬佛教僧侶尼姑、基督教牧師與穆斯林長老在內的宗教領導人不得投票，離開緬甸的難民與少數族群聚居地區的境內流亡人士不得投票。但根據政治分析與記錄研究所的評估，同時「有數以千計的未成年人與非公民違法投票」。[14]

政治分析與記錄研究所認為，全國公投委員會不僅違反自由與公平公民投票的每一條最低標準，它的官員還公然舞弊。其中三種舞弊作法尤其普遍：一票多投、預先投票的作假與貪腐、以及有系統地去除反對票。[15]當局說克欽邦有百分之九十八點五八的選民參加投票，還說克欽邦的十個縣中有八個投票率高達百分之百——這說法怎麼也讓人無法置信。克欽邦是緬甸最偏遠、人口也最稀疏的部分，道路交通條件極端有限。政治分析與記錄研究所因此判定，緬甸政權這些統計數字有悖常理，不能採信。[16]

若開邦一名若開族人證實當局確實舞弊作假。他告訴我，在北若開邦，當局要每一家派一個人出來，代表全家人投票，而且這名家庭代表領到的選票往往已經填妥，只需把已經填妥的選票按照指示投進票匭就行了。當局還警告他們，如果拒絕會被判七年徒刑。在實兌的義威一地，地方和平與發展委主席取出票匭裡的反對票，換上贊成票。後來一名若開學生告訴我，「另一村民與我看不下去，於是壯起膽子對這主席說，應該根據民眾實際投票結果向公投委員會提出報告，那主席答道，他奉命必須有高票贊成票，當局還警告他，如果反對票太多，他會被革職。他很害怕。在我表示反對以後，他向警方告密，警方於是找上我。」[17]這名學生被迫躲了起來，後來逃進孟加拉。

克倫民族同盟總書記吉波拉盛說，經由這假公投通過施行的憲法，等於「為緬甸的族群多元化宣判了死刑」。[18]她說，這部憲法不過是緬甸政權鞏固統治的一種工具而已，既不能為民主帶來任何希望，也不能為少數族群的認同、語言或文化權提供任何保護。新國會兩院有四分之一的席次為軍方保留，有同樣比率的席次為國家與區域性代表保留。此外，現役軍官還可以角逐非保留性席次。[19]最重要的是，任何修憲意圖，都必須經過國會兩院四分之三以上、以及全國公民投票多數通過。在國會四分之一席次為軍方保留的情況下，軍方實際上擁有對任何立法改革案的否決權。[20]這部憲法還給予軍方免責權，無論犯什麼罪都不會被起訴。

國際轉型正義中心因此達成結論說，這部憲法「不但沒有成為推動持久改革的催化劑，反使軍方勢力更加深入政府內部，讓軍方更可以因不必受罰而肆無忌憚」。[21]它說，這是「經過精心策畫的策略」成果，想根據這部憲法推動可以運作的民主「根本不可能」，想修改它「基本上就不民主的條款，事實上也辦不到」。[22]

在訂定一部新憲法、有效確立軍方統治以後，緬甸政權隨即採取行動籌備選舉，希望為它的統治鍍上一層讓人民敬畏的合法性。為了進行這項「文人」政府轉型，軍事執政團開始要求少數族群停火團體與國防軍合併。如本書前文所述，緬甸政權這時要求少數族群團體組織邊防軍，置於國防軍指揮下，實際上等於就是要少數族群全面投降，讓國防軍接掌緬境所有地區的控制權。根據緬甸政權的這項建議，每一個營級邊防軍由三百二十六名官兵，包括十八名地方軍官。國防軍在每一個營派駐三十名軍官。[23]若干族群停火團體，特別是民主克倫佛教軍這類已經大體上歸順緬甸政權的團體，接受了這項建議，但其他許多團體，例如克欽獨立組織，以及克倫民族同盟與克倫民盟／民解和平委員會（克倫民族同盟的分支組織）都予以回絕。

在二〇一〇年選舉前這段時間，民主運動面對一個關鍵問題：應該怎麼做。他們可以在明知緬甸政權會動手腳、參選必敗無疑的情況下參加這次選舉，也可以冒著淪為不法組織、遭到關閉的危險，抵制這次選舉。少數族群也面臨類似抉擇。溫丁曾強調，民主運動「準備投入」真正對話，但不會為一項假過程背書。[24]全國民主聯盟在二〇〇九年四月「大金寺宣言」中表明這項立場。宣言中說，如果緬甸政權釋放所有政治犯，對新憲進行修正，並且由國際觀察員監督、在自由而公平的基礎上舉行選舉，全國民主聯盟會參選。但情勢很快明朗，無論任何人都已心知肚明：緬甸政權對這些建議一點興趣也沒有。民主運動隨後又提出一項「全國和解建議：邁向緬甸民主與發展」，再次重申願與政權對話。翁山蘇姬二〇〇九年五月二十日在永盛監獄說，「想達成全國和解，現在還不太遲，還來得及。」所有民運陣營內重要組織，包括緬甸聯邦全民聯合政府、緬甸聯邦全民理事會、緬甸婦女聯合會以及緬甸民主論壇等，都在這項全國和解建議上簽字。這項建議說，它「伸長了手，邀請國防軍領導人對話，為舉行自由而公平的選舉創造條件」。[25]只是緬甸政權仍然緊握拳頭，不肯鬆手。一名克欽民運人士對我說，「緬甸沒有表達意見的自由。這個政權永遠就會破壞基本人權。選舉不可能自由而公平。」另一名人士則說，這道路圖是「假民主」。[26]

儘管只靠新憲，軍方已經在中央政府穩居不敗之地，緬甸政權仍然決心不讓自由有任何漏洞可鑽。在美國摩門教徒約翰．葉陶游過茵雅湖、來到翁山蘇姬遭軟禁住處的事件發生後，緬甸政權發現這是關押翁山蘇姬、不讓她參選的良機。於是指控翁山蘇姬未經許可、讓葉陶在住處停留兩夜，並根據這項罪名判處翁山蘇姬服勞役三年。之後丹瑞還故示憐憫，將刑期減為軟禁十八個月。理查．勞德．佩里在《泰晤士報》寫道，「想到像緬甸政府這樣的軍事獨裁時，很容易只想到它的兇殘與荒謬……但如果緬甸那些將領真那麼兇殘、頑固而自命不凡，他們還很狡猾，很有策略。」他說，緬甸的將領有一套計畫，翁山蘇姬的判刑是他們的「一步棋」。[27]

但這一切似乎還不能令緬甸那些將領滿意：二〇一〇年三月公布的選舉法還規定，有意參加角逐的政黨，必須先將政治犯逐出黨籍。根據這項規定，全國民主聯盟必須先將一大堆黨員開除黨籍，或許還必須將已遭軟禁超過十五年的翁山蘇姬也逐出黨籍才成。全民聯至此除抵制選舉以外已經別無其他選擇。就這樣，它身為合法註冊政黨的地位被剝除了。

這還不算，緬甸政權隨即宣布，候選人必須付五百美元才能參選，這是一筆比緬甸人年均收入還多的開銷，除了政權支持的政黨以外，大多數政黨完全負擔不起。所有競選文宣必須先經政權批准，候選人不得發表可能「有損國家形象」的言論。限制行動與集會的法令，使拉票活動或群眾聚會不可能進行。選舉委員會成員由軍事執政團一手挑選，幾個政黨與候選人被禁止參選。當局不讓外國記者入境，還在少數族群聚居地區取消了三千四百個村的投票活動，剝奪了至少一百五十萬選民的投票權。緬甸政權沒有邀請國際觀察員觀察這次選舉，只除了北韓代表團之外。在選舉舉行前幾天，英國大使為當時情勢作了以下總結：「為了解這次選舉，我們找機會與平民百姓討論他們的投票意願，結果碰上的往往是兩種顯然不合邏輯的說詞。首先，大多數人相信政權代理人『團結一統開發黨』一定會獲勝，但與我們接觸的人沒有一個願意投票給團結一統開發黨……這裡的人都相信投票結果早已定案了。」[28]

選舉結束兩周以後，我往訪印緬邊區，投票結果早已「定案」的證據多得不勝枚舉。我聽到許多恐嚇、騷擾與操縱預先郵遞選票的報導。據說在有些地區，特別是在梯頂與吉靈廟，團結一統開發黨的官員替選民投票。團結一統開發黨就是過去的團結一統開發協會——那群流氓也組了政黨了。在欽邦部分地區，村民還被迫捐錢為團結一統開發黨助選。選舉結束後，由於團結一統開發黨在幾個選區輸給親民主的欽族民族黨，政權還下令調查這幾個選區的公務員如何投票。任何政府官員若被發現「不照規定投票」，會遭嚴厲處罰。與我交談的那些欽族人士只有一個結論：這次選舉「不過是軍隊換下軍裝、穿上便服」做一次戲罷了，根本是「一場騙局」。[29]

緬境每一地區都傳出選舉舞弊、違規、騷擾與濫權的類似報導。全國民主力量黨黨主席丹年說，他的黨雖然從未指望這次選舉能自由而公平，但濫權舞弊的情況「遠超過我們預期」。[30]民主黨總書記卓卓覺年說，這次選舉舞弊「面貌之醜陋，偷票情況之嚴重達於極點」。選舉結果果如預期：政府獲得壓倒性勝利。在開放角逐的一千一百五十四席國會席次中，團結一統開發黨贏得八百八十三席。在稱為人民院的國會下議院，團結一統開發黨囊括了幾近八成席次，在稱為民族院的國會上議院，他們拿下百分之七十六的席次。在一些省與邦的議會，少數族群與親民主黨派的成績稍好一些，不過團結一統開發黨仍然取得主導地位。在保留給軍方的百分之二十五的席次上再加上團結一統開發黨贏得的席次，緬甸政權無論就地區或就全國性層面而言，都已牢牢掌控新立法體系。

但僅僅如此還不足以顯示緬甸政權的掌控優勢，因為真正掌握實權的不是立法機構。根據新憲，緬甸政權成立一個由總統擔任主席、成員由軍方包辦的十一人國防與安全會議。與這個政府機構相比，國會簡直沒有權力。軍方仍然大體上不受國會議員制衡，由欽點國會議員組成選舉人團選出的總統與副總統，必須是軍官。在原系統中擔任丹瑞政權總理的前將領登盛出任新總統，三十人內閣中只有四名文人閣員，而且沒有一名女性。內政部、邊界事務與國防部部長由軍方領導人指派。溫丁在一年多以前寫下的預言於是成真：「這場軍政權策畫的選舉秀，使我國人民追求的自由淪為笑柄，也使軍事獨裁成為永恆的制度。」[31]

但無論怎麼說，幾名國會議員在當選幾個月後，開始試探他們小得可憐的問政空間，提出在過去令人難以想像的質問與辯論。他們在一開始只是小試小探，問一些有關土地與兒童權益的問題，但他們很快變得更有信心，開始提出有關少數族群衝突與政治犯的問題。五個少數族群政黨組成聯盟「民族兄弟論壇」，將國會中的撣族、孟族、若開、欽族與克倫族政黨結合在一起。二〇一二年二月，國會有史以來第一次辯論緬甸的預算。誠如聯合國顧問翁吞德對媒體所說，「這是令人耳目煥然一新的一大進步。它是行政權與立法權之間制衡機制的示範。」翁吞德說，緬甸過去的政權把幾乎半數預算用於軍事，健康與醫療方面的花費占預算總額不到百分之二，但「沒有評估，沒有討論，沒有對話。多年來第一次，我們終於有機會討論預算與它的優先順位了」。[32]

不過這些步驟是否真能帶來更有實質意義的改革，仍然有待觀察。在穩操勝券、保證可以繼續執政的情況下，緬甸政權可以全力推動公關，好好來一次大整容。選舉結束六天後，翁山蘇姬結束她最近一次軟禁，再獲自由。根據緬甸法律，她的拘留期限已滿，緬甸政權很顯然也希望能藉此改善它的國際形象，轉移國際媒體對這次選舉的注視。二十多年前，翁山蘇姬在大金寺發表演說，第一次讓緬甸人民如醉如癡、拜服不已。這次聚在她家門前、迎接她復出的人潮盛況依舊，足可證明二十多年後的今天，對這個國家與它的前途而言，翁山蘇姬的重要性不減當年。

她立即要支持她的人再次振作。在獲釋第二天，翁山蘇姬對聚在全國民主聯盟辦事處前的群眾發表演說。她說，「請不要放棄希望，我們沒有理由失去信心。就算你對政治不感興趣，政治也會找上你。我們沒有一個人可以獨善其身。我們必須團結在一起。」[33]但就在這呼籲團結聲中，她對過去監禁她的那些人卻展現了無比坦蕩與寬容。她說，「我對政府並無怨恨。」對丹瑞呢？她說，「讓我們面對面談談吧。」[34]

前後有九個月，緬甸政權對翁山蘇姬這項建議不聞不問，看來改革在短期內仍然無望。總統登盛雖在二〇一一年三月的就職演說中談到改革，但當時沒有人對這話信以為真，也找不到什麼可以佐證的實證。但就像緬甸歷史一再重演一樣，緬甸政治也永遠不斷製造出人意表的發展。二〇一一年八月十九日，翁山蘇姬接到一份突如其來、而且顯然始料未及的邀請，邀她前往內比都與登盛總統首度面會。比會議本身更讓人吃驚的是翁山蘇姬對這位新總統的正面評價。許多年來，緬甸政權與翁山蘇姬雙方一直僵持不下：緬甸政權或者拒絕與她會談，或者與她不談任何實質問題。但在這次會談之後，翁山蘇姬一再表示登盛是她可以信任的人，說登盛是「一位誠實的男子」。[35]二〇一二年一月，我問翁山蘇姬，她為什麼相信登盛。翁山蘇姬對我說，她與他的這次會談，與她過去二十年中，與政權任何一名人物的任何一次會談都完全不一樣。她過去與將領們的那些會談從來不具任何實質，套用她的話來說，那些會談根本「一文不值」。反之，登盛立即與她討論細節，告訴她說，他希望她能參與改革過程，還問她，政府需要怎麼做才能讓她參與。他們討論了二〇〇八年憲法、選舉法等等各類實質議題。就像英國首相柴契爾當年談到蘇聯總書記戈巴契夫時說的那句名言一樣：登盛的投入誠意，讓翁山蘇姬覺得「他是一個她可以與之打交道的人」。

之後幾個月，登盛有關改革的談話越來越多，翁山蘇姬對改革進程的參與也不斷加深，總統顧問甚至公開表示政府可能邀她進入政府任職。[36]相當數量的政治犯獲釋，其中包括八八世代學運那批著名領導人，以及喜劇演員札加納。新聞檢查放寬，網站解禁，最重要的是，全國民主聯盟獲准登記為政黨，角逐國會補選。二〇一二年四月一日，全國民主聯盟在開放補選的四十五席國會議席中拿下四十三席，翁山蘇姬在她的高穆選區中以壓倒性多數當選。她告訴英國廣播公司，她相信她在有生之年可以見到緬甸的真民主。[37]

不到一年間，緬甸的氣氛從幾近於絕望轉變為審慎樂觀。一名以批判緬甸政權出名的緬甸記者告訴我，緬甸人民自一九六二年來第一次祈求他們的總統長壽，不要死。民眾越來越相信登盛至少在人格上是誠實的。不過大家也知道，如今這一切情勢有太多重擔壓在兩個人肩上。這兩人一是登盛，一是翁山蘇姬。而且年近七十的登盛身體狀況不佳不是秘密。那名緬甸記者說，「我們都祈禱希望他身體健康，長命百歲。」

但必須提醒世人的是，緬甸還有漫漫長路要走。除非當局釋放所有政治犯，展開大規模立法、制度與憲法性改革，確立法治基礎，而且還有一個極為重要的條件：除非軍方不再對少數族群平民百姓發動攻擊，宣布全國性和平進程，否則我們不能對緬甸的真自由有信心。我在二〇一二年一月結束仰光之行返國時曾說，我認為緬甸情勢「審慎樂觀」——既審慎，也同樣樂觀。緬甸的情勢有理由讓人充滿希望，但也有足夠根據讓人謹慎小心。包括翁山蘇姬的友人溫丁在內，已經有人提出警告說，登盛的改革是一項陰謀，目的在削弱翁山蘇姬，為緬甸政權爭取國際支持。緬甸著名記者「人民盛溫」更不看好，認為翁山蘇姬正踏進「陷阱」，會因此困在內比都，幾個月無法脫身，與全國民主聯盟以及民眾隔絕，最後導致全國民主聯盟的解體。他告訴我，「豹子永遠改不了身上的斑紋。」毫無疑問，緬甸政權這些作為的幕後動機仍然是自利。若說將領們突然覺醒，大發善心成為民主的真正信徒，實在令人難以置信。他們要的無非是國際制裁解除，引進美國勢力反制中國影響力，不再遭到唾棄，重建統治正當性而已。

至於丹瑞在這種時空背景下究竟立場如何，也有種可能性。第一種，但也是最不可能的一種是，他真正退休，讓每個人都跌破眼鏡，這也正是緬甸政權希望我們相信的。事實上，緬甸新聞部長喬山已經告訴《華爾街日報》說，丹瑞「在他的住處閱讀許多書報，享受平靜生活」。[38]下議院議長瑞曼也說，「大將軍真正退休了」，還說「大將軍現在絕口不問黨務，不問政府工作，不問我們的國會或立法組織」。丹瑞不再參與日常決策事宜雖是事實，但他完全退出政壇的可能性極微。大多數人告訴我，他的角色與當年的尼溫頗相類似；政府部長不時會到丹瑞府上進行禮貌拜訪，聽取他對關鍵性議題的看法，但他們也都認為丹瑞的影響力將逐漸式微。不過，這整個改革過程有可能是一局精心布下的「分而治之」棋。佈下這局棋的或許正是這位心理戰大師本人，或至少是經他批准施行，意圖破壞民主運動，與國際社會玩遊戲。還有第三種言之成理的可能性，就是丹瑞眼見埃及的穆巴拉克、利比亞的格達費上校與其他獨裁者的下場，認為一旦爆發全民暴動，自己的下場吉凶難卜，不如推動一種可以控制的逐步轉型，反而可以保障自己與自己家人的安全。二十世紀之初，聖吉曼諾神父在談到緬甸人民時曾說，「一旦他們確信自己有政府保護、安全無虞之後，無論多麼蔑視、壓迫或不公義的手段，他們都使得出來。」用這句話描述今天的丹瑞與緬甸政權仍不為過。[39]

第十二章

未知的未來？

那些喜歡在身負重任時保持警醒的人，一旦有人需要幫助，在睡夢中也會醒來；那些喜歡無論怎麼樣都繼續燃燒的人，會像點燃的火炬一樣照耀他人。那些喜歡面對一切挑戰的人，總能完成目標，達到計畫成果。那些不喜歡這麼做的人，會遇事畏縮，一事無成。

——湯瑪斯．坎佩斯，《效仿基督》＊

緬甸真的已經來到一個十字路口。自尼溫於一九六二年發動政變以來，緬甸第一次出現建立有意義民主的可能性——而直到不很久以前，還沒有人敢指望竟會出現這樣的可能性。

但緬甸還有漫漫長路要走。儘管登盛與他的政權已經保證他們推動的改革「沒有回頭路」，翁山蘇姬已經提出警告說，真正的考驗在於整個軍界內部對改革的支持有多大。她說，「我不敢說它所向披靡，勢不可當。我認為障礙確實存在，還有一些危險。」[1]溫丁的說法更加直截了當。他警告說，緬甸人已經又燃起希望，但如果再次落空，爆發另一次大暴動很有可能。他告訴《泰晤士報》，「歐巴馬總統說緬甸出現曙光，我們也已見到這道曙光。但在緬甸，我們還困在隧道裡。」[2]

無論怎麼說，登盛的改革證明多年來的國際壓力終於開始造成衝擊。將緬甸人權紀錄納入聯合國安理會議程，揚言建立聯合國調查委員會，對戰爭罪與反人類罪進行調查，從而讓那些將領在國際刑法法庭遭到起訴，再加上針對性經濟制裁等等——這一切都是世界各地民運人士多年來與緬甸政權抗爭的主題。能夠對緬甸政權造成如此衝擊，不是任何一項單一措施之功，而是各種壓力匯聚創造的成果，此外，近年來國際社會高層領導人向緬甸政權發出的明確訊息顯然也功不可沒：若繼續壓榨、強暴、奴役與殺害你的人民，你會繼續遭國際社會唾棄；但如果你改弦易轍，這些壓力可以解除，國際社會也會歡迎你重新加入成為一分子。美國國務卿希拉蕊・柯林頓二〇一一年十二月往訪緬甸，英國外相威廉・海格也在數周之後相繼到訪，這兩次訪問都是一九五五年以來英美高官的首次緬甸之行。在這兩次歷史性訪問中，柯林頓與海格也都非常明確地表達了這個訊息。二〇一二年四月十三日，大衛・卡麥隆成為有史以來第一位訪問緬甸的英國首相，也成為第一位在緬甸會見翁山蘇姬與登盛的西方領導人。他們都與翁山蘇姬與登盛合影、進行實質性會談，這一切史無前例、在過去簡直匪夷所思的發展，證明緬甸確實已經來到十字路口。繼他們之後，往訪緬甸的西方領導人絡繹於途。

緬甸所以能走到這個地步，緬甸人民的勇氣自居首功。不過，大大小小國際人權組織與援助機構，全球各式政治人物，以及世界各國平民百姓與緬甸人民團結一致、對緬甸人民的支持也功不可沒。外國人一旦花時間了解緬甸人民與他們承受的苦難，特別是一旦走訪緬甸與其邊區、聽過有關第一手傳聞之後，能夠一走了之、對緬甸置若罔聞的人，鮮矣。

我領過幾位政界人士往訪緬甸邊區，這些人士之後都成為緬甸人權運動最有力的鬥士。英國前國際開發部部長安德魯・米契爾就是其中一人。他在二〇〇七年走訪緬甸克倫邦邊境一處境內流亡營之後說，「聽到多半是寡婦的人說這麼駭人聽聞的故事，真令人心碎。我有生以來頭一遭像這樣憤怒得全身發抖、久久無法自已。說這些故事的人生活條件極為可悲。那裡有一條小河，他們漱洗、飲用、

* 編註：中世紀歐洲的荷蘭宗教作家。

排便就都靠這條小河。不過營區裡有一種很美妙的社區與團結意識。緬甸軍近得嚇人，與我們只隔了一小段距離，中間埋了些地雷，還有一些克倫士兵駐守，如此而已。」現任英國下議院議長約翰・伯高也曾與我在二〇〇四年走訪泰緬邊界。他說，「我們聽到的那些違反人權的野蠻殘酷行徑，讓我震驚。我遇到自己子女在自己眼前被槍殺的父母，遇到父母在自己眼前被槍殺的子女。」那些父母、子女給他留下的印象，使伯高成為捍衛緬甸人權的鬥士。

我還記得見了一名曾遭水刑的男子。我問他，他對那個這樣加害他的國防軍士兵有什麼感想，他不假思索地說，「我愛他，他是我的兄弟。」一個能將決心與這樣的尊嚴與優雅結合在一起的人，值得我們繼續支持、擁護。我認為，如果他是這樣的人，我有責任運用我有限的影響力，當然還有我的聲音、我手中的筆，以及我享有的公共平台，讓世人更加注意發生在緬甸的事。

這項挑戰也讓伯高奮起。他說，「我的感覺是，這世上既有這麼不可救藥、寡廉鮮恥的獨裁政權，向其他國家伸出兩根手指，大肆挑釁，我就應該將它視為挑戰。我個人對聯合國『保護責任』機制滿懷信心，也相信我們有責任保護緬甸境內與邊區那些無辜百姓，不讓這世上最醜陋的政權再傷害他們。」二〇〇七年，伯高與我聯袂往訪印緬邊區，會見欽族難民。伯高於是成為西方世界、或許還是全世界第一位訪問印緬邊區的民選政界領袖。

現任上議院議員，曾任英國外交部官員、做過歐洲議會議員，也是前工黨黨領妻子的吉琳絲．金諾克是另一位為緬甸伸張正義的西方政界人士。她在一九九六年前往仰光會見翁山蘇姬，會談結束離開後僅僅兩小時，翁山蘇姬就遭到暴民攻擊。金諾克事後說，「那是一次非常不快、非常緊張的旅程，我從未見過遭到如此剝削、如此營養不良的孩子。」[3]

來自其他國家的政界人士也陸續造訪緬甸邊區，計有與我在二〇〇五年往訪的愛爾蘭國會議員賽蒙．柯文尼、美國眾議員約瑟夫．比茨、幾位澳洲國會議員，還有東南亞國家協會國會議員緬馬幹部會的會員。緬馬幹部會的成立宗旨，在於將東南亞地區各國所有關心緬甸局勢的國會議員團結在一起。

但並非只有政界人士、只有全職民運人士才能為緬甸前途添加一分光明。我的好友馬丁．潘特就是明證。潘特是澳洲醫生，二十年來每年都會兩次往訪泰緬邊區，有時還會前往印緬邊區，主持醫療訓練。我會造訪緬甸也是經他引薦的。

個人也能在緬甸民主運動中扮演重大角色，狄蘭．史陶與其家人的故事足以說明這一切。當他只有八歲的時候，狄蘭的父母第一次帶他往訪泰緬邊區，他在那裡學到的經驗改變了他一生。從那以後，他與他家人幾乎每年都會返回邊區，探訪難民。他十六歲那年開始在緬甸境內訪問。有一次在訪問伊洛瓦底省城勃生的孤兒之後，狄蘭回到英格蘭北部新堡老家，向自己許下將緬甸人苦難公諸於世的承諾。他開始在教會、在青年團體與學校發表演說。當教宗本篤十六世於二〇一〇年訪問英國時，狄蘭得到一個機會，在海德公園的一次群眾大會中發表演說。他面對八萬觀眾說：

六年前，十二歲的我與一名緬甸孤兒四目對望。我有生以來第一次眼見窮人與受壓迫人的苦難。眼前這孩子與我沒有兩樣，他也應該擁有我有的一切。那年我只有十二歲，但我看得出這一切。

我與緬甸難民兒童一起生活，他們拿出他們少得可憐的配給食物與我共享，只要求我將他們的故事轉告世人。我希望有一天，所有緬甸的孩子，無論是佛教徒、基督徒、穆斯林、印度教徒、還有那些不信教的人，都能自由而和平地生活在一起……

我要求你們與我一起對抗緬甸軍事執政團，不用槍砲與子彈，而用祈禱與行動。我要求你們與我一起對抗這不公不義，為沒有聲音的人發聲。這些人也是人，也應該享有我們享有的尊嚴與自由。對我而言，身為天主教徒就必須為那些不公義的受難人挺身而出——無論那人是在我家門口，還是在六千英里外。

這類國際努力似乎終於讓登盛察覺，緬甸必須改變現狀，不能再這樣下去。就算能取得中國、印度、東協、俄羅斯與北韓的政治、外交、經濟與軍事支持，如果不事改革，隨時可能在緬甸爆發的人道與經濟災難將一發不可收拾。緬甸政權若不能採取行動改善與美國以及歐洲的關係，從而對中國形成反制，很快就會淪為中國的附庸，而這是登盛與緬甸政權其他人不願見到的事。有一天，登盛會成為緬甸版的南非總統戴克拉克、蘇共總書記戈巴契夫、或印尼總統哈比比嗎？正因為在所有這三個案例中，改革動機都類似，答案是相當有可能。無論戴克拉克、戈巴契夫或哈比比，原本都不是真正民主派，他們決定改革只因為他們發現不改革會出大亂子，為維護既有系統與自我保護，他們必須改革。不過，在所有這三個案例中，改革之門一旦稍開，改革聲勢與時俱增，終於勢如潰堤，莫之能禦。在推動改革之後，事態發展遠比戴克拉克、戈巴契夫或哈比比預期的快得多。如果登盛面對的處境也是這樣，緬甸今後的發展也會如出一轍。

歷史告訴我們，獨裁者的日子不久長。看起來似乎毫無希望的艱苦鬥爭，往往能導致成果驚人的轉型。蘇聯的瓦解，民主在東歐的擴散，種族隔離制度在南非的告終，蘇哈托政權在印尼垮台、代以民主政制，東帝汶在遭印尼軍事占領二十五年之後獨立，馬可仕政權在菲律賓崩潰，南韓、台灣以及大多數拉丁美洲國家從極權統治邁向民主，米洛塞維奇在塞爾維亞被推翻，亞洲在位最久的獨裁者毛蒙·阿杜·蓋宇在馬爾地夫遭民主擊敗，甚至包括薩達姆·海珊在伊拉克與塔利班在阿富汗被推翻等等，雖說涉及一些不無爭議的國際武裝干預，但所有這些與其他例證都說明人心嚮往自由，這是一種普世意願，自由終究取勝。

二〇一一年，民主運動席捲北非，打垮了班·阿里在突尼西亞二十三年的統治、霍斯尼·穆巴拉克在埃及三十年的統治，還有格達費在利比亞四十二年的統治。當地民運人士運用傳統的群眾抗議手段、結合現代通訊科技終於一戰成功，他們的作法或許堪為日後爭自由的運動借鏡，不過出現在北非這些國家的後續發展無疑不足效法。

在二〇〇七年的緬甸示威過程中，外籍記者雖因政府禁止而無法進入緬甸採訪，但拜行動電話與網際網路科技之賜，有關示威新聞仍能源源流往海外。臉書、推特、谷歌、黑莓信差、電子郵件與其他科技扮演的角色重要性與日俱增。《泰晤士報》在一篇社論中形容推特與臉書是「鼓吹民主的潛在工具」，並且達成結論說，突尼西亞與埃及的民運不僅像緬甸一樣，導因於物價飛漲以及貪腐造成的民怨，「它們同時也是言論表達與資訊流通新自由造成的一種醉人氣氛的產物……這種資訊自由與通訊自由有許多正面副效應。它能削弱那些靠愚民政策鞏固統治的政權。它能讓陌生人彼此之間不那麼陌生。它還能將謬論攤在陽光下，供人檢視……社交網路本為交友而建，它們現在改頭換面，成了對抗敵人的殿堂。」[4]

我有幸見證出現在兩個國家的民主轉型，並且以一種渺小的方式參與了轉型過程。二〇〇二年，多年來一直支持東帝汶獨立的我住在東帝汶。那一年五月二十日午夜，在歷經幾世紀葡萄牙殖民統治、二十五年印尼殘酷的軍事佔領與三年聯合國主持的過渡期治理之後，東帝汶民主共和國誕生了。在國旗升起、國歌唱完之後，我轉身面對站在身邊的法蘭西斯·馬利亞·費南迪。費南迪是天主教神父，是在印尼於一九七五年入侵後第一個被迫流亡的帝汶人，也是我的老友。我問他，在他這許多年流亡生涯中，是否曾經相信這輩子竟能有這樣一天。他笑著點頭說，「是的，我相信。在我們整個鬥爭過程中，世界各地的人不斷對我說，『你為什麼還要堅持下去？你不可能贏的。印尼永遠也不會給你自由，世界永遠也不會支持你。何不乾脆放棄算了。』但我們有一件他們不知道的利器。我們信上帝。這是一次信仰的勝利。」他語音剛落，射入夜空的煙花已在一片漆黑中綻放壯麗的光彩。信心原則適用於一切爭自由的運動，無論是宗教性或哲學性信心皆然：要對哲學與道德、對宗教與精神信念有信心，不要放棄，不要因環境或疑慮而裹足不前，不要喪失希望。

提到馬爾地夫，讓人想到的不是獨裁政權，而是碧海藍天、陽光燦爛、有著美麗海灘的熱帶度假樂園。事實上馬爾地夫自一九七八年以來，一直就在毛蒙．阿杜．蓋宇的鐵腕統治之下。蓋宇原本一味壓制批判聲浪，將反對者下獄，但之後面對國內民眾與國際社會不斷升高的壓力，他任命幾名改革派的部長，開始容許改革進程。他的真正意圖何在只有他才知道，但我很相信他之所以推動改革，本是一項公關運作，目的在安撫反對派，讓批判聲浪平息。但改革運動一經展開，就像滾雪球一樣越滾越大，逐漸形成一種意義更重大的轉型。我在二〇〇六年訪問馬爾地夫時，會晤了首要改革派、外長阿麥德．夏里博士。他安排我會見當時都遭軟禁的記者珍妮佛．拉席夫與反對黨馬爾地夫民主黨黨領馬哈麥．納西德。納西德在獄中被單獨一人關了好幾年，還屢遭酷刑。我在訪問過後寫了一篇報告說，馬爾地夫政權如果真想改革，就必須立即釋放納西德與拉席夫。不到幾個月，兩人獲釋，又過了兩年，馬爾地夫舉行第一次自由投票的多黨選舉。我在二〇〇六年會晤的那個遭軟禁的男子，成為馬爾地夫第一任自由選舉選出的總統。

發生在所有這些國家的鬥爭過程，都在本國人民的勇氣，加上海外人民的團結與支持之後，終於推翻專制暴君，邁向自由民主。緬甸也可以做到這一點。緬甸人民在爭自由的鬥爭中已經展現超凡的勇氣、承諾、犧牲與努力。他們還有絕不輸哈維爾、曼德拉、戴斯蒙．屠圖、（東帝汶總統）桑納納．古斯茂或馬哈麥．納西德的翁山蘇姬，領導他們，將他們團結在一起。我完全相信緬甸有一天也能重獲自由。

什麼時候、怎麼做才能重獲自由？這兩個問題的第一個無從答覆。根據歷史經驗，這樣的事確實會成真，人民展現的勇氣也讓人相信它一定會成真，不過時機無法預測。東歐、印尼、東帝汶與埃及的改革，都在我們完全始料未及的情況下一幕幕迅速出現，緬甸的情況也可能如此。即以目前這段期間出現的改革而言，已經讓人大感意外，而且步調也快得令人稱奇不已。至於怎麼做才能重獲自由這個問題，想精準預測也非常困難。如果登盛的改革站穩腳步，如果能透過談判，在少數族群聚居的邦建立真正和平，如果宗教迫害能受到遏止，漸進的民主轉型可以逐步完成，則緬甸可以經由一種有秩序的方式建立民主。二〇一五年的選舉是下一個重大考驗。由於憲法未經修正，翁山蘇姬於法不能出任總統，這次選舉在本質上也難望公平。但它可能較歷屆選舉都要自由得多，全國民主聯盟很有可能贏得國會大多數席次，並建立對政府的影響力。不過，如果事實證明登盛的改革承諾有名無實，或者如果緬甸政權內部強硬派發動宮廷政變抵制改革，使改革希望化於泡影，則一場更混亂的大暴動可能出現。不過出現這樣的暴動很可能需要三項要件的輻輳：群眾暴動，軍隊內部的分裂，以及更強、更有鎖定性的國際壓力。緬甸軍方基層士氣低落，許多官兵痛恨政府的作威作福，他們厭惡他們那些將領，對翁山蘇姬暗自欽佩。如果他們能獲得當逃兵能得到安全庇護的保障，如果他們能獲得一旦政府瓦解，新當局不會對他們秋後算帳的保障，只要時機適當，他們自會調轉槍口。緬軍低層官兵所以不敢輕舉妄動，與大多數平民百姓不敢仗義執言的原因一樣：害怕。但翁山蘇姬在她所著《免於恐懼的自由》*一書中指出：「不要去想（公平與自由）這些事會不會出現。只要繼續做你認為對的事就行了。日後你所做所為的成果自然會實現。一個人的責任就是去做對的事。」如果緬甸人能響應她這句話的號召，緬甸的前景不可限量。[5]本書前文談到的許多緬甸人已經在這麼做了。對國際社會、個人、組織與政府而言，現在的問題是，我們要與緬甸人民站在一起嗎？

當緬甸終於獲得真民主時，難度不亞於現行挑戰的新挑戰將出現。這世上沒有包治百病的靈丹妙藥。種族隔離制解除以後的南非，獨立過後的東帝汶，實行民主的馬爾地夫，在在顯示自由與民主轉型並不容易，至於前蘇聯與東歐的情況更加不說也罷。重獲自由的緬甸繼續需要國際支持、需要國際給予奧援。如何解決少數族群團體內部衝突，如何解決少數族群與大多數緬族人之間的衝突，如何解決不同派系間的衝突，如何解決民眾與軍方之間的衝突等等，都需要時間與專業能力。就像在南非與東帝汶的情況一樣，如何在公平正義與和解妥協這兩個明顯衝突的原則之間取得平衡，將成為重大難題。開發技術與基礎設施需要國際提供資源。如果馬爾地夫與東帝汶的經驗可以借鏡，緬甸即使在贏得自由以後，仍可能出現進一步衝突、緊張與動亂。以馬爾地夫為例，忠於前獨裁者的軍隊與穆斯林聯手在二〇一二年發動政變，馬哈麥·納西德在槍尖下被迫辭職，馬爾地夫的民主化進程也遭到重挫。

馬爾地夫之後於二〇一三年重新選舉，但當局在選舉結果揭曉、納西德獲勝以後宣布選舉無效，進行再投票，直到投票結果讓前獨裁者感到滿意為止。前獨裁者蓋宇的弟弟阿布杜拉·亞明當選總統，他指派蓋宇的女兒出任外長。蓋宇一家人又重新掌權。十八個月以後，納西德被捕，受審，判了十三年徒刑。他後來出獄轉為軟禁，回復九年前我與他初會時的處境，隔不久又被送回牢房。總統亞

* 編註：台灣翻譯為《來自緬甸的聲音》。

明似乎已經鐵了心，絕不讓他的對手有機會東山再起。

東帝汶政府與軍隊內部叛亂分子之間的緊張情勢，於二〇〇八年達到高峰，剛建立不久、還很脆弱的獨立地位也因此備受威脅。之後東帝汶發生暴亂，數以千計百姓流離失所，荷西．拉莫斯．郝塔與桑納納．古斯茂險遭暗殺。這些例證足以說明，想在歷經數十年壓迫之後營造一個開放社會並不簡單。

這些歷史經驗能為緬甸帶來什麼教訓？首先，轉型過程總是很脆弱，既得利益的影響力會很巨大。其次，根據後見之明，納西德之所以失敗有一項主要原因，就是他堅持不讓舊政權因犯行而受懲罰，鑄下對前對手過於寬宏的大錯。第三，納西德知道要想確保馬爾地夫民主，必須對它的司法系統進行改革，但他在進行這項改革時與既得利益發生衝突，而既得利益與舊政權關係緊密，最後終於導致他功敗垂成。如果他能在改革之初，就對司法改革採取較強硬的立場，或許他的命運能就此扭轉。不過當然也可能仍然無力回天。但無論如何，就像馬爾地夫的改革派一樣，緬甸的改革派也要面對司法改革與法治問題，也必須在正義、罪責、寬恕與和解之間謀得平衡。

法治、對基本自由權與人權的尊重、多黨與多族群共治的實行，這些都是民主政治的基礎要件。這些要件在緬甸民主進程中會為緬甸帶來更多挑戰與機會。不過，如果緬甸人民能就一項真正的聯邦式民主方案達成協議，擁抱多元共治的原則，這些障礙應該可以克服，緬甸應該可以成為欣欣向榮、美麗而成功的樂土。眼見緬甸著名異議人士對族群問題重要性越來越重視，讓我相信這些挑戰並非艱鉅得無法克服。八八世代學運領導人對族群問題，已經開始展現前所未有的深度認知與關切。「人民盛溫」曾在二〇一二年一月對我說，「我完全支持少數族群。他們是在為他們的自由而戰。我雖身為緬族人，但我痛恨緬人那種自以為『老大哥』，將少數族群視為『小老弟』的心態。誰給了緬人『老大哥』的地位？在聯邦體制下，緬甸境內所有族群應該一律平等。」

翁山蘇姬在二〇一二年二月造訪克欽邦時發表一篇演說，保證致力建一個真正的聯邦。這項保證應該能讓一些對她懷有疑慮、擔心她不會為他們打拚的少數族群寬心不少。不過，大多數少數族群都認為翁山蘇姬是最有可能幫他們解決問題的救星。在翁山蘇姬造訪克欽邦一個月以前，一名克欽人告訴我，「我們知道她正為緬甸人民奮鬥，我們也感激她的所作所為。我們要求她為多年來一直受苦受難的克欽人請命。比起緬甸境內其他民族，我們落後得太多。我們希望她能考慮保護克欽人。我們信任她，所以請她保護我們族人與我們的權益，原因就在這裡。」一位克欽牧師強調，翁山蘇姬身為翁山將軍的女兒，有責任保護少數族群，因為彬龍協議就是翁山將軍為緬甸留下的遺產。這位牧師說，「我們克欽人非常看重她父親留下的這份遺產。我們希望有一天它能成為事實。」

全國民主聯盟補選候選人沙亞陶的故事，或許最能生動說明緬甸如今面對的選項。沙亞陶是二〇〇七年「世代波浪」民運的創辦人。身為饒舌歌手的他，二〇一二年在緬甸政權大本營的內比都參選，沒想到竟一戰成功，當選國會議員。在這場選戰中，選民面對兩個天差地別的選項：可以選擇一名三十來歲的饒舌歌手，也可以投票支持一名六十多歲的將領——他們必須在緬甸的未來與它的過去之間做出選擇。沙亞陶面對的問題也一樣：他必須在未來與過去之間做出選擇。當我於二〇一二年一月會見他時，他談到緬甸必須團結一致，必須結束對少數族群的殘酷迫害，必須保障每一個民族的平等權益，必須促進緬族與其他族群之間的了解，必須幫助國人了解聯邦制的真正意義，以及它對緬甸的好處。沙亞陶還談到他自己的三年牢獄生活，談到他希望與那些加害他的人和解。他說，「我們不能生活在仇恨中，要著眼未來。如果我們心中充滿仇恨，我們其他什麼事也做不了。」他說，「無論我們是反對這系統的民運人士，或是置身於這系統內的官員，造成我們的是這個系統。在我們的鬥爭過程中，身為民運人士的我們想推倒這系統，置身其中的官員則設法保護這系統。但如果我們能攜手一起改變這個系統，問題就解決了。」翁山蘇姬也曾向我重申這種以未來為著眼的觀點。她說，「有些人以為今天仍是一九八八年。但今天不是。保持懷疑或謹慎是對的，但連嘗試都不肯嘗試，我就不解了。」

緬甸已經走近改革的十字路口，在他們爭自由的鬥爭中，緬甸人民值得國際社會給予持續支持。緬甸人對未來的期望很明確，誠如翁山蘇姬二〇一一年在倫敦國際事務智庫「漆咸樓」的演說中所說，「我們要的緬甸，是一個可以自由辯論問題、交換意見、分析情勢的國家。緬甸今天已經來到它的現代史上一個重要叉路口。長久以來我們一直懷抱民主與自由的美夢，如今我們已經走上一條或許能讓我們一圓這美夢的途徑。」[6]在緬甸走向這叉路口的同時，我們也必須在個別與集體兩方面加倍努力。克倫邦境內有一座小村，專門收容境內流亡人士、孤兒、寡婦、以及因罹患可以治療、可以避免的疾病而垂死的人。小村內有一間竹屋，屋裡掛了一面旗。旗上寫了一行字：「你支持民主，還是支持獨裁？」這個問題是對我們每一個人的挑戰。我們都需要考慮我們的答覆，以及我們相應的行動。

後記

緬甸第一位天主教樞機主教、仰光樞機主教查爾斯・貌波，二〇一四年六月在《華盛頓郵報》撰文指出，「緬甸站在既滿懷希望又充滿恐懼的刀刃上。」他警告世人不要對緬甸情勢「高興得太早」：「我們見到黑暗與希望角逐，內心滿懷關切。我們祈禱這不是一次假黎明。五十年來，緬甸被獨裁、戰爭、顛沛流離、貧窮與壓迫這五個釘子釘在不公不義的十字架上受苦受難。今天這個國家正面對又一次十字架釘刑的威脅，這次的釘刑帶著五個新釘子：土地的強佔、貪汙、經濟不公、種族衝突與流離失所，還有宗教仇恨與暴力……緬甸的前途正危如累卵。」[1]

這段話很明確地描述了緬甸今天面對的種種挑戰。雖說若干程度的政治解放已經出現，政治犯已經獲釋，民間結社與媒體活動的空間已經擴大，與少數族群的冗長的停火談判也在持續進行，其他例如土地沒收、親信資本主義、宗教國家主義等新挑戰已經出現，而種族衝突的問題也仍然沒有解決。舉例說，軍方在撣邦與克欽邦的一項攻勢仍在繼續，已經造成十萬餘人無家可歸。二〇一五年，軍方又對北撣邦的華裔果敢人發動新攻勢。緬軍強暴婦女的犯行仍然猖獗，兩名克欽教師在二〇一五年一月慘遭姦殺的事件就是證明。特別在克欽與撣邦境內，毒品的生產與散播已經造成毀滅性社會後果，就像森林與礦場的濫伐濫採造成嚴重的環境衝擊一樣。親信資本主義是另一個大問題：經濟為政府或軍方親信人士寡頭壟斷與獨佔，扼殺了有志創業家的發展空間。玉石等有厚利可圖的買賣主要嘉惠軍方與少數族群武裝團體，平民百姓得不到好處。

自二〇一三年以來，緬甸民運在政治這條戰線上甚至出現倒退跡象：由於當局逮捕、監禁示威人士與記者，在二〇一二年曾因釋放大批政治犯而一度空蕩的監獄，現在又已人滿為患。舉例說，根據報導，緬甸在二〇一四年初有十三名政治犯，在寫這本書的時候，人數已經增加到超過一百五十人，另有將近一千五百名農民與民運分子正在受審或候審。重要的是，儘管二〇一一與二〇一二年間也曾鬧得沸沸揚揚，新政治改革一直是只聞樓梯聲，不見人下來。在基本憲法議題上，修憲嘗試也失敗了。

翁山蘇姬可以領導她的黨角逐國會席次，但由於憲法中那條意在封殺她的條款而不能競選總統。登盛的總統選戰主要對手、下議院議長瑞曼於二〇一五年八月遭到整肅，被逐下執政黨黨主席寶座。在寫這本書的時候，緬甸政權精心構築的改革表象已經異常薄弱。這一切似乎說明一件事：緬政府領導人已經脫下軍裝，改變形象，也已下令進行一些膚淺的改革，但仍保有過去的一貫作法：盡量把持權力，鎮壓任何反對派，不事基本改革，只用最起碼的改革手段創造進步假象，以緩和國際壓力。

緬甸走上的似乎不是一處叉路口，而是一條迴轉道。另一方面，也有許多人說，無論緬甸政權意圖如何，精靈已經從瓶子裡放出來了。政府已經針對透明化採取步驟，與民間與非政府人士進行磋商，雖說這些行動時斷時續，而且也前後矛盾不一，但終究能推動民主化進程。有了較自由的媒體，較優質的通訊，民間社團開始充滿活力，資訊的取得較過去更方便，民眾的知識面與組織力都較過去提升，再加上世人持續關注的眼神，一股萬鈞聲勢將在緬甸出現，讓政府與商界再也不敢小覷。時間會說明一切。

在所有這些新挑戰中，最危險的是佛教激進民族主義的崛起，以及民主運動對這個問題的相對性沉默。二〇一二年六月，若開邦四個縣爆發暴力衝突，導致主要是羅興亞人的至少十四萬人流離失所。事件起因是，一名二十八歲的若開族婦女據說於五月二十八日遭三名穆斯林男子強暴，一大群若開村民在桐溝攔下一輛公車，打死十名穆斯林乘客。暴力衝突越演越烈，若開與羅興亞雙方都遭受損傷，地方保安部隊卻袖手旁觀，沒有採取任何制止措施。事實上，沒隔多久，保安部隊還主動參與對穆斯林社區的攻擊。

之後，情勢雖然依舊劍拔弩張，但雙方勉強暫時沉寂了三個月。二〇一二年十月，衝突再次爆發，若開邦九個縣淪為災區。「人權觀察」說，這是若開人的「一項計畫性攻勢，目的在強迫邦內穆斯林遷徙，或將他們趕走。」[2]

「人權觀察」說，十月這場攻勢是經過精心策畫的行動。在二〇一三年一篇題為〈你只能祈禱：發生在緬甸若開邦的非人道罪行以及對羅興亞穆斯林的種族清洗〉的報告中，「人權觀察」說，「前後好幾個月，地方上的若開政黨官員與佛教長老公開誹謗羅興亞人，說他們是對若開邦的威脅。十月二十三日，幾千名若開族男子手持砍刀；劍、土製槍械、汽油彈等武器突然掩至若開邦境內九個縣的穆斯林村落，展開攻擊。地方保安部隊要不不肯干預，要不直接參與暴行。相距甚遠的幾個縣有好幾次同時遇襲。十月二十三日發生在穆老尤縣羊太村的大屠殺事件最是血腥，至少有七十名羅興亞人死難。儘管事先接獲有關這項攻擊的警告，事發時，只有少量鎮暴警察、地方警察與武裝士兵在場維持治安。但這些保安部隊不但沒有阻止若開暴民發動攻擊，沒有護送村民尋求庇護，反而解除羅興亞人持有的棍棒以及其他原始防身武器，助長殺戮氣焰。」

「人權觀察」取得的衛星照片顯示，在十三個發生暴力的縣份中，僅僅五個縣就有二十七處特定「毀滅區」。在若開邦首府實兌，至少有兩千五百五十八座「被毀的建築物」。[3]在二〇一二年六月與十月間，若開邦境內至少有四千八百六十二座建築物被毀。「人權觀察」達成結論說，出現在若開邦的這些事件已經等同種族清洗，屬於非人道罪行。其他國際專家，包括前聯合國緬甸人權特別調查員湯瑪斯·歐吉·昆坦納也提出警告，認為事件可能演變成種族滅絕。昆坦納教授在二〇一四年說，「種族滅絕的一些要件已經出現，發生種族滅絕的可能性需要討論。」

登盛總統本人也在二〇一二年七月表明緬甸政權心態，要求國際社會協助將整個羅興亞族撤出緬甸、安置於第三國——這麼做等於是種族清洗，不過加了一些較精密的包裝罷了。[4]二〇一四年二月，非營利人權組織「人權堡壘」發表〈迫害政策〉報告，揭發緬甸政權對羅興亞人施加的種種限制，說羅興亞人在婚姻、宗教儀式、旅行遷徙方面都受到限制，與刻意的種族迫害已經沒有兩樣。[5]不僅如此，據「人權堡壘」說，有證據顯示，政府高官正計畫收緊對羅興亞人的控制。國防部長拉敏在二〇一一年發表演說，要求採取更嚴厲的管控手段，內政部長戈歌也做出同樣表態。[6]

這些暴力事件已經造成一場人道危機。導致這場人道危機的原因，不只是超過十四萬人困在境內難民營、為生存而苦苦掙扎而已，也因為數以千計羅興亞人為逃避在緬甸的厄運而乘小船跨海出亡，結果慘遭走私黑幫、海上風暴蹂躪，就算嘗盡千辛萬苦終於抵達他國海岸後，還往往遭他國拒絕收容。

自二〇一二年以來，幾名著名國際人士訪問了若開邦境內難民營，都說營內生活條件之惡劣前所未見。聯合國人道事務助理秘書長康京和在二〇一四年訪問這些營區之後說，「這些境內難民營的人道狀況之惡劣，是我這一生從未見過的……真是慘不忍睹……就連醫療、教育、水與衛生措施這類基本服務都完全沒有。」[7]聯合國人道事務副秘書長貝洛妮絲．艾默斯在二〇一二年十二月訪問了這些營區之後也說，「我曾探訪過許多營區，不過這些營區情況惡劣得無以復加。不幸的是，我們聯合國的人卻不能進入這些營區，做我們想為這些人做的事，這裡的情況簡直可怕……情勢已經非常危急，我們必須有所行動才行。」[8]聯合國緬甸人權特別調查員李亮喜在訪問這些營區之後於二〇一五年年初說，她「見證情勢已經危急……穆斯林境內難民營的生活條件彷彿人間地獄，羅興亞人對我訴說的事讓我心碎，他們告訴我他們只有兩個選項：留下來等死，或是乘小船跨海逃亡。」[9]

不只是營區內情勢危急而已。對生活在若開邦北部的穆斯林而言，人道危機情況也已經極端嚴重。至少百分之七十的羅興亞人目前無法享用安全無虞的水源，或得不到衛生服務。以境內大城蒙奪為例，每十六萬居民只有一名醫生。根據世界衛生組織的建議，每五千居民應該有一名醫生。只有百分之二的羅興亞婦女能在醫院生產。[10]

羅興亞人是今天全世界最受迫害的少數民族之一，他們的悲慘命運，終於獲得一些迫切需要、而且已經來得太遲的國際媒體與政治關注。不過我們也必須記住兩個要點。

首先，雖說羅興亞人毫無疑問是主要受害人，若開邦佛教徒也在這場衝突中受盡折磨，他們的悲慘也不應忽視。許多緬甸人認為國際社會對羅興亞人過於偏袒。有鑑於羅興亞人面對的迫害與非人道的待遇，國際社會重視他們不僅理所當然，也不足為奇。但國際社會也應注意若開人的觀點，因為若開邦無論就任何角度而言，都是緬甸最窮苦、遭到剝削最深的地方。若開人對外國援助機構的敵視，可能造成危險後果。舉例說，若開邦境內聯合國機構與非政府組織於二〇一四年三月遭佛教徒暴民攻擊，並因此被迫暫時撤離當地，[11]使人道危機情勢更形惡化。

其次，我們必須了解，羅興亞人並非緬甸境內反穆斯林仇恨、歧視與暴力的唯一受害人。

密支那是緬甸中部大城，距若開邦很遠，也與羅興亞人毫無關係。密支那當地穆斯林社區在二〇一三年三月遭到一波波暴力攻擊。根據「人權醫師」的報導，在前後三天攻擊事件中，一百多人死難，一千五百多棟房屋被焚，十幾座清真寺被搗毀。[12]

直到二〇一三年年底這段時間，一波反穆斯林暴力浪潮席捲緬甸。從仰光附近的娥康到撣邦北部的臘戌，[13]再到若開邦的丹兌，一種型態出現了。在大多數情況下，導火線要不是一名佛教婦女遭強暴，就是一處佛教建築物遭褻瀆的傳言。這類傳言或只是謠傳，或遭誇大，或許屬實，但是真是假已經無關緊要，因為這已將足夠引發暴亂。雖說在有些地方，保安部隊也會採取行動、控制情勢，但在許多事件中，他們只是袖手旁觀，坐視不顧。而且在大多數事件中，儘管事發以後參與暴亂的大多是本地人，煽動暴亂的卻是外地人。二〇一四年七月，反穆斯林暴力浪潮襲至緬甸第二大城曼德勒。人權組織「正義信託」進行的一項調查，詳細說明了外地人煽動這場暴亂的過程。[14]

當密支那的悲劇於二〇一三年三月發生時，我正好在緬甸。我帶著英國國會議員利物浦奧爾頓爵士一起，於三月二十五日來到首都市郊的阿葉拉村。住在村裡的穆斯林剛在三天前遇襲，我們見到已經燒成廢墟的穆斯林學校，以及遭到褻瀆、焚毀的清真寺。幾名還留在村裡的穆斯林與我們會面，其中一名男子向我們說出事情經過。

三月二十二日晚上十點點，大家聚在村子裡，聽說有暴民即將來襲。我把這消息報知當局。不久，大批人潮洶湧而至，大概有一千人，但我不敢確定。暴民抵達時，村民已經跑光。只來了十五名警察，但他們沒有盡到應盡責任，也都跑了。暴民來自外地，或許來自密支那，也或許是密支那方面唆使的。這時留在村裡的穆斯林很少，二百六十名穆斯林只有十五人留下來。暴民燒垮了穆斯林學校，攻擊我們的餐廳，還將清真寺內陳設搗毀。他們衝進民房，偷取村民財物，包括衣服、錢與食物等等。他們高喊「殺穆斯林，殺穆斯林，殺穆斯林，殺妖魔」。沒有人受傷或被殺，不過那是因為大家都跑了。那場面非常嚇人。我們這裡過去從來不曾發生過問題。佛教徒與穆斯林在這個地區一直都能和平相處，沒有任何衝突。我們在這裡住了兩百年一直相安無事，但現在我們絕對不會再與佛教徒鄰居有任何溝通。我們在街上碰面連招呼也不敢打。如果保安部隊能進駐，克盡他們的職責，我們還敢住下來。但如果他們不能保護我們，我們不敢再住在這裡了。當局後來以暴力滋事為由，抓了四、五個人，還要我們填寫一張被毀財物清單，我們已經遵囑將清單交給當局。不過我們並不指望能獲得賠償。我們只希望能和平過日子就好了。[15]

這一波反伊斯蘭暴力事件的幕後元兇是什麼？只是反伊斯蘭情緒？誰能起而對抗，為受害人仗義執言？

這些事件幕後是誰、或什麼在主使的問題，有幾條可以循線解答的線索。首先，緬甸許多年來一直存有反伊斯蘭偏見。一九二〇年代、一九四〇年代、一九六〇年代，以及比較近期，還有一九九七年在曼德勒與二〇〇一年在東宇都發生過反伊斯蘭暴力事件。只須對緬甸社會稍加探討，找包括異議人士在內的緬族人略事交談，你會發現他們有驚人的反伊斯蘭偏見。穆斯林擅長做生意，是很好的商人，也比較有錢，因此引來經濟動機的忌恨，這是原因之一。穆斯林人口越來越多，近年來穆斯林予人一種穿著更加保守、與緬甸社會愈行愈遠的印象，再加上敘利亞、伊拉克與奈及利亞境內，以及孟加拉、巴基斯坦、馬來西亞與印尼等緬甸近鄰目前發生的種種事端，都助長了緬甸的反伊斯蘭偏見。

緬甸激進佛教民族主義的代表人物是一名名叫威拉杜的和尚，他的臉孔在二〇一三年七月上了《時代雜誌》封面，封面標題寫著「佛教恐怖主義的臉孔」幾個大字。[16]他宣揚的教義駭人聽聞，他對聯合國緬甸人權特別調查員李亮喜的惡毒人身攻擊，只是他諸多惡形惡狀中的一例罷了。[17]他與一些佛教同路人根據佛經典故，組了一個叫做「九六九」的運動，大舉透過傳單、書籍與傳道，散播反穆斯林仇恨。「九六九」之後化身為「緬甸種族與宗教保護委員會」，成為一股強大的政治勢力，[18]

還於二〇一五年八月促成國會兩院通過新法，限制宗教皈依與異教通婚。[19]

緬甸宗教褻瀆法的死灰復燃，就是這個保護委員會的傑作。二〇一五年三月，兩個名叫東多林與杜戈戈倫的緬族僧人，與紐西蘭人菲立普．布雷伍，由於他們經營的仰光酒吧在促銷材料中用了佛祖形象，被控「侮辱宗教」罪，判了兩年半徒刑。[20]二〇一五年六月，佛教民運人士丁林烏因指責種族與宗教保護委員會與其他佛教民族主義激進派，說他們宣揚的理念違反佛教教義，結果同樣被控侮辱宗教罪坐牢。[21]

緬甸種族與宗教保護委員會雖不是一個組織嚴密的機構，也不是政府，但它與政府、特別是與執政黨團結一統開發黨的關係很密切。保護委員會領導人不斷呼籲民眾支持團結一統開發黨，還在包括偏遠地區的全國各地旅行，散播仇恨。當聯合國特別調查員說緬甸言論自由空間不斷縮水的同時，他們似乎可以隨意運作，不受任何束縛。[22]雖說緬甸社會對伊斯蘭的偏見根深柢固，是不容否認的事實，但毫無疑問的是，若沒有強大政治後盾，佛教民族主義的勢力也不會變得如此無所不在。二〇一二年以來的暴力、相關立法、仇恨言論、以及不容忍，都是具有政治目的的預謀。政府沒能阻止暴力與仇恨，不肯對那些煽動仇恨的僧人採取行動，還通過、實施宗教保護委員會起草的法案，也難逃共謀之責。但我們根據這個政府過去的紀錄也知道，面對社會中為它不喜的團體，它絕對有能力藉口安定進行鎮壓，面對不符合它的議程的立法，它會毫不遲疑地加以拒斥。登盛總統本人也曾為威拉杜辯護，[23]而且在建議驅逐羅興亞人之後，他在平民百姓中的聲望還增加了。綜上所述，我們只能得到一個結論：政府支持種族與宗教保護委員會，利用宗教民族主義遂行其政治目標。

不過我也曾會見過許多真正秉持佛教教義、奮起反抗這種仇恨之音的佛教僧侶。在有些地方，特別是在臘戍與密支那，有些僧侶庇護了數以千計的穆斯林，讓他們逃過死劫。二〇一五年二月，我帶著四名佛教僧侶前往印尼，見到一名來自緬甸的佛教僧侶，在西爪哇萬隆阿瑪迪亞會穆斯林清真寺出席周五禮拜，還在儀式中擁抱一名同樣來自緬甸的伊斯蘭領導人。我們還見到佛教僧侶與基督徒、穆斯林手牽手站在一起，參加在雅加達總統府外的示威集會。我在曼德勒的一次演說中，出示那名佛教僧侶在印尼擁抱伊斯蘭長老的照片，演說結束時，一名年輕的緬族佛教僧人走到我面前說，「我也要這樣做」，邊說邊張開雙臂抱住我。他伴著我一同走到曼德勒山山頂，我們就在山頂上沐浴著瑰麗的落日餘暉，討論靈魂、精神、宗教、和平、美、愛，與人生等等有深度的問題。這些

挺身而出、反對仇恨之音的佛教僧侶，迫切需要我們支持、鼓勵，幫他們成長、茁壯。一名佛教民運人士告訴我，「這不是一場宗教衝突，這是刻意製造的。這一切背後有陰謀。穆斯林、基督徒與佛教徒已經一起生活了很長一段時間。怎麼、為什麼會發生這樣的事？這是一群有心人刻意製造的。這些人或許不願改革，或許想為特定政黨拉抬選票，也或許想製造環境，讓軍方可以藉平亂為名，重新奪權。」[24]

還有人說，「大多數社區都要和平。有些政治角色製造這個議題。他們想在二〇一五年把局勢搞亂。一旦局勢過亂，就不會有選舉。」

緬甸人沒有坐視有心人製造混亂。越來越多來自不同宗教背景的民間組織人士，已經高聲反對宗教仇恨。在對抗種族與宗教法的行動中，婦女組織不畏死亡威脅，勇敢地扮演了領導角色。其他組織

也不斷努力，希望營造不同宗教信仰之間的諒解。「共存」（一個以促進不同宗教間和諧關係為宗旨的組織）創辦人圖魯瑞說，「穆斯林與佛教徒之間緊張情勢升高，是因為對本身的宗教、以及對他人的宗教有誤解所致。我們需要增加了解，改善穆斯林與佛教徒之間的關係。我們並不孤單。與我們志同道合的大有人在。我們要鼓勵民眾參與。」

另一名民運人士、緬馬青年培力計畫負責人代瑞溫，在密支那暴力事件過後說，「我們覺得不安全，內心也惶惑不安。」基於這個理由，他與其他幾名年輕民運分子與穆斯林青年聯繫，要求開會相商。他說，「我們的共同立場是和平。」代瑞溫承認「穆斯林與佛教徒之間的仇恨由來已久」，而且儘管暴力或許能夠暫時平息，「它內心還在燃燒」。他的緬馬青年培力計畫已經與其他團體聯手，發起一項促進宗教和諧與和平的貼紙運動。他說，「散播仇恨的言論仍在四處流傳，我們要想辦法對抗。沒有對話，沒有透明度，我們永遠得不到真正和平。只是貼一些貼紙不能帶來和諧，但我們要在內心深處與腦海也貼上貼紙。那需要時間。我們只要和平。我們必須張開雙拳，讓對方知道我們沒有帶武器，讓對方知道我們意在和平，之後我們可以展開對話。」

反伊斯蘭的仇恨如果抑制不了，有可能擴散、成為一種排斥所有非緬族少數民族的暴行。據說坊間已有DVD流傳，說基督教是「外來宗教」，還揑造罪狀說基督教強迫民眾皈依。還有人到處散播傳言，說暴民即將攻擊仰光的基督教堂，但之後事實證明純屬謠傳。我本人曾在普道——位在克欽邦北部的偏遠小鎮，居民絕大多數是基督徒——見過「九六九」（佛教激進派團體，是種族與宗教保護委員會前身）張貼的海報。克欽政治犯的親人在密支那與我會面時曾對我說，克欽的政治犯在獄中備受折磨，例如他們會被迫坐尖石堆，同時還得模擬釘在十字架上的樣子雙手平伸，刻意嘲弄他們的信仰。一些男性犯人還被迫彼此進行性行為。[25]根據本書前文所述，許多年來，特別是在欽邦與克欽邦，軍方一直把宗教當成對付緬甸境內基督教少數民族的政治工具，也因此，種族與宗教保護委員會以及佛教民族主義擴大行動、散播仇恨，自不足為奇。

宗教仇恨的火焰會不會延燒到其他基督教、印度教這類非佛教少數民族？一名民間社團領導人說，「在緬甸，什麼事都有可能。這些人如果真想建立他們的緬族佛教民族主義，他們很可能攻擊其他少數民族。」特別是在緬軍在北撣邦與果敢人衝突以後，為對抗中國與中國商人在緬甸的政、經影響力，緬境仇華情緒逐漸高漲，也讓人擔憂。

此外，境外激進伊斯蘭或聖戰團體也有可能把目光移向緬甸，在緬境穆斯林社區鼓吹報復暴力與極端主義。不久前因恐怖主義罪名下獄的印尼伊斯蘭長老阿布．巴卡．巴希曾呼籲對緬甸發動「聖戰」，還計畫攻擊緬甸駐雅加達大使館，所幸為印尼當局發現，一場危機才得以化解。近年來孟加拉境內激進伊斯蘭氣焰不斷高張，穆斯林在與緬甸交界區攻擊孟加拉境內佛教徒的事件有增無已，也證明宗教暴力惡性循環已經隱然若現，可能為這個地區帶來毀滅性後果。儘管登盛在之後為威拉杜辯護，但他於二〇一三年三月二十八日發表電視演說，指責「政治投機分子與宗教極端分子」在不同信仰之間散播仇恨，還提出警告說，他會「毫不猶豫地以武力為最後手段」以弭平宗教暴力。[26]兩天以後，登盛指派一個專責應付宗教暴力的委員會，由五名部長與五名副部長組成。回想起來，緬甸政權所以採取這些行動，或許是因為眼見事態發展逐漸失控，擔心再也制不了這個它一手造成的宗教仇恨怪物。四月三日，外交部長宣布，已經以參與暴力罪嫌逮捕一百四十二人。不過，雖說當局已經保證採取行動，保安部隊的態度仍廣泛令人關切。被捕下獄的穆斯林人數多得不成比例，佛教徒犯事被捕的人數卻寥寥無幾。根據報導，密支那一名低階警官說，「我們奉命只將火撲滅就好，其他什麼也不做。在我們警界，服從命令比其他任何事都重要。」

當時擔任聯合國緬甸人權特別調查員的湯瑪斯·歐吉·昆坦納說，他曾接獲「政府參與若干暴力行動」的報告，說緬甸政府「做得不夠」，既未能解決不斷升溫的宗教排他問題，也沒能遏阻「有組織暴民」煽動對穆斯林的仇恨與暴力。聯合國秘書長緬甸問題特別顧問維傑·納拜爾說，這些攻擊「顯然有針對性」，而且用「殘酷的效率」遂行。除非保安部隊姑息縱容、朋比為奸的問題先解決，宗教仇恨與暴力問題仍將持續，帶來可能極端嚴重的後果。

大多數緬族民運人士在面對這項挑戰時毫無反應。有些人甚至還發表了一些助長這種宗教民族主義的言論。在今天的緬甸，能夠始終如一、明確宣揚宗教自由與異教和諧的全國性領導人不多，緬甸第一位天主教樞機主教貌波是其中一人。貌波身為緬族人，而能為非緬族少數民族請命；他身為宗教領導人，但既非佛教徒，也不是穆斯林；而且他還擁有天主教這個世界性基礎設施的保護。在二〇一五年年初奉命出任緬甸第一任樞機主教時，貌波誓言要為「沒有聲音的人發聲」。[27]而他出任樞機主教之前與之後的無數作為，也證明他確實能為沒有聲音的人仗義執言。在二〇一四年聖誕節佈道詞中，他的訊息非常明確：「不要害怕。不要害怕追求擁有尊嚴的權利。不要害怕抵抗不公義。不要害怕夢想，夢想公理與正義像大河一樣滔滔不絕的新緬甸……」

當這本書發行初版時，緬甸情勢更加撲朔迷離，看得人眼花撩亂。就若干層面而言，一切並無變化，就另幾方面來說，情況比過去更加惡劣，不過有些事情也明顯正在好轉，某些事情現在已經成為可能。翁山蘇姬已經在全球各地旅行。世界級領導人，包括美國總統歐巴馬也已走訪緬甸。我本人也經常在緬甸內部四處走訪，在欽邦的哈卡與法蘭這些過去禁止外國人進入的地區，舉辦研習會與發表公開演說，而能進行這類活動在過去是難以想像的。民間使用行動電話、網際網路、社交媒體、印刷媒體與汽車較過去更加普及，言論也較過去自由得多。至少就官式而言，媒體檢查制度已經廢除。乍看之下，這些都是讓我們鼓舞的正面發展。

只是緬甸仍然還徘徊在叉路口，等著交通燈號轉綠。也或許如前文所述，更精確地說，擺在緬甸面前的不是叉路口，而是一條迴轉道。有些事情變了，但基本情況依舊。改變的只是一些膚淺的細枝末節，真正迫切需要的建制性、憲法性改變仍然似乎遙遙無期。而且就算是那些刻正進行中的改革也還需要時間。不信隨便找一名克欽或一名羅興亞人問一問，他們會告訴你，日子比過去更難過了。

面對野蠻的政權，當它採取正面步驟時表示歡迎，當它嶄露改革跡象時予以鼓勵：這樣做當然沒錯。但當獨裁者表態有意改弦更張時，就目前而言，國際社會表現得太過一廂情願。英國、歐盟與美國解除制裁得太早了。為表示支持改革，放鬆一些制裁是對的，因為坐視緬甸出現臨時性改革，若不認可、不歡迎、也不鼓勵，顯然不智。但另一方面，我們不應該把所有可以施壓的工具一次完全撤走，不應該在緬甸政權還沒有做到它必須做到的事以前，把它要的一切都給它。緬甸政權那些將領都是老謀深算的角色，國際社會在應付他們時應該放聰明一些。

緬甸歷史有一再重寫的慣例。就像二〇〇八年公民投票以前發生納吉斯風災一樣，二〇一五年選舉前三個月，緬甸也遭到大洪水，數以千計民眾死難，無家可歸，災情慘重非常。不過，緬甸政權這一次的表現確實與二〇〇八年風災後的表現不一樣。它立刻呼籲國際給予援助，總統登盛還親赴若干受災地區視察。緬甸政權或許心裡打的仍是過去那個算盤，但至少他們在外交與公關上比過去做得好些了。

軍方仍是緬甸政治的支配性勢力。緬軍總司令敏翁來告訴英國廣播公司，軍方會尊重二〇一五年十一月選舉的結果。[28]但蘇貌將軍也曾在一九九〇年做過同樣保證，結果已經是歷史。在緬甸問題上工作了將近二十年之後，我學得一個教訓：永遠不要預測結果。

謝辭

在我投入緬甸問題、以及為寫這本書而進行的研究過程中，許多來自不同少數族群的緬甸人給了我很大幫助。其中有些人，為了他們的安全，我不能在這裡稱名道姓，不過他們知道我在說他們，我在這裡向他們獻上無比感激與崇敬。

也有許多可以公開姓名的人，或提供資訊，或與我共享他們的經驗，協助我完成這本書。這些人之中有前政治犯坤盛、蘇孟耶、儀儀童、貌埃、丁埃、田林、尼尼昂；前政治犯的女兒維盈溫東；翁山蘇姬的前「三色會」警衛馮敏吞與穆馬都；民選國會議員U Bo Hla Tint與連烏；東登醫生；聯合國流亡政府代表；緬甸聯邦全民聯合政府；前少數民族理事會秘書長、欽族民運人士沙空；前少數民族理事會秘書長、克欽族民運人士U Hkun So；前八八世代民運人士金奧瑪；前克耶民族進步黨總書記雷蒙．圖；克耶民族進步黨聯合第一書記Khu Oo Reh；前克倫民族同盟副會長大衛．塔卡保；克倫民族同盟副會長Naw Zipporah Sein；英國緬甸民運負責人、前克倫民族同盟總書記曼沙的女兒卓雅；撣族婦女行動網路創辦人姜冬；欽族人權組織的維克多．巴良，Bawi Lian Mang與Za Uk Ling；克欽民族組織的Hkanhpa Sadan；若開羅興亞民族組織會長努洛・伊斯拉；緬甸律師委員會秘書長昂圖；歐／緬辦公室主任艾永貴；自由亞洲電台緬甸台負責人Nancy Shwe；美國之聲緬甸台負責人Thant Lwin Htut；BBC緬甸台負責人妮塔・梅；《緬甸新聞報》總編輯蘇敏；緬甸婦聯會負責人Thin Thin Aung；新社會民主黨的Zaw Min；國際地球權組織創辦人卡沙瓦；翁索戊；英吉・沙金；以及不幸於二〇一〇年去世的Louisa Benson Craig。

緬甸境外也有許多友人，為爭取緬甸的自由而奮鬥不懈，還為我提供許多彌足珍貴的見解與資訊，令我十分感激。他們包括：英國支援緬甸民主運動負責人Mark Farmaner；英國支援緬甸民主運動共同創辦人John Jackson；前英國支援緬甸民主運動負責人Yvette Mahon；另類東南亞國家協會緬甸網的Debbie Stothard；「現在就要自由」（Freedom Now）的Jared Genser；約翰・霍普金斯大學彭博公共衛生學院教授克里斯・貝耶爾博士；自由緬甸遊騎兵的大衛・尤班克；英國下議院議長約翰・伯高；國會議員安德魯・米契爾；巴洛尼・科克斯；奧爾頓爵士；馬丁・潘特醫生；還有詹姆斯・馬凱。許多前英國、美國、澳洲、泰國與日本外交官，毫不吝惜地與我分享他們的記憶與分析，特別是尼古拉・范恩爵士、馬丁・摩蘭、Robert Gordon與Mark Canning等幾位前英國大使，還有前英國理事會代表湯姆・懷特，尤其惠我良多。前《亞洲週刊》記者多米尼克・福爾德為我提供一九八八到一九九六年間的相關新聞稿件與資料，給了我極大幫助。聖修斯學院與牛津大學的工作人員，為我開啟新聞剪報以及其他有關翁山蘇姬與緬甸的資料檔案，我也必須在此申謝。

好幾位志願人士花費許多時間，不辭辛勞地替我抄錄訪問稿，我虧欠他們甚多，他們是：Kirk

Acevado、Liam Allmark、Sarah Armitage、Chris Beanland、Myra Dahgaypaw、Pippa DeWitt、Claire DeWitt、Kate Gwynn、Rita Lobo、Daniella Lock、Sally Pearson、Jacqueline San、Gabi Sibley、Chloe Simons與May Pearl Tun。Mark Farmaner、Debbie Stothard、Chris Lewa、Juliet Rogers與Julia Evans等幾位友人替我審閱手稿，提出改進意見，也要在此一併申謝。

我的老闆全球基督徒團結組織，極其慷慨地為我提供時間、空間與資源，協助我進行研究，寫這本書，若沒有他們的支援，我不可能完成這項工作。為寫這本書而做的研究旅行都蒙全球基督徒團結組織資助成行。

我感謝我的出版人藍燈書屋，特別是Judith Kendra與她所有的同事，不僅能重視這本書的價值與重要性，還在整個過程中自始至終提供指導、明智的顧問、編輯專業知識，與熱情的鼓勵，為這本書的問世全力以赴，尤其令我感念。

我同時也要感謝位於奧地利Krems附近、建於西元一〇八三年的聖本鐸派高維修道院，以及我住在英格蘭杜塞郡丘陵起伏鄉間的父母。他們賜給我美麗的地方，讓我在和平、安寧中讀書、研究與寫作。

註釋

作者註

1 Hugh C. MacDougall, 'Burma Press Summary No. 27', May 1989, citing SLORC Information Minister coverage in *Working People's Daily* newspaper

前言

1 Bertil Lintner, 'The Staying Power of the Burmese Military Regime', paper presented at a public forum on Burma at Aichi Gakuin University, Nagoya, Japan, 11–17 March, 2009

2 Chin Human Rights Group, 'Critical Point: Food Scarcity and Hunger in Burma's Chin State', 2008

3 Christina Fink, *Living Silence in Burma: Surviving Under Military Rule*, second edition, Zed Books and Silkworm Books, 2009, 3

第一章　從亞洲米倉淪為失敗國家

1 Fink, 18

2 Kin Oung, *Who Killed Aung San?*, White Lotus, 1996, 17

3 Ibid., 74

4 Aung San Suu Kyi, 'Aung San', *Asiaweek*, 12 June 1998

5 Burma Centre for Ethnic Studies, Peace and Reconciliation, Analysis Paper No. 2, 'The Challenges of Ethnic Politics and Negotiated Settlement: From Ceasefire to Political Dialogue', February 2012

6 Ashley South, *Ethnic Politics in Burma: States of Conflict*, Routledge, 2008

7 Ibid., 24

8 Thant Myint-U, *The River of Lost Footsteps: A Personal History of Burma*, Faber and Faber, 2008, 209

9 Ibid., 209

10 South, 21

11 Field Marshal Viscount Slim, *Defeat Into Victory: Battling Japan in Burma and India, 1942–1945*, Cooper Square Press, 2000, 519

12 Ibid., 485

13 Martin Smith, *Burma: Insurgency and the Politics of Ethnicity*, Zed Books, 1999, 65

14 Paul Gore-Booth, *With Great Truth and Respect: The Memoirs of Paul Gore-Booth*, Constable, 1974, 212

15 Ibid., 30

16 Kin Oung, 40

17 Ibid., 67

18 Smith, 305

19 As quoted in Kin Oung, 31

20 Ibid., 69

21 Ibid., 71

22 Fink, 22

23 Gore-Booth, 223

24 Fink, 23

25 Ibid., 23

26 Gore-Booth, 223

27 Thant Myint-U, 290

28 International Crisis Group, 'Myanmar: A New Peace Initiative', Asia Report No.214, 30 November 2011

29 Inge Sargent, *Twilight over Burma: My Life as a Shan Princess*, University of Hawaii Press, 1994, xxiii

30 Gore-Booth, 220

31 Ibid., 224

32 Ibid., 224

33 Ibid., 26

34 Thant Myint-U, 292

35 Ibid., 293

36 Smith, 1

37 Fink, 32

38 Thant Myint-U, 311

39 Ibid., 312

40 Ibid., 312

41 Fink, 40

第二章　自由的呼聲

1 Ibid., 47

2 Bertil Lintner, *Outrage: Burma's Struggle for Democracy*, Review Publishing Company, 1989, 16

3 Smith, 2

4 *Asiaweek*, 'Burma: A Raging Discontent', 8 July 1988

5 Fink, 49

6 'Bogyoke' means 'General', and is typically used in reference to both Aung San and Ne Win.

7 *Asiaweek*, 'Burma: A Raging Discontent', 8 July 1988

8 Ibid.

9 Ibid.

10 Lintner, 117–19

11 Ibid., 119

12 *Asiaweek*, 'Burma: Revolt in the Streets', 19 August 1988

13 Ibid., 135

14 Ibid., 144

15 Ibid., 154

16 Ibid., 156

17 Aung San Suu Kyi, *Freedom from Fear*, Penguin Books, 1991, Introduction by Michael Aris, xvii

18 18 Aung San Suu Kyi, 'Belief in Burma's Future', *Independent*,12 September 1988

19 Aung San Suu Kyi, *Freedom from Fear*, xix

20 Lintner, 157

21 Aung San Suu Kyi, *Freedom from Fear*, 193

22 Ibid., 195

23 Lintner, 159

24 Fink, 55

25 Ibid., 55

26 Lintner, 166

27 Ibid., 167

28 Ibid., 171

29 Ibid., 181

30 Ibid., 184

31 *Asiaweek*, 'Interview with Aung San Suu Kyi: "I am the Target"', 21 July 1989

32 Lintner, 'The Rise and Fall of the Communist Party of Burma', Cornell South-East Asia Program, 1990, 1

33 Ibid., 49

34 Fink, 63
35 Lintner, 'The Rise and Fall of the Communist Party of Burma', 50
36 *Asiaweek*, 'Interview with Aung Gyi: "I Trust the Army"', 21 July 1989
37 *Asiaweek*, 'Interview with Min Ko Naing: "Fighting a 'Bad King'"', 28 December 1988
38 Aung San Suu Kyi, 'Belief in Burma's Future', *Independent*, 12 September 1988
39 *Asiaweek*, Interview with Saw Maung: 'I Saved Burma', 27 January 1989
40 Ibid.
41 *Asiaweek*, 'Burma: Debating the Polls Promise', 21 October 1988
42 Aung San Suu Kyi, *The Voice of Hope: Conversations with Alan Clements*, Rider, 2008, 52
43 Dominic Faulder,'The Burmese Way to Steal an Election', *The Asian Wall Street Journal*, 7 May 1990
44 Lintner, *Aung San Suu Kyi and Burma's Unfinished Renaissance*, Peacock Press, 1990, 28
45 Maung Aung Myoe, *A Historical Overview of Political Transition in Myanmar since 1988*, Asia Research Institute, National University of Singapore, August 2007
46 Ibid.
47 Ibid.
48 Anthony Spaeth, 'Student Power', *Time*, 16 December 1996
49 *Irrawaddy*, ' "Fighting peacock" on the streets again', January 1997 – http://www.irrawaddy.org/article.php?art_id=183
50 Dr Michael Aris, 'A Tribute for James Leander Nichols', 23 July 1996
51 *Independent*, Obituaries, Leo Nichols, 26 June 1996
52 *Asiaweek*, 'On the Streets', 20 December 1996
53 Statement released by Dr Michael Aris, Oxford, 30 November 1992
54 *Asiaweek*, 'A Careful Hero: Suu Kyi Confronts Some Tough Choices', 4 August 1995
55 Preliminary Report of the Ad Hoc Commission on Depayin Massacre (Burma), 4 July 2003
56 See www.burmapartnership.org

第三章　出現在東方的一場腥風血雨

1 Christian Solidarity Worldwide, 'Burma: Visit to the Thailand–Burma Border', February 2010
2 Smith, 44
3 Christian Solidarity Worldwide, 'Burma: Visit to the Thailand–Burma Border', February 2010
4 Smith, 72
5 South, 30
6 Ibid., 57
7 Ibid., 58

8 Christian Solidarity Worldwide, 'Burma: Visit to the Karen and Mon Peoples on the Thailand–Burma Border', 27 February–8 March 2007

9 Christian Solidarity Worldwide, 'Burma: Visit to the Thai–Burmese Border', November 2006

10 Christian Solidarity Worldwide, 'Seven Year-Old Karen Girl Raped and Killed by Burma Army Soldier', 5 January 2009

11 Karen Human Rights Group <http://www.khrg.org/khrg2006/khrg06b4.html>

12 Free Burma Rangers reports, 2006

13 Free Burma Rangers, 'Over 2,100 displaced as Burma Army mortars villages and burns homes in new attacks', 8 March 2008

14 14 Christian Solidarity Worldwide, 'Burma: Visit to the Thai-Burmese Border',19–26 April 2004

15 Ibid.

16 Bernice Koehler Johnson, *The Shan: Refugees without a Camp*, Trinity Matrix, 2009, 31

17 Shan Human Rights Foundation, 'Dispossessed: A report on forced relocation and extrajudicial killings in Shan State', April 1998

18 Shan Women's Action Network, 'License to Rape', 2001

19 Women's League of Burma, 'System of Impunity', 2004

20 Chris Beyrer and Richard Sollom, 'Burma's Rising Toll: The Junta Widens a War on Ethnic Groups', *Washington Post*, 3 September 2009

21 Shan Human Rights Foundation, '10,000 Shans Uprooted, 500 houses burned in Burmese regime's latest scorched earth campaign', 13 August 2009

22 Shan Women's Action Network, 'Forbidden Glimpses of Shan State: A Brief Alternative Guide', 2009

23 Ibid.

24 Christian Solidarity Worldwide, 'Burma: Visit to the Thai-Burma Border', November 2002

25 Democratic Voice of Burma, 'Burma conflict due to "misunderstanding": Thein Sein', 2 March 2012 – http://www.dvb.no/news/burma-conflict-due-tomisunderstanding- thein-sein/20528

26 Smith, *Burma: Insurgency and the Politics of Ethnicity*, 32

27 Christian Solidarity Worldwide, 'Visit to the Karen and Mon Peoples on the Thailand–Burma Border', February 2007

28 Zoya Phan, *Little Daughter: A Memoir of Survival in Burma and the West*, Simon and Schuster, 2009, 226

29 Ibid., 232

30 Ibid., 236

31 Ibid., 252

32 Ibid., 263

33 Ibid., 287

34 Andrew Marshall, 'Dr Cynthia Maung – Healer of Souls', *Time*, 28 April 2003
35 Benedict Rogers, *A Land Without Evil: Stopping the Genocide of Burma's Karen People*, Monarch Books, 2004, 184
36 Free Burma Rangers, 'Torture, Capture, Uprooted Villages and Child Soldiers: Life in Northwestern Karen State', 16 May 2009
37 Free Burma Rangers, April–May 2005 report
38 Free Burma Rangers, 'Eliya Samson: First Ranger', 26 September 2008
39 Humanitarian Aid Relief Trust (HART), Visit to HART Partners in and from Eastern Burma, 25–31 October 2009
40 Thein Sein, 'Inaugural address to the Pyidaungsu Hluttaw', Naypyidaw, 30 March 2011
41 Thailand Burma Border Consortium, 'Protracted Displacement and Chronic Poverty in Eastern Burma', 2010, 3
42 Amnesty International, 'Crimes against humanity in eastern Myanmar', 5 June 2008

第四章　北方的無聲吶喊

1 Project Maje, 'The North War, Part II: Kachin Conflict Continues', December 2011 – www.projectmaje.org
2 South, 18
3 Ibid., 18
4 UN Development Programme, 'UN Myanmar Vulnerability Mapping and Monitoring System', June 2005, as quoted in South, 151
5 'In His Own Words: Colonel Chit Myaing', *Burma Debate*, July/August 1997
6 Ibid., 152
7 Ibid., 152
8 Ibid., 152
9 Christian Solidarity Worldwide, 'Burma: Visit to the Thailand–Burma Border and Malaysia', February 2008
10 South, 154
11 Transnational Institute, 'Neither War Nor Peace: The Future of the Ceasefire Agreements in Burma', July 2009, 14
12 Ibid., 14
13 South, 155
14 Transnational Institute, 17
15 Ibid., 14
16 Christian Solidarity Worldwide, 'Burma: Visit to Kachin State', May 2009

17 Christian Solidarity Worldwide, 'Kachin School Girl Gang-Raped, Mutilated and Killed by Burma Army Soldiers', 15 August 2008

18 South, 153

19 Transnational Institute, 23

20 South, 159

21 Ibid., 159

22 Christian Solidarity Worldwide, 'Burma: Visit to the Thailand–Burma Border and Malaysia', February 2008

23 South, 159

24 Christian Solidarity Worldwide, 'Burma: Visit to the Thailand–Burma Border and Malaysia', February 2008

25 Christian Solidarity Worldwide, 'Burma: Visit to Kachin State', May 2009

26 Christian Solidarity Worldwide, 'Burma: Visit to Kachin State', 25 August–1 September 2006

27 Christian Solidarity Worldwide, 'Burma: Visit to Kachin State', May 2009

28 Benedict Rogers, 'Carrying the Cross: the military regime's campaign of restriction, discrimination and persecution against Christians in Burma', Christian Solidarity Worldwide, 2007, 40

29 Christian Solidarity Worldwide, 'Burma: Visit to Kachin State', 25 August–1 September 2006

30 Christian Solidarity Worldwide, 'Burma: Visit to Kachin State', May 2009

31 BBC, 'Burma dam: work halted on divisive Myitsone project', 30 September 2011

32 Ibid.

33 Kachin News Group, 'Over 1,000 HIV positive patients in 2008: KIO', 3 December 2008

34 Kachin News Group, 'Battle Between Burmese Army and Kokang Intensifies', 29 August 2009

35 Michael Sainsbury, 'Burma Death Toll Reaches 500', *Australian*, 2 September 2009

36 *International Herald Tribune*, 'A Rebel Stronghold in Myanmar on Alert', 5 November 2009

37 Kachin News Group, 'KIA on high alert after clashes in Kokang territory', 28 August 2009

38 Ben Blanchard, 'China raps Myanmar after recent border unrest', Reuters, 25 September 2009

39 KIO Central Committee, Ref: #272/M-1/CC/2009, 7 October 2009

40 Peter Janssen, 'Post-election offensive feared against Myanmar rebel groups', Deutsche Press Agentur, 28 October 2010

41 *Economist*, 'Myanmar's Border with China', 25 November 2010

42 Christian Science Monitor, 'Cut out of Burma election, Kachin minority could turn guns on junta', 29 October 2010

43 Christian Solidarity Worldwide, 'Burma: Visit to Burma and Kachin ethnic group on the China–Burma Border', February 2012

44 Aung San Suu Kyi, 'Open letter to President Thein Sein, KIO, KNU, NMSP and SSA', International Crisis Group translation, 28 July 2011

45 Christian Solidarity Worldwide, 'Burma: Visit to Burma and Kachin ethnic group on the China–Burma Border', February 2012

第五章　西緬甸背負的十字架

1 Benedict Rogers, 'Carrying the Cross: the military regime's campaign of restriction, discrimination and persecution against Christians in Burma', Christian Solidarity Worldwide, 2007, 3

2 Christian Solidarity Worldwide, 'Burma: Visit to the India–Burma Border', 14–21 September 2007

3 Lian H. Sakhong, 'In Search of Chin Identity: A Study in Religion, Politics and Ethnic Identity in Burma', Nordic Institute of Asian Studies, 2003, 17

4 Ibid., 2

5 The Chinram is the name the Chin gave to their land, according to Lian H. Sakhong

6 Ibid., 85

7 Ibid., 21

8 Ibid., 21

9 Ibid., 86

10 Ibid., 87

11 Ibid., 87

12 Ibid., 88

13 Ibid., 95

14 Ibid., 96

15 Ibid., 101

16 Ibid., 98

17 Ibid., 102

18 Ibid., 101

19 Ibid., 107

20 Ibid., 108

21 Ibid., 110

22 Ibid., 11

23 Ibid., 116

24 Ibid., 119

25 Ibid., 119

26 Ibid., 126

27 Ibid., 131

28 Ibid., 131

29 Ibid., 132

30 Ibid., 131

31 Ibid., 136–37

32 Ibid., 244

33 Salai Bawi Lian Maung, 'The Persecution of Chin Christians in Burma', Chin Human Rights Organisation, presentation to the Sixth Hong Kong Christian Human Rights Conference, November 2005

34 Chin Human Rights Organisation, 'Religious Persecution: A Campaign of Ethnocide Against Chin Christians in Burma', 52

35 Ibid., 53

36 Ibid., 55

37 Chin Human Rights Organisation, 'Junta Coerces Chin Christians to Pull Down Cross', 29 June 2002

38 *Irrawaddy*, 'Junta closes popular Rangoon church', 9 September 2005

39 Benedict Rogers, 'Carrying the Cross: the military regime's campaign of restriction, discrimination and persecution against Christians in Burma', Christian Solidarity Worldwide, 2007, 37

40 Ibid., 36

41 Christian Solidarity Worldwide: 'Burma: CSW, HART and Norwegian Mission to the East Visit to the India–Burma Border', 3–9 March 2006

42 Chin Human Rights Organisation, 'Religious Persecution: A Campaign of Ethnocide Against Chin Christians in Burma', 9

43 Assist News, 'Exiled Chin Protest in Front of Burmese Embassy in India', 26 January 2005

44 Christian Solidarity Worldwide, 'CSW Condemns Crackdown on Churches in Rangoon', 15 January 2009

45 Martin Smith, *Burma: Insurgency and the Politics of Ethnicity*, 2ed Books, 1999, 45

46 Benedict Rogers, 'Carrying the Cross: the military regime's campaign of restriction, discrimination and persecution against Christians in Burma', Christian Solidarity Worldwide, 2007, 17

47 Christian Solidarity Worldwide, 'Burma: CSW UK/Australia Visit to the Chin and Kachin Refugees in India', 2–9 March 2004

48 Daniella Nayu, 'An enduring byproduct of war', Democratic Voice of Burma, 20 July 2009

49 Human Rights Watch, 'Burma: "We Are Like Forgotten People" – The Chin People of Burma: Unsafe in Burma, Unprotected in India', 2009, 33

50 Daniella Nayu, 'An enduring byproduct of war', Democratic Voice of Burma, 20 July 2009

51 Christian Solidarity Worldwide, 'Burma: Visit to the India–Burma Border', 10–25 November 2009

52 Chin Human Rights Organisation, 'On the Edge of Survival: The Continuing Rat Infestation and Food Crisis in Chin State, Burma', 2009, 1

53 Ibid., 2

54 Benny Manser, 'Lessons not learnt from Cyclone Nargis and Karen State', *Burma*, 29 October 2008

55 Christian Solidarity Worldwide, 'Burma: Visit to the India–Burma Border', 10–15 November 2009

56 Chin Human Rights Organisation, 'On the Edge of Survival: The Continuing Rat Infestation and Food Crisis in Chin State, Burma', 2009, 2

57 Christian Solidarity Worldwide, 'Burma: Visit to the India–Burma Border', 15–30 November 2010

58 Chin Human Rights Organisation, 'On the Edge of Survival,' 12

59 Christian Solidarity Worldwide: 'Burma: CSW, HART and Norwegian Mission to the East Visit to the India–Burma Border', 3–9 March 2006

60 Christian Solidarity Worldwide, 'Burma: Visit to the India–Burma Border', 15–30 November 2010

61 Ibid.

62 Christian Solidarity Worldwide, 'Burma: Visit to the Thailand–Burma Border and Malaysia', February 2008

63 Christian Solidarity Worldwide, 'Burma: Visit to the India–Burma Border', 10–25 November 2009

第六章　一個沒有國家的民族

1 Christian Solidarity Worldwide, 'Burma: Visit to the Bangladesh–Burma Border', 26–31 August 2008

2 Ibid.

3 Refugees International, 'Rohingya: Burma's Forgotten Minority', 18 December 2008

4 Chris Lewa, 'Testimony to the US Commission on International Religious Freedom', 3 December 2007

5 Christian Solidarity Worldwide, 'Burma: Visit to the Bangladesh–Burma Border', 26–31 August 2008

6 Ibid.

7 Ibid.

8 Ibid.

9 National Coalition Government of the Union of Burma, Office of the Prime Minister, Position Paper on Persecution of Muslims in Arakan State, 24 September 1992

10 Ibid.

11 Euro-Burma Office, 'The Rohingyas: Bengali Muslims or Arakan Rohingyas?', EBO Briefing Paper No.2, 2009

12 Ibid.

13 Dr Abdul Karim, 'The Rohingyas: A Short Account of their History and Culture', Arakan Historical Society, Chittagong, 2000, 7

14 Ibid., 14

15 Arakan Rohingya National Organisation, 'NCGUB pushing the Rohingya from the frying-pan into the fire', 13 February 2009 – http://www.rohingya.org/index.php?option=com_content&task=view&id=229&Itemid=39

16 Martin Smith, 'The Muslim Rohingya of Burma', paper delivered at a conference organised by Burma Centrum Netherlands, 11 December 1995 –http://www.rohingya.org/index.php?option=com_content&task=view&id=75&Itemid=33

17 San Oo Aung – http://sanooaung.wordpress.com/2008/01/22/burmas-firstpresident-sao-shwe-thaikes-support-of-burmese-muslims/, 22 January 2008

18 Euro-Burma Office, 'The Rohingyas: Bengali Muslims or Arakan Rohingyas?',EBO Briefing Paper No.2, 2009

19 Martin Smith, 'The Muslim Rohingya of Burma', paper delivered at a conference organised by Burma Centrum Netherlands, 11 December, 1995

20 Errol da Silva, 'Why the Muslims are fleeing Burma', *Bangkok Post*, 31 May 1981

21 Christian Solidarity Worldwide, 'Burma: Visit to the Bangladesh–Burma Border', 26–31 August 2008

22 *Nation*, 'Thailand says 126 Rohingya boat people "escorted" to sea already', 23 January 2009

23 CNN, 'Probe questions fate of refugees in Thailand', 26 January 2009 – http://edition.cnn.com/2009/WORLD/asiapcf/01/25/thailand.refugees/index.html#cnnSTCVideo

24 Ibid. – http://edition.cnn.com/2009/WORLD/asiapcf/01/25/thailand.refugees/index.html#cnnSTCText

25 John Carlin, 'The terrifying voyage of Burma's boat people', *Independent*, 24 November 2009

26 ALTSEAN Burma, 'Rohingya, Asylum Seekers & Migrants from Burma: A Human Security Priority for ASEAN', 30 January 2009

27 27 *Mizzima News*, 'Burmese consular says Rohingya do not belong to Burma', 13 February 2009 – http://www.mizzima.com/news/breaking-and-newsbrief/ 1708-burmese-consular-says-rohingya-do-not-belong-to-burma.htmland http://democracyforburma.wordpress.com/2009/02/14/burmese-consularsays-rohingya-do-not-belong-to-burma/

28 Bertil Lintner, 'Religious Extremism and Nationalism in Bangladesh', a paper presented at an international workshop on Religion and Security in South Asia at the Asia Pacific Center for Security Studies in Honolulu, Hawaii, 19–22 August 2002 –http://www.asiapacificms.com/

papers/pdf/religious_extremism_bangladesh.pdf

29 Bertil Lintner, 'Bangladesh: breeding ground for Muslim terror', *Asia Times*, 21 September 2002 – http://www.atimes.com/atimes/South_Asia/DI21Df06.html

30 30 Euro-Burma Office, 'The Rohingyas: Bengali Muslims or Arakan Rohingyas?',EBO Briefing Paper No.2, 2009

31 Christian Solidarity Worldwide, 'Burma: Visit to the Bangladesh–Burma Border', 26–31 August 2008

32 Ibid.

第七章　逃兵與孩子兵

1 Samuel Blythe, 'Myanmar's army document spotlights low morale', *Jane's Defence Weekly*, 4 April 2007

2 Min Lwin, 'Burmese Armed Forces Day Celebrated in Naypyidaw', *Irrawaddy*, 27 March 2009

3 Kachin News Group, 'Ethnic soldiers in Burma Army discriminated against', 29 September 2009

4 Kachin News Group, 'Twenty fresh desertions from Burmese Army in Kachin State', 24 September 2009

5 Narinjara News, 'Burma army faces increasing desertion', 15 September 2007

6 Christian Solidarity Worldwide, 'Visit to the Thai-Burma Border', November 2002

7 Benedict Rogers, *A Land Without Evil: Stopping the Genocide of Burma's Karen People*, 238

8 Ibid., 239

9 Christian Solidarity Worldwide, 'Visit to the Thai–Burma Border', November 2002

10 Christian Solidarity Worldwide, 'Visit to Kachin State, Burma', 25 August–1September 2006

11 Christian Solidarity Worldwide, 'Visit to the Thai-Burmese Border', 19 October–4 November 2005

12 Ibid.

13 Christian Solidarity Worldwide, 'Visit to the Thailand–Burma Border', 16–28 November 2007

14 *Mizzima News*, 'Ailing Prime Minister to go back to Burma, Rangoon commander ousted', 1 October 2007

15 Associated Press, 'Generals, soldiers detained for refusing to shoot monks in Myanmar', 10 October 2007

16 Matthew Weaver, 'Burmese army major defects to Thailand', *Guardian*, 3 October 2007

17 BBC, 'Diplomat resigns over Burmese monks', 9 October 2007

18 Christian Solidarity Worldwide, 'Visit to the Thailand-Burma Border', 16–28 November 2007

19 Christian Solidarity Worldwide, 'Visit to the Chin and Kachin Refugees in India', 2–9 March 2004 – Appendix: Testimony of a Defector

20 Christian Solidarity Worldwide, 'Visit to the Thailand-Burma Border', 20 January–10 February 2009
21 Radio Free Asia, 'We All Want Democracy', 30 July 2009 –http://www.rfa.org/english/news/burma/democracy-07302009190128.html?textonly=1
22 Richard Lloyd Parry, 'Burma: Than Shwe "ordered troops to execute villagers"', *The Times*, 7 June 2008
23 Aung Lynn Htut, 'Than Shwe Maneuvers to Retain Power', *Irrawaddy*, 24 June 2009
24 Democratic Voice of Burma, 'Engaging with the military regime', 23 September 2008 –http://english.dvb.no/news.php?id=1781

第八章　政治犯與刑求室

1 BBC Burmese.com, 'Student activists claim they have half a million signatures', 24 October 2006
2 Democratic Voice of Burma, '88 Generation to step up peaceful protests', 21 May 2007
3 Richard Lloyd Parry, 'Burma activists sentenced to 65 years each in draconian crackdown', *The Times*, 12 November 2008
4 Assistance Association for Political Prisoners (Burma), 'ABFSU member sentenced to 104 years in jail', 14 January 2009 – http://www.aappb.org/ ABFSU_member_sentenced_to_104_years.PDF
5 Assistance Association for Political Prisoners (Burma), 'Political Prisoner Profile: U Khun Tun Oo', 11 July 2009 – http://www.aappb.org/bio_pdf/Khun_Tun_Oo_bio_11_July_2009.pdf
6 BBC, 'Burmese comic jailed for 45 years', 21 November 2008 – http://news.bbc.co.uk/1/hi/7741653.stm
7 Ibid., 9
8 Andrew Harding, 'On the run in Burma', 22 September 2007 –http://news.bbc.co.uk/1/hi/programmes/from_our_own_correspondent/7006506.stm
9 Human Rights Watch, 'Burma's Forgotten Prisoners', 26
10 Than Htike Oo, '88 generation activist Nilar Thein arrested', *Mizzima News*, 11September 2008
11 Human Rights Watch, 'Burma's Forgotten Prisoners', 27
12 Andrew Buncombe, 'Burmese democracy activist: "I don't know how I kept my sanity"', *Independent*, 25 September 2008
13 Richard Lloyd Parry, 'Burma activists sentenced to 65 years each in draconian crackdown', *The Times*, 12 November 2008
14 Peter Popham, 'Burmese cameraman jailed for defying regime', *Independent*, 18 November 2009

15 15 Awzar Thi, 'Breaking Burma's Official Secrets', United Press International, 5February 2009
16 *Mizzima*, 'Another 20-year prison term for undercover reporter Hla Hla Win', 5 January 2010
17 Assistance Association for Political Prisoners (Burma), 'Burma's Prisons and Labor Camps: Silent Killing Fields', May 2009, 2
18 Assistance Association for Political Prisoners (Burma), 'Eight Seconds of Silence: The Death of Democracy Activists Behind Bars', 29
19 Christian Solidarity Worldwide, 'Burma: Visit to the Thai-Burmese Border', November 2006
20 Assistance Association for Political Prisoners (Burma), 'Female political prisoner Tin Tin Htwe Mae Pae died in prison', 24 December 2009
21 Amnesty International, 'Urgent Action: Medical Treatment Needed Immediately', 3 December 2009
22 Human Rights Watch, 'Burma's Forgotten Prisoners', September 2009
23 Radio Free Asia, 'Burmese prisoners killed after cyclone', 30 January 2009
24 Radio Free Asia, '"Burma dissidents" visits restricted', 17 March 2009
25 Phil Thornton, 'The forgotten political prisoners', *Bangkok Post*, 30 August 2009
26 Ko Bo Kyi, 'Lifting Burma sanctions will not silence the screams', *Nation*, 31 October 2009
27 email correspondence with the author, 3 November 2009
28 Assistance Association for Political Prisoners (Burma), 'The Darkness We See: Torture in Burma's Interrogation Centers and Prisons', 2005
29 Ibid., 15
30 Ibid., 15
31 Ibid., 15
32 Democratic Voice of Burma, 'They forced me to kneel like a dog', 2 November 2009
33 Human Rights Watch, 'Burma's Forgotten Prisoners', 10
34 Christian Solidarity Worldwide, 'Burma: Visit to the Chin Peoples on the India-Burma Border', 3–9 March 2006
35 Christian Solidarity Worldwide, 'Burma: Visit to the India-Burma Border', 14–21 September 2007
36 Christian Solidarity Worldwide, 'Burma: Visit to the Chin Peoples on the India-Burma Border', 3–9 March 2006
37 Christian Solidarity Worldwide, 'Burma: Visit to the India-Burma Border', 14–21 September 2007
38 Christian Solidarity Worldwide, 'Burma: Visit to the Chin Peoples on the India-Burma Border', 3–9 March 2006
39 Christian Solidarity Worldwide, 'Burma: Visit to the India-Burma Border', 14–21 September 2007
40 Christian Solidarity Worldwide, 'Burma: Visit to the Chin Peoples on the India-Burma

Border', 3–9 March 2006

41 Christian Solidarity Worldwide, 'Burma: Visit to the India-Burma Border', 14–21 September 2007

42 Assistance Association for Political Prisoners (Burma), 'The Darkness We See: Torture in Burma's Interrogation Centers and Prisons', 16

43 Christian Solidarity Worldwide, 'Burma: Visit to the Thai-Burmese Border', November 2006

44 Ibid.

45 Phil Thornton, 'The forgotten political prisoners', *Bangkok Post*, 30 August 2009

46 Assistance Association for Political Prisoners (Burma), 'The Future in the Dark: The Massive Increase in Burma's Political Prisoners', September 2008

47 Assistance Association for Political Prisoners (Burma), 'Chronology of Political Prisoners in Burma', February 2009

48 ALTSEAN, 'New US Policy: An Alibi for Regional Complacency', 5 November 2009

49 ALTSEAN, 'Burma Bulletin', Issue 33, September 2009

50 Christian Solidarity Worldwide, 'Burma: Visit to the Thai-Burmese Border', November 2006

51 James Mawdsley, *The Heart Must Break: The Fight for Democracy and Truth in Burma*, 147

52 Ibid., 159

53 Ibid., 308

54 Ibid., 369

55 Ibid., 372–3

56 Wa Wa Kyaw, 'Junta Exacts Revenge on American Citizen', *Nation*, 10 December 2009

57 Ibid.

58 Glenn Kessler, 'Little focus put on U.S. man jailed in Myanmar', *Washington Post*, 24 December 2009

59 Ko Bo Kyi, 'Lifting Burma sanctions will not silence the screams', *Nation*, 31 October 2009

60 Tom Parry, 'Suu Kyi's Right Hand Man', *Irrawaddy*, 19 September 2009

第九章　斑斑血跡與隨處散落的拖鞋：番紅花革命

1 Christian Solidarity Worldwide, 'Burma: Visit to the Thailand-Burma Border and Malaysia', February 2008

2 Christian Solidarity Worldwide, 'Burma: Visit to the Bangladesh-Burma Border', 26–31 August 2008

3 Human Rights Watch, 'Crackdown: Repression of the 2007 Popular Protests in Burma', 34

4 National Coalition Government of the Union of Burma (NCGUB), Human Rights Documentation Unit, 'Bullets in the Alms Bowl: An Analysis of the Brutal SPDC Suppression of the September 2007 Saffron Revolution', 27

5 Human Rights Watch, 'Crackdown: Repression of the 2007 Popular Protests in Burma', 35
6 Ibid., 37
7 Christian Solidarity Worldwide, 'Burma: Visit to the Bangladesh-Burma Border', 26–31 August 2008
8 Human Rights Watch, 'Crackdown: Repression of the 2007 Popular Protests in Burma', 38
9 Ibid., 40
10 Christian Solidarity Worldwide, 'Burma: Visit to the Thailand-Burma Border and Malaysia', February 2008
11 Human Rights Watch, 'Crackdown: Repression of the 2007 Popular Protests in Burma', 40
12 Ibid., 41
13 Ibid., 42–3
14 Ibid., 44
15 All Burma Monks Alliance, 'Statement of People's Alliance Formation Committee to the Entire Clergy and the People of the Whole Country', 21 September 2007
16 Human Rights Watch, 'Crackdown: Repression of the 2007 Popular Protests in Burma', 53
17 National Coalition Government of the Union of Burma (NCGUB), Human Rights Documentation Unit, 'Bullets in the Alms Bowl: An Analysis of the Brutal SPDC Suppression of the September 2007 Saffron Revolution', 47
18 Ibid., 48
19 Christian Solidarity Worldwide, 'Burma: Visit to the Bangladesh-Burma Border', 26–31 August 2008
20 Ibid.
21 Ibid.
22 Christian Solidarity Worldwide, 'Burma: Visit to the Thailand-Burma Border and Malaysia', February 2008
23 Christian Solidarity Worldwide, 'Burma: Visit to the Thailand-Burma Border', 16–28 November 2007
24 Christian Solidarity Worldwide, 'Burma: Visit to the Thailand-Burma Border and Malaysia', February 2008
25 Christian Solidarity Worldwide, 'Burma: Visit to the Bangladesh-Burma Border', 26–31 August 2008
26 Ibid.
27 Christian Solidarity Worldwide, 'Burma: Visit to the Thailand-Burma Border and Malaysia', February 2008
28 Ibid.
29 Ibid.
30 Christian Solidarity Worldwide, 'Burma: Visit to the Thailand-Burma Border', 16–28

November 2007

31 Christian Solidarity Worldwide, 'Burma: Visit to the Bangladesh-Burma Border', 26–31 August 2008

32 Christian Solidarity Worldwide, 'Burma: Visit to the Thailand-Burma Border', 16–28 November 2007

33 Christian Solidarity Worldwide, 'Burma: Visit to the Thailand-Burma Border and Malaysia', February 2008

34 Ibid.

35 Ibid.

36 Christian Solidarity Worldwide, 'Burma: Visit to the Bangladesh-Burma Border', 26–31 August 2008

37 Ibid.

38 Christian Solidarity Worldwide, 'Burma: Visit to the Thailand-Burma Border', 16–28 November 2007

39 Ibid.

40 BBC, 'Burma censor chief calls for more media freedom', 8 October 2011 – http://www.bbc.co.uk/news/world-asia-pacific-15227175

41 Christian Solidarity Worldwide, 'Burma: Visit to the Thailand-Burma Border and Malaysia', February 2008

第十章　颶風納吉斯

1 Steve Jackson, 'Was Burma's cyclone predicted?', BBC News, 6 May 2008 – http://news.bbc.co.uk/1/hi/world/asia-pacific/7386695.stm

2 Cardinal Keith Patrick O'Brien, Cardinal Archbishop of the Archdiocese of St Andrews and Edinburgh, Report on Pastoral Visit to Myanmar/Burma, 19–31 January 2009

3 Ibid.

4 Christian Solidarity Worldwide, 'Burma: Visit to the Thailand-Burma Border', 20 January–10 February 2009

5 Emergency Assistance Team (EAT) and Johns Hopkins Bloomberg School of Public Health, 'After the Storm: Voices from the Delta', March 2009, 8

6 Ibid., 33

7 Christian Solidarity Worldwide, 'Burma: Visit to the Thailand-Burma Border', 20 January–10 February 2009

8 Free Burma Rangers, 'As thousands suffer the effects of Cyclone Nargis, villagers suffer continued brutality by the Burma Army in Karen State', 9 May 2009 – http://www.freeburmarangers.org/Reports/2008/20080509b.html

9 ABC News, 'Burma aid curbs driving up death toll: Opposition', 10 May 2008 – http://www.abc.net.au/news/stories/2008/05/10/2241057.htm

10 Benedict Rogers, 'Ignore the junta', *Guardian*, 13 May 2008 – http://www. guardian.co.uk/commentisfree/2008/may/13/ignorethejunta

11 Benedict Rogers, 'Tea with a dictator', *Guardian*, 31 May 2008 – http://www. guardian.co.uk/commentisfree/2008/may/31/teawithadictator

12 Matthew Weaver, 'Cyclone Nargis: one month on, US accuses Burma of criminal neglect', *Guardian*, 2 June 2008 – http://www.guardian.co.uk/world/2008/jun/02/burma.cyclonenargis

13 13 Alan Brown, 'Myanmar cyclone: Burma junta is killing its own people, says West', *Daily Telegraph*, 17 May 2008 – http://www.telegraph.co.uk/news/worldnews/asia/burmamyanmar/1976611/Myanmar-cyclone-Burma-junta-iskilling-its-own-people-says-West.html

14 14 David Cameron, 'If the generals will not let in the *aid, they must* face trial', *Independent*, 1 June 2008 – http://www.independent.co.uk/opinion/ commentators/david-cameron-if-the-generals-will-not-let-in-the-aid-theymust-face-trial-837683.html

15 Elana Schor, 'Laura Bush urg*es Burma to acc*ept US aid', *Guardian, 5* May 2008– http://www.guardian.co.uk/world/2008/may/05/burma.usa

16 UN News Center, 'Myanmar's leader agrees to open access to foreign aid workers – Ban Ki-moon', 23 May 2008 – http://www.un.org/apps/news/story.asp?NewsID=26773&Cr=Myanmar&Cr1

17 The Center for Peace and Conflict Studies, 'Listening to Voices from Inside: Myanmar Civil Society's Response to Cyclone Nargis', 152

18 Ibid., 175

19 Al-Jazeera, 'Myanmar hosts cyclone aid meeting', 25 May 2008 – http://english.aljazeera.net/news/asia-pacific/2008/05/200861503218669523.html

20 'Co-operation with United Nations Cornerstone of Myanmar's Foreign Policy',*New Light of Myanmar*, 24 October 2008

21 'The enemy who is more destructive than Nargis', *New Light of Myanmar*, 8 June 2008

22 The Center for Peace and Conflict Studies, 'Listening to Voices from Inside:Myanmar Civil Society's Response to Cyclone Nargis', 150

23 Emergency Assistance Team (EAT) and Johns Hopkins Bloomberg School of Public Health, 'After the Storm: Voices from the Delta', March 2009, 9

24 Ajesh Patalay, 'Children of the Cyclone', *Telegraph Magazine*, 21 May 2009

25 Christian Solidarity Worldwide, 'Burma: Visit to the Thailand-Burma Border',20 January–10 February 2009

26 Myanmar/Burma Emergency Aid Network, 'Cyclone Nargis relief and early recovery work – report from the field', 10 May–31 July 2008 – www.BurmaRelief.org

27 The Centre for Peace and Conflict Studies, 'Listening to Voices from Inside:Myanmar Civil Society's Response to Cyclone Nargis', 188

28 Human Rights Watch, 'Burma's Forgotten Prisoners', September 2009, 19

29 Ibid., 21

30 Matt Prodger, 'Storm victims' misery turns to fury', BBC, 2 June 2008 –http://news.bbc.co.uk/1/hi/7430867.stm

31 Human Rights Watch, 'Burma's Forgotten Prisoners', September 2009, 10

32 Human Rights Watch, ' "I Want To Help My Own People": State Control and Civil Society in Burma after Cyclone Nargis', April 2010, 30

33 Andrew Marshall, 'Burma's Woes: A Threat to the Junta', *Time*, 20 May 2008

34 The Centre for Peace and Conflict Studies, 'Listening to Voices from Inside: Myanmar Civil Society's Response to Cyclone Nargis', viii

35 Ibid., 188

36 這故事是這樣的：有個男子來到一處海灘，海灘上堆滿數不勝數、擱淺在灘上的海星。他於是開始撿起海星，丟回海中。另一人上前問道，「這裡這麼多海星，你這麼做又能造成什麼影響？」這男子又撿起一個海星往海裡丟，一邊答道，「至少對這個海星有影響。」

第十一章　脫下軍服，但仍然掌權

1 VOA News, 'Thailand Suggests Road Map for Burma', by Ron Corben, 20 July 2003

2 *Asiaweek*, 'Myanmar: No Talking Here', 8 December 1995

3 Fink, 74

4 Ibid., 75

5 Christian Solidarity Worldwide, 'Burma: Visit to Kachin State', May 2009

6 Human Rights Watch, 'Vote to Nowhere: The May 2008 Constitutional Referendum in Burma', 21

7 Institute for Political Analysis and Documentation (IPAD), 'No Real Choice: An Assessment of Burma's 2008 Referendum', 26

8 Human Rights Watch, 'Vote to Nowhere: The May 2008 Constitutional Referendum in Burma', 23–4

9 The Public International Law & Policy Group, 'Burmese Constitutional Referendum: Neither Free Nor Fair', May 2008, 10–11

10 Ibid., 35

11 Ibid., 37

12 *Irrawaddy*, 'Massive cheating reported from referendum polling stations', 10 May 2008 – http://www.irrawaddy.org/article.php?art_id=11923

13 Institute for Political Analysis and Documentation (IPAD), 'No Real Choice: An Assessment of Burma's 2008 Referendum', 34

14 Ibid., 23

15 Ibid., 36

16 Ibid., 37

17 Christian Solidarity Worldwide, 'Burma: Visit to the Bangladesh-Burma Border', 26–31 August 2008

18 Zipporah Sein, 'Burma's New Constitution: A Death Sentence for Ethnic Diversity', *Irrawaddy*, 13 October 2009

19 Human Rights Watch, 'Vote to Nowhere: The May 2008 Constitutional Referendum in Burma', 44–5

20 Ibid., 46

21 International Center for Transitional Justice, 'Impunity Prolonged: Burma and its 2008 Constitution', 3

22 Ibid., 4

23 Saw Yan Naing, 'Constitutional crisis over the Border Guard Force?', *Irrawaddy*, 16 July 2009

24 U Win Tin, 'An "Election" Burma's People Don't Need', *Washington Post*, 9 September 2009

25 25 National Coalition Government of the Union of Burma (NCGUB), 'Proposal for National Reconciliation: Towards Democracy and Development', 2009, 1 - http://www.ncgub.net/NCGUB/mediagallery/download85d1.pdf?mid=20091023154306771

26 Christian Solidarity Worldwide, *Burma:* 'Visit to Kachin State', May 2009

27 Richard Lloyd Parry, 'Spy novels, an out-of-tune piano and meditation: Suu Kyi faces another 18 months of solitude', *The Times*, 12 August 2009

28 Andrew Heyn, 'Burma's USDP is heading for election victory, by hook or by crook', *Guardian*, 3 November 2010 – http://www.guardian.co.uk/world/ blog/2010/nov/03/burma-usdp-election

29 Christian Solidarity Worldwide, 'Burma: Visit to the India-Burma Border', 15–30 November 2010

30 ALTSEAN-Burma, Election Watch 2010 – Political Parties Statements – http://www.altsean.org/Research/2010/Resources/Statements/Parties.php?pageNum_rs_statements=5

31 U Win Tin, 'An "Election" Burma's People Don't Need', *Washington Post*, 9 September 2009

32 'Myanmar's First Budget in Decades', AFP, 12 February 2012

33 Phoebe Kennedy, 'Supporters receive a message of hope from their heroine', *Independent*, 15 November 2010

34 Kenneth Denby, 'Suu Kyi challenges generals: politics belongs to everyone', *The Times*, 15 November 2010

35 BBC, 'Suu Kyi: Burma democracy in my lifetime', 5 January 2012

36 AFP, 'Myanmar's Suu Kyi "could get government role"', 8 January 2012
37 BBC, 'Suu Kyi: Burma democracy in my lifetime', 5 January 2012
38 Quoted in *Irrawaddy*, 'Is Than Shwe Still Pulling the Strings?', 9 December 2011 – http://www.irrawaddy.org/article.php?art_id=22629
39 As quoted in Shway Yoe, *The Burman: His Life and Notions*, Macmillan, 1910,383

第十二章　未知的未來？

1 Associated Press, 'Suu Kyi says Myanmar's powerful military could still halt progress to democracy', 5 January 2012
2 Kenneth Denby, 'Democracy reforms are a ploy by generals to scupper SuuKyi's power, activist warns', *The Times*, 5 January 2012
3 Andrew Drummond, 'Glenys Kinnock smuggles Suu Kyi video from Burma', *The Times*, 11 November 1996
4 'The Protest Network: social networking is an awesome tool for democracy.In their support for Egyptian protestors, Google and Twitter have emerged aspowerful political actors', *The Times*, 2 February 2011
5 Aung San Suu Kyi, *Freedom from Fear*, 212
6 Quoted in Malavika Karlekar, 'Imagining the Lady: the media have made Suu Kyi's struggle visible', *Telegraph*, 8 January 2012

後記

1 Archbishop Charles Bo, 'Burma needs tolerance to reach its potential',*Washington Post*, 13 June 2014 – http://www.washingtonpost.com/opinions/burma-needs-tolerance-to-reach-its-potential/2014/06/13/6e5d3c92-ea90-11e3-93d2-edd4be1f5d9e_story.html
2 Human Rights Watch, 'All You Can Do is Pray: Crimes Against Humanity and Ethnic Cleansing of Rohingya Muslims in Burma's Arakan State', 22 April 2013 – https://www.hrw.org/report/2013/04/22/all-you-can-do-pray/crimes-againsthumanity-and-ethnic-cleansing-rohingya-muslims
3 Ibid.
4 Saw Yan Naing, 'UNHCR Rejects Rohingya Resettlement Suggestion', *Irrawaddy*, 13 July 2012 – http://www.irrawaddy.org/burma/unhcr-rejectsrohingya- resettlement-suggestion.html
5 Fortify Rights, 'Policies of Persecution', February 2014 – http://www. fortifyrights.org/downloads/Policies_of_Persecution_Feb_25_Fortify_Rights.pdf
6 Fortify Rights, 'Myanmar: Abolish Abusive Restrictions and Practices Against Rohingya Muslims', 25 February 2014 – http://www.fortifyrights.org/publication-20140225.html

7 Michelle Nicholls, 'Rohingya camp conditions in Myanmar "appalling" – UN official', Reuters, 18 June 2014 – http://in.reuters.com/article/2014/06/17/myanmar-un-aid-idINKBN0ES2NW20140617

8 BBC, 'Burma camp for Rohingyas "dire" – Valerie Amos', 5 December 2012 –http://www.bbc.co.uk/news/world-asia-20615778

9 UN, 'UN rights expert urges Myanmar authorities to address signs of backtracking', 18 March 2015 – http://www.un.org/apps/news/story.asp?NewsID=50364#.VdIP3vlViko

10 Burmese Rohingya Organisation UK, 'Briefing on The Humanitarian Crisis in Rakhine State', December 2014 – http://burmacampaign.org.uk/media/The- Humanitarian-Crisis-Of-Rohingya-In-Rakhine-State.pdf

11 BBC, 'Buddhist mobs "target aid workers" in Myanmar's Rakhine', 27 March 2014 – http://www.bbc.co.uk/news/world-asia-26763083

12 Physicians for Human Rights, 'Massacre in Central Burma: Muslim Students Terrorised and Killed in Meiktila', May 2013 – https://s3.amazonaws.com/ PHR_Reports/Burma-Meiktila-Massacre-Report-May-2013.pdf

13 BBC, 'One killed in Burma Oakkan town religious violence', 1 May 2013 – http://www.bbc.co.uk/news/world-asia-22362992

14 Mizzima, 'Hidden hands stoked Mandalay communal violence: NGO', 23 March 2015 – http://www.mizzima.com/news-domestic/%E2%80%98hiddenhands% E2%80%99-stoked-mandalay-communal-violence-ngo

15 Christian Solidarity Worldwide, 'Burma: Visit Report, April 2013', – file:///C:/Users/Ben%20Rogers/Downloads/csw-briefing-burma-april-2013.pdf

16 BBC, 'Ashin Wirathu: Myanmar and its vitriolic monk', 23 January 2015 –http://www.bbc.co.uk/news/world-asia-30930997

17 CNN, 'Top UN official slams Myanmar monk over "whore" comments', 22January 2015 – http://edition.cnn.com/2015/01/22/world/myanmar-unitednations-wirathu/

18 Lawi Weng, 'The Rise and Rise of the Ma Ba Tha Lobby', *Irrawaddy*, 10 July 2015 – http://www.irrawaddy.org/commentary/the-rise-and-rise-of-the-maba-tha-lobby.html

19 Feliz Solomon, 'Burma Parliament Approves Contentious Race and Religion Bills', *Irrawaddy*, 20 August 2015 – http://www.irrawaddy.org/burma/burmaparliament- approves-contentious-race-and-religion-bills.html

20 BBC, 'Myanmar court finds trio guilty of insulting religion', 17 March 2015 –https://www.youtube.com/watch?v=c3DcChXNyYQ

21 CSW, 'Democracy activist given prison sentence', 5 June 2015 – http://www.csw.org.uk/2015/06/05/news/2612/article.htm

22 Statement of the Special Rapporteur on the Situation of Human Rights in Myanmar, 26 July 2014 - http://www.ohchr.org/EN/NewsEvents/Pages/DisplayNews.aspx?NewsID=14909&

23 BBC, 'Burmese leader defends "anti-Muslim" monk Ashin Wirathu', 24 June2013 – http://www.bbc.co.uk/news/world-asia-23027492

24 Benedict Rogers, 'Indonesia and Myanmar: Tackling Religious Violence', Tony Blair Faith Foundation, 1 April 2015 – http://tonyblairfaithfoundation.org/religion-geopolitics/commentaries/opinion/indonesia-and-myanmar-tacklingreligious-intolerance

25 Christian Solidarity Worldwide, 'Burma: Visit Report, April 2013', – file:///C:/Users/Ben%20Rogers/Downloads/csw-briefing-burma-april-2013.pdf

26 BBC, 'Burma's President Thein Sein warns "extremists"', 28 March 2013 –http://www.bbc.co.uk/news/world-asia-21968040

27 *Wall Street Journal*, 'Myanmar Cardinal Charles Maung Bo To Work Toward Religious Tolerance', 7 January 2014 – http://www.wsj.com/articles/myanmar-cardinal-charles-maung-bo-to-amplify-plea-for-religioustolerance-1420611495

28 BBC, 'Myanmar's strongman gives rare BBC interview', 20 July 2015 – http://www.bbc.co.uk/news/world-asia-33587800

參考書目

1 Ad hoc Commission on Depayin Massacre. 'Preliminary Report of the Ad hoc Commission on Depayin Massacre (Burma), July 4, 2003'. Bangkok. 2004.

2 ALTSEAN Burma. 'Rohingya, Asylum Seekers & Migrants from Burma: A Human Security Priority for ASEAN'. Bangkok. 30 January 2009.

3 Amnesty International. 'Crimes against humanity in eastern Myanmar'. London. 5 June 2008.

4 Assistance Association for Political Prisoners (Burma). 'Burma's Prisons and Labour Camps: Silent Killing Fields'. Thailand. May 2009.

5 ——.'The Future in The Dark: The Massive Increase in Burma's Political Prisoners'. Thailand. September 2008.

6 ——. 'Eight Seconds of Silence: The Death of Democracy Activists Behind Bars'. Thailand. May 2006.

7 ——. 'The Darkness We See: Torture in Burma's Interrogation Centers and Prisons'. Thailand. December, 2005.

8 Aung Moe Htet, ed. *To Stand and Be Counted: The Suppression of Burma's Members of Parliament*. Bangkok: All Burma Students' Democratic Front (ABSDF) Documentation and Research Centre, 1998.

9 Aung San Suu Kyi. *Freedom from Fear and Other Writings*. London: Penguin Books, 1991.

10 ——. *The Voice of Hope: Conversations with Alan Clements*. London: Rider, 2008.

11 Aung Shwe, *et al.*, trans. and eds. *Letters to a Dictator, Correspondence from NLD Chairman Aung Shwe to the SLORC's Senior General Than Shwe*. Bangkok: All Burma Students' Democratic Front (ABSDF) Documentation and Research

Centre, 1997.
12 Back Pack Health Worker Team. 'Chronic Emergency: Health and Human Rights in Eastern Burma'. Mae Sot, Thailand. 2008.
13 Callahan, Mary. *Making Enemies, War and State Building in Burma.* Ithaca and London: Cornell University Press, 2003.
14 Centre for Peace and Conflict Studies. 'Listening to Voices from Inside: Myanmar Civil Society's Response to Cyclone Nargis'. 2009.
15 Charney, Michael. *A History of Modern Burma.* Cambridge: Cambridge University Press, 2009.
16 Chin Human Rights Organisation. 'Religious Persecution: A Campaign of Ethnocide Against Chin Christians in Burma', by Salai Za Uk Ling and Salai Bawi Lian Mang. 2004. www.chro.ca.
17 ——. 'Critical Point: Food Scarcity and Hunger in Burma's Chin State'.2008. www.chro.ca.
18 ——. 'On the Edge of Survival: The Continuing Rat Infestation and Food Crisis in Chin State, Burma'. 2009. www.chro.ca.
19 Christian Solidarity Worldwide fact-finding reports – see www.csw.org.uk.EarthRights International. 'Total Impact: The Human Rights,Environmental and Financial Impacts of Total and Chevron's YadanaGas Project in Military-Ruled Burma (Myanmar)'. September 2009.www.earthrights.org.
20 Egreteau, Renaud and Jagan, Larry. 'Back to the Old Habits: isolationism or the self-preservation of Burma's military regime'. Institute of Research on Contemporary South East Asia (IRASEC), Occasional Paper No. 7, 2008.
21 Emergency Assistance Team (EAT) and Johns Hopkins Bloomberg School of Public Health. 'After the Storm: Voices from the Delta'. March 2009.
22 Euro-Burma Office. 'The Rohingyas: Bengali Muslims or Arakan Rohingyas?' EBO Briefing Paper, No. 2, 2009.
23 Fink, Christina. *Militarisation in Burma's Ethnic States: Causes and Consequences.* London: Routledge, 2008.
24 ——. *Living Silence in Burma: Surviving Under Military Rule*, Second Edition.

London: Zed Books, 2009.

25 Gore-Booth, Paul. *With Great Truth and Respect: The Memoirs of Paul Gore-Booth*, London: Constable, 1974.

26 Houtman, Gustaaf. *Mental Culture in Burmese Crisis Politics: Aung San Suu Kyi and the National League for Democracy*. ILCAA Study of Languages and Cultures of Asia and Africa Monograph Series No. 33.Tokyo: Institute for the Study of Languages and Cultures of Asia and Africa, Tokyo University of Foreign Studies, 1999.

27 Human Rights Foundation of Monland. Women and Child Rights Project (WCRP). 'Nowhere Else To Go: An Examination of Sexual Trafficking and Related Human Rights Abuses in Southern Burma'. Thailand, August 2009.

28 ——. 'Catwalk to the Barracks: conscription of women for sexual slavery and other practices of sexual violence by troops of the Burmese military regime in Mon areas'. Thailand, July 2005.

29 Human Rights Watch. 'Sold to be Soldiers: The Recruitment and Use of Child Soldiers in Burma'. New York, Washington, London and Brussels, 2007.

30 ——. 'Crackdown: Repression of the 2007 Popular Protests in Burma'. New York, Washington, London and Brussels, 2007.

31 ——. 'Vote to Nowhere: The May 2008 Constitutional Referendum in Burma'. New York, Washington, London and Brussels, 2008.

32 ——. 'Burma: "We Are Like Forgotten People" – The Chin People of Burma: Unsafe in Burma, Unprotected in India'. New York, Washington, London and Brussels, 2009.

33 ——. 'Burma's Forgotten Prisoners.' New York, Washington, London and Brussels, 2009.

34 ——. ' "I Want To Help My Own People": State Control and Civil Society in Burma after Cyclone Nargis'. New York, Washington, London and Brussels, 2010.

35 Institute for Political Analysis and Documentation. 'No Real Choice: An Assessment of Burma's 2008 Referendum'. 2008.

36 International Human Rights Clinic, Harvard Law School. 'Crimes in Burma'. Cambridge, MA, May 2009.

37 Kachin Environmental Organisation. 'Damming the Irrawaddy'. Chiang Mai, Thailand, 2008.

38 Kin Oung. *Who Killed Aung San?* Bangkok: White Lotus, 1996.

39 Kivimaki, Timo and Morten Pedersen. 'Burma: Mapping the Challenges and Opportunities for Dialogue and Reconciliation'. A report by Crisis Management Initiative and Martti Ahtsaari Rapid Reaction Facility, 2008.

40 Koehler Johnson, Bernice. *The Shans: Refugees Without a Camp*. New Jersey: Trinity Matrix, 2009.

41 Lintner, Bertil. *Aung San Suu Kyi and Burma's Unfinished Resistance.* London: Peacock Press, 1990.

42 ——. *The Rise and Fall of the Communist Party of Burma (CPB).* Ithaca,NY: Southeast Asia Program, Cornell University, 1990.

43 ——. *Burma in Revolt: Opium and Insurgency since 1948.* 2nd ed. Chiang Mai: Silkworm Books, 1999.

44 ——. 'The Staying Power of the Burmese Military Regime'. Paper presented at a public forum on Burma, Aichi Gakuin University, Nagoya, Japan, 11–17 March 2009.

45 Lintner, Bertil and Black, Michael. *Merchants of Madness: The Methamphetamine Explosion in the Golden Triangle*. Chiang Mai: Silkworm Books, 2009.

46 Maung, Aung Myoe. 'A Historical Overview of Political Transition in Myanmar since 1988'. Asia Research Institute Working Paper Series No.95. Singapore: Asia Research Institute, National University of Singapore, August 2007.

47 Mawdsley, James. *The Heart Must Break: The Fight for Democracy and Truth in Burma*. London: Random House, 2001.

48 National Coalition Government, Union of Burma. Human Rights Documentation Unit. 'Bullets in the Alms Bowl: An Analysis of the Brutal SPDC Suppression of the September 2007 Saffron Revolution', March 2008.

49 Phan, Zoya. *Little Daughter: A Memoir of Survival in Burma and the West.*

London: Simon and Schuster, 2009 (published in the United States under the title *Undaunted*).

50 Public International Law and Policy Group. 'Burmese Constitutional Referendum: Neither Free Nor Fair'. May 2008.

51 Rogers, Benedict. *A Land Without Evil: Stopping the Genocide of Burma's Karen People.* Oxford: Monarch Books, 2004.

52 ——. 'Carrying the Cross: The military regime's campaign of restrictions, discrimination and persecution against Christians in Burma'. A report by Christian Solidarity Worldwide, 2007.

53 ——. *Than Shwe: Unmasking Burma's Tyrant.* Chiang Mai: Silkworm Books, 2010.

54 Sakhong, Lian H. *In Search of Chin Identity: A Study in Religion, Politics and Ethnic Identity in Burma.* Denmark: Nordic Institute of Asian Studies, 2003.

55 Sargent, Inge. *Twilight Over Burma: My Life as a Shan Princess.* Honolulu: University of Hawaii Press, 1994.

56 Selth, Andrew. *Burma's Armed Forces, Power Without Glory.* Norwalk, CT: East Bridge, 2002.

57 Shan Herald Agency for News (SHAN). 'Dispossessed: a report on forced relocation and extrajudicial killings in Shan State'. Chiang Mai, Thailand, April 1998.

58 Shan Women's Action Network (SWAN). 'Licence to Rape'. Chiang Mai, Thailand, 2001.

59 ——. 'Forbidden Glimpses of Shan State'. Chiang Mai, Thailand, 2009.

60 Shwe Yoe. *The Burman: His Life and Notions.* New York: W.W. Norton & Company, 1963.

61 Silverstein, Josef. *Burma, Military Rule and the Politics of Stagnation.* Ithaca, NY: Cornell University Press, 1977.

62 ——. *Burmese Politics, the Dilemma of National Unity.* New Brunswick, NJ: Rutgers University Press, 1980.

63 Slim, William. *Defeat Into Victory: Battling Japan in Burma and India 1942–*

1945. New York: Cooper Square Press, 2000.

64 Smith, Martin. *Burma: Insurgency and the Politics of Ethnicity.* London: Zed Books, 1999.

65 ——. *The Muslim Rohingya of Burma*, paper delivered at a conference organised by Burma Centrum Netherlands, 11 December, 1995

66 South, Ashley. *Ethnic Politics in Burma: States of Conflict.* Routledge, 2008.

67 ——. *Mon Nationalism and Civil War in Burma: The Golden Sheldrake.* London: Routledge, 2003.

68 Steinberg, David. *Burma: The State of Myanmar*. Washington, DC: Georgetown University Press, 2001.

69 Thailand Burma Border Consortium. 'Protracted Displacement and Chronic Poverty in Eastern Burma'. 2010. www.tbbc.org.

70 Thant, Myint-U. *The River of Lost Footsteps: A Personal History of Burma*. London: Faber and Faber, 2008.

71 Tinker, Hugh. *The Union of Burma: A Study of the First Years of Independence.* Oxford: Oxford University Press, 1967.

72 Turnell, Sean. *Fiery Dragons; Banks, Moneylenders, and Microfinance in Burma*. Hawaii: University of Hawaii Press, 2009.

73 Win Min. 'Looking Inside the Burmese Military'. *Asian Survey* 48, no. 6 (2008): 1018–37.

74 Women's League of Chinland. 'Unsafe State: state-sanctioned sexual violence against Chin women in Burma'. India, March 2007.

75 Yawnghwe, Chao-Tzang. 'Ne Win's Tatmadaw Dictatorship'. Master's thesis, University of British Columbia, April 1990.

中英文對照表

二劃

丁丁惠馬佩	Tin Tin Htwe Ma Pae
丁米亞	Thakin Tin Mya
丁林烏	Htin Lin 0o
丁埃	Tin Aye
丁烏	U Tin Oo
丁貌烏	Tin Maung Oo
乃亞王寺	Ngwe Kyar Wan
乃烏	Thet Naing Oo
乃溫	U Nay Win
九文台	Kemmendine
九步佛塔	Nine-Steps Buddha Statue
人民盛溫	Ludu Sein Win
〈人與環境的相互關係系統〉	The System of Correlation of Man and His Environment
人權堡壘	Fortify Rights
人權醫師	Physicians for Human Rights
人權觀察	Human Rights Watch
八八總學運	88 Generation Student Movement
八里窪	Paletwa
八莫縣	Bhamo District

三劃

三塔關	Three Pagodas Pass
三達溫	Sanda Win
大金石	Kyaiktiyo
大金寺	Shwedagon pagoda
大庫基入侵	Great Kuki Invasion
大衛・尤班克	David Eubank
大衛・卡麥隆	David Cameron

大衛・塔卡保　David Thackerbaw
大學道　University Avenue
大禮堂路　Convocation Road
《小女兒》　*Little Daughter*
山友　San Yu
山昂　San Aung
山區人民團結最高會議　Supreme Council of United Hill People
《工人日報》　*Working People's Daily*
〈不安之邦〉　Unsafe State
〈不要再抵賴〉　No More Denial

四劃

內比都　Naypyidaw
丹年　Than Nyein
丹兌　Thandwe
丹良　Thantlang
丹・里佛斯　Dan Rivers
丹妮兒・懷特　Danielle White
丹彪扎亞　Thanbyuzayat
丹敏　Thant Myint-U
《丹瑞：肆無忌憚的緬甸獨裁者》　*Than Shwe: Unmasking Burma's Tyrant*
反法西斯人民自由聯盟　Anti-Fascist People's Freedom League, AFPFL
少數民族理事會　Ethnic Nationalities Council, ENC
尤基亞　Ukhiya
巴文　Ba Lwin
巴加拉　Bagara
巴考庫　Pakokku
巴杜比縣　Matupi
巴罕區　Bahan Township
巴倫・考克斯　Baroness Cox
巴歐族　Pa-O
《心碎時刻：緬甸的民主與真理之戰》　*The Heart Must Break: The Fight for Democracy and Truth in Burma*
戈巴契夫　Mikhail Gorbachev
戈歌　Ko Ko
日旺族　Rawang
毛奇　Maw Chi
毛蒙・阿杜・蓋宇　Maumoon Abdul Gayoom

牙拜村	Nga Phai Pi
王卡	Wang Ka

五劃

世界糧食方案	World Food Programme, WFP
仕金	Nai Shwe Kyin
加州聯合石油公司	Unocal
加拉丹河	Kaladan
加度	Kya Doe
包良猛	Salai Bawi Lian Mang
包泰敏	Bo Htet Min
卡沙瓦	Ka Hsaw Wa
卯貌	Maung Maung
另類東南亞國家協會緬甸網	Alternative ASEAN Network on Burma , ALTSEAN
台基偉	Ko Htay Kywe
史密斯・鄧	Smith Dun
司雷佛塔	Sule Pagoda
《外國人侵權法》	*US Alien Torts Act*
尼古拉・范恩	Nicholas Fenn
尼尼昂	Nyi Nyi Aung
尼昂	Nyi Aung
尼溫	Ne Win
左泰	Zaw Htay
《巨蟒與聖杯》	*Monty Python*
布尼茅斯	Bournemouth
布瓦族	Bualkhua
布帝洞	Buthidaung
布染盛	Brang Seng
布萊德福大學	Bradford University
平亞迪沙	U Pyin Nyar Disa
札加納	Zarganar
正義信託	Justice Trust
民主克倫佛教軍	Democratic Karen Buddhist Army, DKBA
民主克倫佛教組織	Democratic Karen Buddhist Organisation, DKBO
民主與開發網	Network for Democracy and Development
民主黨	Democratic Party
民族兄弟論壇	Nationalities Brotherhood Forum
永盛	Insein Township

永盛監獄	Insein Prison
永喬	Pyone Cho
瓦拉波	Nwar La Poe
甘比拉	U Gambira
甘地廳	Mahatma Gandhi Hall
甘貌	Gun Maw
《生活的色彩》	*Living Color*
田林	Htein Lin

六劃

仰光總醫院	Rangoon General Hospital
《伊洛瓦底》	*Irrawaddy*
伊斯特	E.H. East
伊斯蘭大會黨	Jamaat-e-Islami
伊斯蘭黨	Hizb-e-Islami
全民聯合黨	National Unity Party, NUP
全國公投委員會	National Referendum Commission
全國民主力量黨	National Democratic Force, NDF
全國民主陣線	National Democratic Front, NDF
全國民主聯盟	National League for Democracy, NLD
全球基督徒團結組織	Christian Solidarity Worldwide, CSW
全緬甸僧侶代表委員會	All Burma Monks' Representative Committee, ABMRC
全緬甸僧侶聯盟	All Burma Monks' Alliance, ABMA
全緬甸學生民主陣線	All Burma Students' Democratic Front, ABSDF
全緬甸學生民主運動組織	All Burma Students' Democratic Movement Organisation, ABSDMO
全緬甸學生會聯盟	All Burma Federation of Student Unions, ABFSU
共存	Coexist
共濟會	Masonic Lodge
吉大	Chittagong
吉米	Ko Jimmy
吉姆・韋伯	Jim Webb
吉波拉盛	Zipporah Sein
吉納・陶曼—史密斯	Reginald Dorman-Smith
吉琳絲・金諾克	Glenys Kinnock
吉靈廟	Kalaymyo
多米尼克・福爾德	Dominic Faulder
多朋央	Daw Hpum Yang

宇譚	U Thant
宇蘇	U Saw
安塔皮	Aung Tha Pray
安德魯・米契爾	Andrew Mitchell
安德魯・邦康	Andrew Buncombe
安德魯・哈定	Andrew Harding
安德魯・馬歇爾	Andrew Marshall
年溫	U Nyan Win
托克維爾	Alexis de Tocqueville
托爾金	J.R.R. Tolkein
有責任進行保護	Responsibility to Protect
朱比利劇院	Jubilee Hall
死之華	Grateful Dead
米佐拉邦	Mizoram State
米佐族	Mizo
米亞瓦底	Myawaddy
米洛塞維奇	Slobodan Milošević
羊太	Yan Thei
考克巴札	Cox's Bazaar
《自由》	*Freedom*
自由亞洲電台	Radio Free Asia
自由緬甸游騎兵	Free Burma Rangers
艾札爾	Aizawl
艾永貴	Ham Yawnghwe
艾利亞	Eliya
艾希拉 ・米亞	Asheraf Meah
艾杜尼拉・祖森	Adoniram Judson
艾洛・達西法	Errol da Silva
艾斯科	Ascot
艾瑟克斯	Essex
《血淚石油》	*Total Denial*
西敏號	Westminster
亨利・賈克森	Henry 'Scoop'Jackson

七劃

伯妮絲・柯勒・強森	Bernice Koehler Johnson
伯納・庫西納	Bernard Kouchner
伯蒂・林納	Bertil Lintner

伯維覺	Ant Bwe Kyaw
佐米族	Zomi
佛教青年協會	Young Men's Buddhist Association, YMBA
佛教恐怖主義的臉孔	The Face of Buddhist Terror
〈你只能祈禱：發生在緬甸若開邦的反人類非人道罪行以及對羅興亞回教徒穆斯林的種族清洗〉	All You Can Do is Pray: Crimes Against Humanity and Ethnic Cleansing of Rohingya Muslims in Burma's Arakan State
佤邦聯合軍	United Wa State Army, UWSA
佤族族	Wa
克瓦米族	Khuami
克里門・艾利	Clement Attlee
克里斯多佛・根尼斯	Christopher Gunness
克里斯・貝耶爾	Chris Beyrer
克里斯・雷瓦	Chris Lewa
克耶民族組織	Karenni National Organisation, KNO
克耶民族進步黨	Karenni National Progressive Party, KNPP
克倫人權團體	Karen Human Rights Group
克倫民族同盟	Karen National Union, KNU
克倫民族防衛組織	Karen National Defence Organisation, KNDO
克倫民族協會	Karen National Association
克倫民族解放軍	Karen National Liberation Army, KNLA
克莉絲汀娜・芬克	Christina Fink
克欽之光	Wanpawng Ninghtoi, WPN
克欽民族組織	Kachin National Organisation, KNO
克欽邦婦女事務組織	Kachin State Women's Affairs Organisation
克欽開發網路集團	Kachin Development Networking Group, KDNG
克欽獨立軍	Kachin Independence Army, KIA
克欽獨立組織	Kachin Independence Organisation, KIO
克雅族	Kayah
克圖里	Kawthoolei
《免於恐懼的自由》	*Freedom from Fear*
努洛・伊斯拉	Nurul Islam
吳努	U Nu
坎考	Kankaw
坎底監獄	Hkamti
妙馬寺	Myoma Kyaung
希拉蕊・柯林頓	Hillary Clinton

〈我的槍與我一樣高〉	My Gun Was as Tall as Me
〈我們見到的黑暗：緬甸審訊中心與監獄的酷刑〉	The Darkness We See: Torture in Burma's Interrogation Centers and Prisons
《我們最幸福》	*Nothing to Envy: Real Lives in North Korea*
我們緬甸人協會	Dohbama Asiayone / We Burmese Association
《改變世界的九天》	*Nine Days that Changed the World*
李亮喜	Yanghee Lee
李奧・尼考斯	Leo Nichols
杜戈戈倫	Htut Ko Ko Lwin
杜沙	Doh Say
杜拉敏貌	Thura Myint Maung
〈沒有真正選擇：緬甸二〇〇八年公民投票評估〉	No Real Choice: An Assessment of Burma's 2008 Referendum
沙巴村	Sabawngte
沙沙醫生	Dr Sasa
沙亞陶	Zayar Thaw
沙空	Lian Sakhong
沙威	Saw Wai
狄蘭・史陶	Deklan Stokle
良孟	Salai Bawi Lian Maung
良瑞	Nyaung Shwe
貝洛妮絲・艾默斯	Baroness Amos
〈走向兵營的伸展台〉	Catwalk to the Barracks
〈走投無路〉	Nowhere Else to Go
辛西雅・孟	Cynthia Maung
那加族	Naga
那卯縣	Natmauk

八劃

亞瓦底監獄	Tharawaddy
亞洲基金會	Asia Foundations
亞洲新聞台	Channel News Asia
亞洲電訊	Telecomasia
亞瑟・卡森	Arthur Carson
亞達納	Yadana
亞蘭・克里門	Alan Clements
〈兒童與武裝衝突觀察名單〉	Watch List on Children and Armed Conflict
卑謬	Prome

卓卓覺年	Cho Cho Kyaw Nyein
卓雅	Zoya Phan
叔奈	Soe Naing
和平與衝突研究中心	Centre for Peace and Conflict Studies, CPCS
坤交英塔良親王	Prince Kawn Kiao Intalang
坤沙	Khun Sa
坤康丁	Nhkum Hkawn Din
坤盛	Khun Saing
奈妙覺	Nay Myo Kyaw
妮拉登	Nilar Thein
妮塔・梅	Nita May
孟邦人權基金會	The Human Rights Foundation of Monland
孟族人民陣線	Mon People's Front, MPF
宗喀	Zawng Hra
岡艾左監獄	Cang El Zawl
岡道陽村	Gangdau Yang
帕本	Papun
帕斯卡	Pascal Khoo Thwe
帕道翁山	Padoh Aung San
底勞卡	U Tiloka
拉沃	U La Wom
拉拉溫	Hla Hla Win
拉咱	Laiza
拉祜族	Lahu
拉敏	Hla Min
拉圖	Hla Htoo
拉蒙・麥格塞塞獎	Ramon Magsaysay Award
昂丁	U Aung Tin
昂丹來	Aung Than Lay
昂凸	Aung Htoo
昂索	Aung Zaw
昂季	Aung Gyi
昂索戊	Aung Saw Oo
昂蘭溫	Aung Hlaing Win
昆吞烏	Khun Htun Oo
昆渺	Khun Myat
明月	Shining Moon

明耶沙旨	Min Razagyi
明義岡	Myenigone
昔卜	Hsipaw
東方來函	Letters from the East
東多林	Tun Thurein
東宇	Taungoo
東協國會議員緬馬幹部會	ASEAN Inter-Parliamentary Myanmar Caucus
東拉昂	Tun Hla Oung
東南亞國家協會	Association of Southeast Asian Nations, ASEAN
東英格利亞大學	University of East Anglia
東澤良	Thawng Za Lian
果敢族	Kokang
河洛	Ho Lom
法蘭	Falam
法蘭西斯・馬利亞・費南迪	Francisco Maria Fernandes
波布	Pol Pot
波米亞	Bo Mya
波基	Bo Kyi
波義山	Mount Boi
波諾	Bono
波蘭團結工聯	Solidarity
直通	Thatong
芭芭拉・戴米克	Barbara Demick
金兀昂	Kin Oung
金佰利	Kimberly-Clark
金東	Khin Tun
金奧瑪	Khin Ohmar
阿布・巴卡・巴希	Abu Bakar Bashir
阿布杜・卡里	Abdul Karim
阿布杜拉・亞明	Abdulla Yameen
阿利山雅村	Alethankyaw
阿紹族	Asho
阿麥德王	King Ahmed Shah
阿麥德・夏里	Ahmed Shaheed
阿彭縣	Apunt
阿葉拉	Ayela
阿瑪迪亞會	Ahmadiyya

阿瑪蒂亞・森	Amartya Sen
阿齊族	Atsi

九劃

保囉・麥卡尼	Paul McCartney
勃生	Pathein
南迪監獄	Kham Ti
南哦格拉	Okkalapa
南無寺	Nan Oo
哈比比	B.J. Habibie
哈卡浸信會	Hakha Baptist Association
哈維爾	Václav Havel
姜冬	Charm Tong
威拉杜	U Wirathu
威拉杜	U Wirathu
威廉・史利	William Slim
威廉・威伯福	William Wilberforce
威廉・海格	William Hague
威廉・馬可仕・楊	William Marcus Young
娃娃全	Wa Wa Kyaw
政治分析與紀錄研究所	Institute for Political Analysis and Documentation, IPAD
政治犯援助協會	Assistance Association for Political Prisoners, AAPP
施基哈彭	Shwekey Hoipang
《星期雜誌》	Weekly Journal
昭耀世	Yawd Serk
查爾斯・貌波	Charles Maung Bo
洞鴿	Toungup
洞贊鎮	Tonzang Township
派崔克・高登・華克	Patrick Gordon Walker
派翠西亞	Patricia
珍妮佛・拉席夫	Jennifer Latheef
珍妮・摩蘭	Jenny Morland
珍・羅斯柏	Jean Roxburgh
眉苗	Pagan
約瑟夫・比茨	Joseph Pitts
約翰・卡林	John Carlin
約翰・伯高	John Bercow
約翰・崔辛	John Tuihing

約翰・紐頓	John Newton
約翰・葉陶	John Yettaw
紅橋事件	Red Bridge
美拉	Mae La
美津寺	Maggin
美美	Mie Mie
美索	Mae Sot
美國之音	Voice of America
美國國際宗教自由委員會	US Commission on International Religious Freedom
美潭	Maetan
《美雜誌》	*Beauty Magazine*
《美麗佳人》	*Marie Claire*
背包醫療工作人員	Back Pack Health Worker
胡康河谷	Hukong Valley
苗楊瑙登	Myo Yan Naung Thein
若望・保祿二世	John Paul II
若開民族聯合黨	National United Party of Arakan, NUPA
若開新聞社	Narinjara News
若開羅興亞民族組織	Arakan Rohingya National Organisation, ARNO
英吉・艾伯哈特	Inge Eberhard
英吉・沙金特	Inge Sargent
英國緬甸爭民主運動	Burma Campaign UK
迪特利・潘霍華	Dietrich Bonhoeffer
迪穆蘇鎮	Dee Moe Soe
〈迫害政策〉	Policies of Persecution
《風暴孤兒》	*Orphans of the Storm*
〈風暴過後：三角洲傳出的聲音〉	After the Storm: Voices from the Delta

十劃

埃溫	U Aye Win
夏比村	Chapi
娥康	Oakkan
席拉那達	Ashin Thi La Na Da
庫基族	Kuki
恩梅開江	N'Mai Hka
拿桑陽村	Nam San Yang
柴卡桑	Kyaikkasan
柴契爾	Margaret Thatcher

格里監獄	Kale
格達費	Muammar Gaddafi
桐溝	Toungop
桑拉武里	Sangkhlaburi
桑納納・古斯茂	Xanana Gusmao
桑康	Tsong Kham
泰納	Teknaf
海德公園	Hyde Park
烈風號	Le Mistral
烏伊沙牙路	U Wisaya Road
特易購	Tesco
班・阿里	Zine al-Abidine Ben Ali
班都拉廣場	Bandoola Square
《真實新聞》	*True News*
納吉斯	Nargis
納拉米克拉	Narameikhla
納薩卡	Na Sa Ka
素拉傑	Surakiart Sathirathai
翁山	Aung San
翁山蘇姬	Aung San Suu Kyi
《翁山蘇姬》	*The Lady*
翁吞德	Aung Tun Thet
翁林德	Aung Lynn Htut
翁基	Aung Gyi
翁敏	Ohn Myint
翁盛	Aung Thein
茵萊湖	Inle Lake
茵雅湖	Inya Lake
迷你宮	Myaynigone
隼亞勳	Swan Arr Shin
馬丁・史密斯	Martin Smith
馬丁・摩蘭	Martin Morland
馬丁・潘特	Martin Panter
馬可仕	Marcos
馬尼巴羅	Manerplaw
馬尼巴羅協議	Manerplaw Agreement
馬拉村	Mara

馬拉族	Mara
馬哈麥・納西德	Mohamed Nasheed
馬哈維札雅佛塔	Maha Wizaya
馬哈維蘇寺	Maha Visutarama
馬爾代夫民主黨	Maldivian Democratic Party, MDP
馬魯族	Maru
高東	Kawthaung
高格力縣	Kawkareik
高族族	Cho
高都麗	Kawthooler
高登・布朗	Gordon Brown
高登・魯斯	Gordon Luce
高爾	Gaur
高爾—布斯	Gore-Booth
高穆	Kawhmu

十一劃

勒期族	Lashi
區普拉地區	Tripura
國防服務學院	Defense Services Academy, DSA
國防情報局	Directorate of Defense Services Intelligence, DDSI
國防與安全會議	National Defence and Security Council
國家和平與發展委員會	State Peace and Development Council, SPDC
國家法律與秩序重建委員會	State Law and Order Restoration Council, SLORC
《國家報》	*Nation*
國會人民院	People's Assembly
國會民族院	National Assembly
國際地球權	EarthRights International
國際砌磚工與聯合工匠工會	International Union of Bricklayers and Allied Craftworkers
國際紅十字委員會	International Committee of the Red Cross, ICRC
國際救助委員會	International Rescue Committee, IRC
國際開發處	Department for International Development, DFID
國際轉型正義中心	International Center for Transitional Justice
國際難民組織	Refugees International
基地組織	al-Qaeda
基督復臨安息日會	Seventh Day Adventist
基貌	U Kyi Maung
密松大壩	Myitsone Dam

屠維洛協議	Thoo Mweh Klo Agreement
康京和	Kyung-wha Kang
張伯倫	Neville Chamberlain
張國雷	Zang Kho Let
〈強暴執照〉	License to Rape
彬馬那	Pyinmana
彬龍	Panglong
彬龍協議	Panglong Agreement
敏于剛	Bo Min Yu Ko
敏東	Mindon
敏翁來	Min Aung Hlaing
敏達村	Min Tha
曼沙	Padoh Mahn Sha Lah Phan
曼沙夫婦基金會	Phan Foundation
梅沙羅塔協議	Mae Tha Raw Hta Agreement
梅河	Moei River
梅道診所	Mae Tao Clinic
梭溫	Soe Win
梯頂	Tedim
猛塔拉	Mahntahlaying
《現代雜誌》	*Modern Journal*
理查・索羅	Richard Sollom
理查・勞德・佩里	Richard Lloyd Parry
皎施	Kyaukse
盛倫	Sein Lwin
盛溫	Sein Win
紹夫亞	Saophya
紹沙隆	Sao Sai Long
荷西・拉莫斯・郝塔	José Ramos-Horta
莫迪讓	Moe Thee Zun
〈被奪去一切的人〉	Dispossessed
連烏	Lian Uk
郭奈	Min Ko Naing
郭基	Ko Ko Gyi
陸文山	Mount Rung
雪布監獄	Shwe Bo
雪梨盧尼	Sydney Loo Nee

雪蘭莪	Semenyih
麥札央	Mai Ja Yang
麥克・艾里斯	Michael Aris

十二劃

傅勒神學院	Fuller Seminary
傈僳族	Lisu
傑克・史特勞	Jack Straw
凱文・黑普納	Kevin Heppner
凱蒂・雷福	Katie Redford
勞倫	R.A. Laurren
博哥里	Bogolay
喜敏達	Khemin Da
喬山	Kyaw Hsan
喬・史迪威／醋罈子	Vinegar' Joe Stilwell
喬治・懷特爵士	Sir George White
喬喬盛	Kyaw Kyaw Thein
彭博公共衛生學院	Bloomberg School of Public Health
普道	Putao
景棟	Kengtung
景頗族	Jinghpaw
欽紐	Khin Nyunt
欽族人權組織	Chin Human Rights Organisation, CHRO
欽族山區法規	Chin Hills Regulation
欽族民主聯盟	Chin National League for Democracy, CNLD
欽族民族同盟	Chin National Union
欽族民族陣線	Chin National Front, CNF
欽族民族黨	Chin National Party, CNP
《欽族認同探索》	*In Search of Chin Identity*
欽登	Khin Tun
欽貌	Khin Maung
湄宏順	Mae Hong Son
湯姆・懷特	Tom White
湯瑪斯・坎佩斯	Thomas à Kempis
湯瑪斯・歐吉・昆坦納	Tomas Ojea Quintana
無打拉	U Uttara
無國界醫生	Medecins Sans Frontieres

〈無聲的八秒鐘：鐵窗後的民運人士之死〉	Eight Seconds of Silence: The Death of Democracy Activists Behind Bars
番紅花革命	Saffron Revolution
登盛	Thein Sein
登森	Thein San
童盛	Thaung Sein
菲立普・布雷伍	Philip Blackwood
菲爾・索恩頓	Phil Thornton
萊米族	Laimi
萊恩	Rhine
貴街縣	Kutkai District
開放社會研究所	Open Society Institute
順韓	Thuam Hang
馮敏吞	Phone Myint Tun
馮貌	Phone Maw

十三劃

〈傾聽來自內部的聲音：緬馬民間組織對納吉斯颶風的反應〉	Listening to Voices from Inside: Myanmar Civil Society's Response to Cyclone Nargis
塔力毛	Tarley Mo
塔扎那	U Thazana
塔利班	Taliban
塔拉保	Tamla Baw
塔威區	Tamwe Township
塔欽郭	Ta Kyin Koe
塞多納酒店	Sedona Hotel
奧斯卡・辛德勒	Oskar Schindler
奧爾頓爵士	Lord Alton
愛德蒙・伯克	Edmund Burke
新孟邦黨	New Mon State Party, NMSP
新社會民主黨	Democratic Party for a New Society, DPNS
新堡	Newcastle
《新聞觀察》	*Newswatch*
溫丁	U Win Tin
瑙迪生	Naw December
瑞保	Shwe Bo
瑞曼	Shwe Mann
瑞溫	Thet Swe Win

《經濟觀》	*Ecovision*
義光縣	Danyigone
義威	Kyee Dwe
聖吉曼諾	San Germano
聖德雷莎理工學院	St Theresa Institute of Technology
聖戰	Mujaheed
萬隆	Bandung
葉明安	Ye Myint Aung
葉敏登	Ye Min Tun
葉普音	Ye Pyint
詹姆斯・馬凱	James Mackay
詹姆斯・馬斯立	James Mawdsley
詹姆斯・魯道	James Lum Dau
跨國研究所	Transnational Institute
路薏莎・班森	Louisa Benson
道拉	Taw Hla
道達爾石油公司	Total
達毛	Tard Mawk
達卡	Dhaka
達拉	Dala
達武縣	Tamlu
達柳漂	Danubyu
達雅瓦底	Tharrawaddy
雷蒙・圖	Rimond Htoo

十四劃

僧伽大師大學	Kaba Aye Sangha University
圖魯瑞	Htuu Lou Rae
團結一統開發協會	Union Solidarity Development Association, USDA
團結一統開發黨	Union Solidarity and Development Party, USDP
境內流亡人與難民救濟行動網路	Relief Action Network for IDP and Refugee, RANIR
〈慢性急診：東緬甸的衛生與人權〉	Chronic Emergency: Health and Human Rights in Eastern Burma
漆咸樓	Chatham House
瑪麗・安東妮	Marie Antoinette
福爾布萊特	Fulbright
維克多・巴良	Victor Biak Lian
維盈溫東	Waihnin Pwint Thon

維傑・納拜爾　Vijay Nambiar
維羅桑納　Viro Sana
緊急援助隊　Emergency Assistance Team, EAT
蒙巴頓　Mountbatten
蒙瓦　Monywa
蒙奪　Maungdaw
貌埃　Ko Mya Aye
貌埃　Mya Aye
貌敏　Khin Maung Myint
趙盛　Zau Seng
閩吉牙　Min Zeya
齊曼　Chit Myaing

十五劃

儀儀　Yee Yee Htun
墨吉　Mergui
德布里托　Philip de Brito y Nicote
德帕因鎮　Depayin
德堂　Rathedaung
德欽哥德邁　Thakin Kodaw Hmaing
德溫昂　Thet Win Aung
《撣邦：沒有營區的難民》　*The Shan: Refugees Without a Camp*
撣邦軍　Shan State Army, SSA
撣族人權基金會　Shan Human Rights Foundation, SHRF
撣族民主聯盟　Shan Nationalities League for Democracy, SNLD
撣族前鋒新聞社　Shan Herald Agency for News, SHAN
撣族婦女行動網路　Shan Women's Action Network, SWAN
暮光寺　Moe Kaung
樂波和　Ler Per Her
《緬甸：一個牢籠中的國度》　*Burma: A Captive Nation*
《緬甸之女》　*The Lady of Burma*
《緬甸文摘》　*Burma Digest*
緬甸民主之音　Democratic Voice of Burma, DVB
緬甸民主之聲　Democratic Voice of Burma
緬甸民主論壇　Forum for Democracy in Burma
緬甸民主聯盟　Democratic Alliance of Burma, DAB
緬甸共產黨　Communist Party of Burma, CPB
《緬甸來函》　*Letters from Burma*

緬甸協會總會	General Council of Burmese Associations, GCBA
《緬甸的黃昏：我身為撣邦王妃的一生》	*Twilight over Burma: My Life as a Shan Princess*
〈緬甸的監獄與勞改營：無聲的殺戮戰場〉	Burma's Prisons and Labour Camps: Silent Killing Fields
緬甸社會主義綱領黨	Burma Socialist Programme Party, BSPP
《緬甸紀實（六）》	*Burma VI*
緬甸展望	Prospect Burma
緬甸婦女聯合會	Women's League for Burma
緬甸婦聯會	Burmese Women's Union
緬甸族群族裔研究團	Burma Ethnic Research Group
緬甸媒體協會	Burma Media Association
緬甸新聞社	Mizzima
緬甸夥伴	Burma Partnership
緬甸種族與宗教保護委員會	Ma Ba Tha
緬甸廣播公司	Burmese Broadcasting Service
緬甸獨立軍	Burma Independence Army, BIA
緬甸聯邦全民理事會	National Council of the Union of Burma, NCUB
緬甸聯邦全民聯合政府	National Coalition Government of the Union of Burma, NCGUB
《緬甸辯論》	*Burma Debate*
緬馬／緬甸急難救助網路	Myanmar/Burma Emergency Aid Network, MBEAN
緬馬民族民主聯盟軍	Myanmar National Democracy Alliance Army, MNDAA
緬馬青年培力計畫	Myanmar Youth Empowerment Programme
緬馬新光報》	New Light of Myanmar
《誰殺了翁山》	*Who Killed Aung Sale*
魯西艾族	Lushai
魯雅・吉卜林	Rudyard Kipling

十六劃

「儘管我已獲釋，我還無法釋懷」	Even Though I'm free, I am not
《獨立報》	*Independent*
盧杜盛溫	U Ludu Sein Win
盧索	Pruso
盧賓族	Lubin
穆巴拉克	Hosni Mubarak
穆布	Moe Bu
穆老尤	Mrauk-U

穆和	Hmun Halh
穆馬都	Moe Myat Thu
錫袍	Thibaw
錫隆市	Shillong
霍斯特省	Khost
穎康吾	Eine Khaing Oo
鮑伯・馬利	Bob Marley
龍王作戰	Naga Min

十七劃

優斯納公司	Yuzana Company
戴克拉克	F.W. de Klerk
聯合國開發方案	United Nations Development Programme, UNDP
聯合國難民署	United Nations High Commissioner for Refugees, UNHCR
聯合族裔聯邦理事會	United Nationalities Federal Council
聯邦國建國委員會	Committee for the Emergence of a Federal Union
《聲音》	*Voice*
〈臨界點：緬甸欽邦的食物短缺與飢餓〉	Critical Point: Food Scarcity and Hunger in Burma's Chin State
謝爾・馬尼・邦維克	Kjell Magne Bondevik
賽門牧師	Pastor Simon
賽蒙・柯文尼	Simon Coveney
邁立開江	Mali Hka
〈醞釀中的風暴：緬甸的傳染病與人權〉	The Gathering Storm: Infectious Diseases and Human Rights in Burma

十八劃

禮古	Hlegu
禮彬縣	Nyaunglebin
《舊制度與大革命》	*L'Ancien Régime et la Révolution*
薩耶山	Saya San
薩博維長老	Reverend Saboi Jum
薩達姆・海珊	Saddam Hussein

十九劃

瓊・蘿絲・貝勒米	June Rose Bellamy
羅興亞愛國陣線	Rohingya Patriotic Front, RPF
羅興亞團結組織	Rohingya Solidarity Organisation, RSO
臘戍	Lashio

邊防軍	Border Guard Force, BGF
關宮市	Kyaunggon
〈關鍵診斷〉	Diagnosis Critical

二十劃以上

蘇丹丁	Saw Than Din
蘇巴	sawbwa
蘇巴烏支	Saw Ba U Gyi
蘇禾佳	Sao Hearn Kham
蘇立雷耀	Saw Lee Reh Kyaw
蘇沙路	Saw Sa Lu
蘇亞盛	Sao Kya Seng
蘇孟耶	Su Mon Aye
蘇哈托	Suharto
蘇珊・范恩	Susan Fenn
蘇桑基	Saw Sankey
蘇素內	Su Su Nway
蘇敏	Soe Myint
蘇塔拉保	Saw Tamlabaw
蘇瑞泰	Sao Shwe Thaike
蘇維	Suvi
蘇貌	Saw Maung
蘇穆	Saw Mu
覺吉亞	Kyaw Zeya
覺紐	Kyaw Nyunt
覺梭	Kyaw Zaw
蘭夏亞縣	Hlaingthaya
籠基	longyi
蘿拉・布希	Laura Bush

現場10

緬甸

一個徬徨的國度

Burma: A Nation at the Crossroads

作　　者　班尼迪克．羅哲斯（Benedict Rogers）
譯　　者　譚　天
編　　輯　王家軒
校　　對　陳佩伶
封面設計　楊啟巽

企　　劃　蔡慧華
總 編 輯　富　察
社　　長　郭重興
發行人兼出版總監　曾大福
出版發行　八旗文化／遠足文化事業股份有限公司
地　　址　新北市新店區民權路108-2號9樓
電　　話　02-22181417
傳　　真　02-86671065
客服專線　0800-221029
信　　箱　gusa0601@gmail.com
Facebook　facebook.com/gusapublishing
Blog　gusapublishing.blogspot.com
法律顧問　華洋法律事務所／蘇文生律師

印　　刷　前進彩藝有限公司
定　　價　420元
初版一刷　2016年（民105）7月
ISBN　978-986-5842-99-4

國家圖書館出版品預行編目（CIP）資料

緬甸：一個徬徨的國度／班尼迪克．羅哲斯（Benedict Rogers）著；譚天譯. -- 一版. -- 新北市：八旗文化, 遠足文化, 民105.07
面；　公分
譯自：Burma : a nation at the crossroads
ISBN 978-986-5842-99-4（平裝）

1. 政治變遷　2. 民主運動　3. 緬甸

574.381　　105010543

緬甸

Burma

A
Nation
at
the
Crossroads

緬甸

Burma

A
Nation
at
the
Crossroads